Les dynamiques d'émergence

dans un monde en perpétuelle mutation

Guy Schulders

Les dynamiques d'émergence

dans un monde en perpétuelle mutation

Préface de Ph. LeBel

L'Harmattan

Du même auteur

La Chine du nouveau départ, Éd. L'Harmattan, Paris, 1987.
Turbulences chinoises, Éd. L'Harmattan, Paris, 1989.
S'unir : le défi des États d'Afrique Centrale, Éd. L'Harmattan, Paris, 1990.
Stratégies de l'urgence, Éd. L'Harmattan, Paris, 1991.
Commerce international : la dynamique des rapports de forces, Éd. L'Harmattan, Paris, 1992.
Die Besonderheiten der asiatischen Transformationsprozesse (Les spécificités des transitions asiatiques), Université Européenne Viadrina, Francfort-sur-l'Oder, 1994.
Terminologie Économique Française à l'intention des apprenants vietnamiens, Éd. L'Harmattan, Paris, 1994.
Terminologie Économique Française pour les pays en transition (dir.), Éd. L'Harmattan, Paris, 1997.
Les relations internationales Asie-Pacifique, (codirection avec Serge BÉSANGER), Éd. Alban, Paris, 1998.
Culture et Développement en Asie, in *Culture et Développement*, Forum de Bamako 2006, Éd. L'Harmattan, Paris, 2006.
La présence chinoise en Afrique, in *Enjeux Diplomatiques et Stratégiques 2007*, Éd. Economica, Paris, 2007.
Communication économique pour les Chinois francophones, Éd. L'Harmattan, Paris 2008.
Enjeux diplomatiques et stratégiques pour le Vietnam de 2011, in *Enjeux Diplomatiques et Stratégiques 2011*, Éd. Economica, Paris, 2011.
Le Français Économique à l'Ère de la Mondialisation, 328 p., Éd. L'Harmattan, Paris, 2013.

5-7, rue de l'Ecole-Polytechnique, 75005 Paris

http://www.harmattan.fr
diffusion.harmattan@wanadoo.fr
harmattan1@wanadoo.fr

ISBN : 978-2-343-11250-3
EAN : 9782343112503

LES DYNAMIQUES D'EMERGENCE
dans un monde en perpétuelle mutation

SOMMAIRE

PREFACE

Prof. Phillip LEBEL
Emeritus Professor
Montclair State University
New Jersey, USA

In a world in which global interdependence has crafted closer ties while expanding international growth, national identity often is reshaped and reduced. This transition thus creates a paradox: one the one hand, rising per capita incomes in the global economy while at the same time insecurity and resentment as structural changes in the pattern of jobs and industries set aside traditional patterns of social and economic cohesion. For this reason, it is more important than ever to understand the dynamics of international growth and development. Guy Schulders' timely and informative text provides a roadmap to understanding the dimensions of global change and what this represents for national and international economic policies and cooperation.

With a grounding directly in economic theory, this text explores changing trends in economic development across a broad swath of countries. Changes in various regions may not at first present a tightly woven pattern of development, but the text enables the reader to find common elements that bring our understanding of economic theory and global realities into a systematic and coherent structure. Yes, trade and investment proceed to re-allocate resources consistent with what we know about comparative advantage. Yes, countries embrace this principle with varying degrees of tolerance for the underlying risks. Yes, some look to a neo-liberal free market solution, but no for some, means that managed trade may provide a better path that preserves elements of national and local identity. It is this pattern of a neo-mercantilist world that points to a complex path of greater global economic integration.

As managed trade, mercantilism is an attempt to expand national advantage through targeted government intervention. This can take many forms, from currency manipulation, to mandatory partnerships between international and national firms, to restrictions on capital flows, and to restrictions on the types of goods and services to be offered. And far from the least important is the set of incentives governments embrace in trying to manage the creation and flow of innovation that spawns so many shifts in industries. In the various chapters of this text, we see numerous examples of how these phenomena occur, how they shape the speed and dimensions of international integration, and what they portend in terms of national identity.

Much emphasis in this book is given to the rising importance of China in the global economy. Once operating within the framework of an inward-oriented self-sufficient economic model, China has embraced globalization under a mercantilist umbrella, fostering market forces to improve the allocation of resources in some instances while in others seeking to redirect the path of emerging technologies to national advantage. And, as the text makes clear, China's model is indicative of a new nationalism that now sets constraints, and even opposition, to an otherwise open economy model of global integration.

How any economy responds to globalization depends in the end on the nature and capacity of its economic institutions. If the purpose of economic institutions is to craft nationally-oriented solutions, other countries will inevitably respond in kind. Right now, we see examples of how a reactive nationalism across the globe can undermine the benefits that an open market economy can achieve. For this reason, Professor Schulders' text provides a most timely and insightful guide to the perplexing trends we see across the headlines, and through periodic assessments and exercises, reinforces how we can meaningfully think through how the path to a globally and inclusive expansion of international trade and investment can bring about equitable benefits from which all can derive the fruits.

Dans un monde dans lequel l'interdépendance mondiale a engendré des liens plus proches en étendant la croissance internationale, les identités nationales sont souvent refaçonnées et réduites. Cette transition crée ainsi un paradoxe : d'une part, les revenus par habitant augmentent dans l'économie mondialisée, tandis qu'en même temps l'insécurité et le ressentiment se font sentir alors que des changements structurels concernant les emplois et les industries mettent de côté les modèles traditionnels de cohésion sociale et économique. C'est pourquoi il est plus important que jamais de comprendre la dynamique de croissance internationale et le développement. Le texte opportun et informatif de Guy Schulders fournit une feuille de route pour la compréhension des dimensions du changement mondial et ce que ceci représente pour des politiques économiques nationales et internationales et pour la coopération.

En se fondant directement sur les bases de la théorie économique, ce texte explore les tendances au changement dans le développement économique à travers un large spectre de pays. Les changements qui concernent les différentes régions ne peuvent pas d'emblée permettre l'élaboration d'un modèle approfondi de développement, mais le texte permet au lecteur de trouver les éléments communs qui permettent une compréhension de la théorie économique et des événements mondiaux dans une structure systématique et cohérente. Oui, le commerce et l'investissement contribuent à réattribuer les ressources en fonction de ce que nous savons de l'avantage comparatif. Oui, les pays admettent ce principe avec des degrés variables de tolérance face aux risques sous-jacents. Oui, certains attendent une solution de la part d'un marché de type néolibéral, mais pas pour certains, qui pensent qu'un dirigisme commercial peut fournir un meilleur chemin qui préservera les éléments d'identité nationale et locale. C'est le modèle d'un monde néo-mercantiliste qui indique le chemin complexe d'une plus grande intégration économique mondiale.

Comme le dirigisme commercial, le mercantilisme est une tentative d'étendre l'avantage national par une intervention gouvernementale ciblée. Ceci peut prendre beaucoup de formes, de la manipulation de la monnaie aux partenariats obligatoires entre les sociétés internationales et nationales, aux restrictions des flux de capitaux et aux restrictions des types de biens et services qui peuvent être proposés. Et loin d'être le moins important serait sans doute l'étreinte des gouvernements concernant les motivations dans la tentative de gérer la création et les flux d'innovation qui engendrent tant de changements dans les industries. Dans les différents chapitres de ce texte, nous voyons les nombreux exemples de la façon dont ces phénomènes arrivent, comment ils forment la vitesse et les dimensions de l'intégration internationale et ce qu'ils présagent en termes d'identité nationale.

Dans ce livre, l'auteur met beaucoup l'accent sur l'importance naissante de la Chine dans l'économie mondiale. Alors qu'elle opérait dans le cadre d'un modèle économique autosuffisant orienté vers ses besoins intérieurs, la Chine a adopté la mondialisation sous un angle mercantiliste, favorisant les forces du marché pour améliorer l'affectation des ressources dans quelques cas, tandis que dans d'autres elle cherchait à faire suivre le chemin des technologies naissantes lui procurant un avantage national. Et comme le texte le fait comprendre, le modèle de la Chine est indicatif d'un nouveau type de nationalisme qui impose désormais des contraintes et même parfois une certaine forme d'opposition à un modèle d'économie ouverte d'intégration mondiale.

La manière dont une économie répond à la mondialisation dépend en fin de compte de la nature et de l'efficacité de ses institutions économiques. Si le but de celles-ci est d'élaborer des solutions orientées vers une optique nationale, d'autres pays s'inscriront inévitablement dans le même sens. Dans le présent, nous voyons des exemples qui nous montrent comment un nationalisme réactif peut à travers le monde saper les avantages qu'une économie ouverte de marché pourrait réaliser. C'est pourquoi le texte du Professeur Schulders fournit un guide très opportun et perspicace concernant les différentes tendances qui se dessinent, ainsi que nous le découvrons au travers des titres de ses approches, ainsi que des évaluations périodiques et des exercices qu'il propose, donnant la possibilité d'approfondir de manière significative notre réflexion concernant les bienfaits qu'une expansion à l'échelle mondiale stimulée par le commerce international et l'investissement sera de nature à permettre l'allocation d'avantages équitables dont tous les pays pourront recueillir les fruits.

INTRODUCTION

Le monde est en perpétuelle mutation.

L'occasion nous est donnée depuis quelques années de nous poser des questions importantes mais difficiles sur les enjeux d'un monde nouvellement reformaté, en constante reconstruction, dont aucun pays ne maîtrise plus vraiment ni les rythmes évolutifs, ni les orientations.

Ces évolutions, facilitées par le développement de technologies nouvelles qui ont accéléré les ouvertures, les transports, les échanges, la connaissance des autres et la transmission des savoirs, ont conduit à des synergies nouvelles entre des pays aux superficies, aux populations, aux richesses, mais surtout aux cultures très différentes.

Ces synergies, et parfois les coopérations auxquelles elles ont donné lieu, ont créé des liens de dépendances politiques, économiques, commerciales et financières entre pays riches et pays pauvres, entre pays du Nord et pays du Sud, entre ceux qui aident et ceux qui reçoivent, entre pays industrialisés depuis la fin du XIXème siècle et pays requérant des moyens, des savoirs et des méthodes pour s'acheminer progressivement sur la voie du développement, de l'industrialisation et de l'émergence.

Certains pays, comme la Chine, l'Inde ou le Brésil dotés de richesses naturelles importantes et de populations dynamiques et souvent bien formées, ont réussi, sur la base de mutations systémiques ou politiques, malgré parfois des turbulences internes éphémères et complexes, à mettre en œuvre des dynamiques extrêmement rapides de croissances fortes et auto-entretenues, d'amélioration tant de leurs résultats sur le plan quantitatif que de perfectionnement qualitatif de leurs structures humaines et socio-culturelles.

La réalité de l'existence d'un « effet de rattrapage », prise en considération par de nombreuses équipes dirigeantes, autant que par les industriels des pays potentiellement acquéreurs des matières premières de ces pays et fournisseurs des biens et techniques nécessaires à leur développement, a incontestablement boosté les essors des économies devenues partenaires, et joué à la fois un effet déclencheur, multiplicateur et parfois accélérateur de ces dynamiques de croissance, d'industrialisation et d'émergence.

Mais ces divers liens de dépendances économiques et politiques posent la question complexe et à laquelle les réponses ne sont pas toujours fournies, des incidences et des effets de ricochet que peuvent avoir des essors nouveaux ou au contraire des crises qui se manifesteraient dans un grand pays ou dans une région importante du globe (Chine, Inde, Brésil, Etats-Unis, UE) sur ses partenaires économiquement et politiquement plus fragiles, du Nord comme du Sud. La crise dite « asiatique » de 1997, comme celle dite des *subprimes* commencée en 2007, a montré combien ces questions étaient importantes pour les acteurs du développement ou de l'émergence de nombreux pays, industrialisés, en développement ou émergents.

Nous évoquerons dans notre présente approche les nouvelles synergies et les partenariats qui s'établissent entre les pays du Nord et les pays du Sud, en soulignant le rôle fondamental des pays émergents dans la dynamisation du monde nouveau.

Puis nous analyserons les implications qui résultent de l'émergence des deux pays les plus peuplés du monde, la Chine et l'Inde, sur les pays en développement qui aspirent également, à terme, à mettre en œuvre leur propre processus d'émergence.

Mais il nous a paru également nécessaire de préciser que la connaissance exacte du niveau —actuellement très diversifié— de croissance, de développement, d'industrialisation ou d'émergence des Etats s'avérait jouer un rôle très important dans la détermination des processus à mettre en œuvre pour la montée en puissance de leurs propres appareils économiques, politiques et socioculturels.

Enfin, les difficultés, voire les crises économiques et financières, qui caractérisent les appareils économiques des différents pays en développement comme de ceux qui sont de manière effective en situation d'émergence se révèlent très souvent conséquentes ou directement liées aux crises et ralentissements que connaissent les autres pays partenaires de tous les continents et de tous niveaux de richesse.

L'impression générale qui se dégagera de notre approche des dynamiques d'émergence dans ce monde en perpétuelle mutation est que les critères économiques, commerciaux comme financiers, mais aussi socioculturels et politiques, doivent être mieux analysés et mieux adaptés aux cas particuliers des pays qui envisagent de s'acheminer sur la voie du progrès et de l'émergence.

A la fin de chacun de nos chapitres, nous avons souhaité développer une partie généralement plus théorique, que nous avons intitulée *« Le coin des étudiants »*, où sont présentés des explications terminologiques complémentaires de celles fournies dans le corps du texte, mais également des exercices pratiques (exercices à trous à compléter par les étudiants qui le souhaiteraient), des questions de compréhension du thème général développé dans le chapitre et enfin des rappels plus strictement théoriques relevant d'une connaissance plus avancée de la science économique.

CHAPITRE I- DE NOUVELLES SYNERGIES NORD-SUD

Nous avons rappelé dans notre introduction combien le monde est en perpétuelle mutation et constaté combien il devenait complexe, mais pourtant impératif, d'analyser les enjeux d'un univers nouvellement reformaté, en constante reconstruction, dont nous avons signalé qu'aucun pays ne maîtrisait plus vraiment les rythmes évolutifs.

De nombreuses et importantes synergies ont créé, puis développé des partenariats complexes entre les pays, qu'ils soient riches ou pauvres, industrialisés, émergents ou non. Ces partenariats comme ces synergies ont permis une rapide évolution des rapports de forces internationaux, qui se révèlent diversifiés, évolutifs et souvent économiquement, socialement ou politiquement turbulents.

I- LA DYNAMIQUE EVOLUTIVE DES RAPPORTS DE FORCES MONDIAUX

Le monde est diversifié et turbulent

Ce monde diversifié et turbulent, qui évolue sans cesse, s'est totalement métamorphosé en moins de cinquante ans, passant d'une ère coloniale, où les pays riches géraient autoritairement les pays pauvres, à une dynamique de mondialisation accélérée par l'ouverture récente des marchés économiques et surtout financiers —y compris de ceux des pays communistes qui ont amorcé d'importants changements systémiques. La partie pauvre du monde s'est ouverte aux clients, aux fournisseurs et aux partenaires des pays occidentaux qui répondent à des gestions libérales, voire capitalistes, les Etats les plus pauvres du Sud se développant désormais en s'appuyant sur des techniques nouvelles de production et de gestion de leurs richesses, dont l'acquisition leur est facilitée par la rapidité des transports et par l'immédiateté de la communication. Ils tentent, en se dotant de nouvelles structures adaptées, de faire profiter leurs populations de ces nouvelles donnes mondiales, associant de plus en plus leurs dynamiques politico-économiques à leurs structures socioculturelles.

Ces récentes dynamiques, qui ont permis en quelques décennies la croissance, le développement, l'industrialisation et l'émergence de nombreux pays, connaissent également des constructions et des restructurations nationales qui sont régulièrement frappées par des crises préoccupantes aux niveaux national, régional, mais aussi international, comme par exemple celles qui ont ébranlé le monde économique et financier depuis 2007-2008, en particulier la crise américaine des *subprimes*, la faillite d'importants centres financiers comme *Lehman Brothers*, les secousses brutales des places boursières chinoises, malmenées par des bulles financières ou immobilières mal maîtrisées, ou des crises politiques très dommageables, parfois sur fond de corruption, comme récemment au Brésil.

Dans ce monde récemment reformaté,

L'Occident semble stagner de manière lancinante, ne réalisant que des taux de croissance très bas, parfois jamais observés auparavant (Union Européenne : 1,3% de croissance des PIB en moyenne en 2014 ; France : 0,3% ; même le Japon, partenaire indissociable des économies occidentales, a affiché une croissance nulle, voire négative depuis 2014, etc.).

L'Afrique, et dans une moindre mesure l'Amérique Latine, est en proie à d'immenses difficultés, économiques, politiques et humaines, malgré l'amélioration incontestable des taux de croissance et du niveau de vie de certains pays depuis 2010 et le refus proclamé avec force de l'afro-pessimisme. De nombreux pays du continent sont, au demeurant, fortement éprouvés par de graves crises d'insécurité et des rébellions.

Dans la plupart des pays africains, les dynamiques démographiques sont malheureusement souvent incontrôlées, conduisant à un appauvrissement humain très difficile à endiguer et à gérer, tant il est également lié à des considérations culturelles et à l'inexistence de planification familiale.

La cause la plus sensible de ces problèmes démographiques est sans doute liée au taux de fertilité (nombre de naissances par femme), qui est parfois si élevé qu'il devient impossible aux familles comme aux Etats d'élever, d'éduquer, de scolariser, de soigner et de trouver plus tard un emploi aux jeunes qui ne sont pas formés. Ce taux est de 7,6 enfants par femme au Niger, de 6,1 en Angola, de 6 au Nigeria et de 5,9 en République Démocratique du Congo, alors qu'il n'est que de 2,4 en Inde, 1,8 au Brésil, 1,6 en Chine et 1,4 en Allemagne. Il se complique hélas fort souvent d'un très haut taux de mortalités maternelle et infantile (plus de 115‰ en RDC et au Nigeria).

	Population millions hab 2016	taux de fertilité enfants par femme	Mortalité infantile pour 1000 enfants	Esp. de vie à la naissance
Chine	1 379	1,7	12,7	75,2
Inde	1310	2,5	49,8	66,5
Brésil	206	1,8	13,7	73,6
Nigeria	184	6,0	117,4	52,1
RDC	85	6,0	118,5	49,6

Tableau 1- Les éléments démographiques du sous-développement et de l'émergence[1]

L'Asie, en particulier la Chine, s'est littéralement envolée sous la pression des taux de croissance très élevés, concernant des pays très peuplés (c >10% par an en Chine qui compte 1,38 milliard d'habitants ; ce taux a été renouvelé durant près de 25 ans et stabilisé à c = 6,5% en 2015, l'Inde (1,31 md hab.), c = 7,4%, et le Bangladesh (162 millions d'habitants) c = 6,1% en 2014, les Philippines (104 millions d'habitants) c = 6,1%, le Vietnam (93 millions d'habitants) à c = 6,5% et l'Indonésie c = 5% en 2015).

Rien que pour ces six pays, environ 4 milliards d'habitants (55% de la population mondiale) ont généré en 2015 un PIB cumulé de plus de 15.000 mds $, en forte croissance annuelle, même s'ils ne font actuellement qu'un peu moins de 20% du PIB mondial.

• **La Chine** (beaucoup plus encore que l'Inde ou que l'Indonésie) a connu un démarrage très rapide depuis 1979 sous l'égide de Deng Xiaoping, en prônant des réformes économiques quasi libérales —tout en maintenant sur le plan politique un système communiste autoritaire—, en démantelant l'ancien système de gestion centralisée des communes rurales, en ouvrant son commerce international sur l'étranger et en restructurant ses places financières.

---

[1] Sources : 2016 Groupe Banque mondiale et Indicateurs Planète, *Les Chiffres 2016*, Alternatives Economiques, Hors Série n°106 et Le Monde, *Le Bilan du Monde 2017* Hors-Série Edition 2017.

Elle a suscité beaucoup d'espoir auprès de ses populations mais aussi auprès de ses clients, de ses fournisseurs étrangers parfois plus riches et mieux structurés qu'elle, mais aussi et surtout auprès de ses partenaires plus pauvres des pays du Sud, en particulier de l'Afrique et de l'Améri—que latine, auxquels elle achetait les matières premières nécessaires à la dynamisation de son processus de production, dont le rythme évolutif s'était très rapidement accéléré.
La réduction depuis 2014 de son taux de croissance en-deçà de 6,6%, mais aussi ses turbulences financières et boursières récentes inquiètent les dirigeants chinois, les classes moyennes qui émergent dans le pays, autant que leurs partenaires africains qui voient diminuer les importations chinoises concernant leurs matières premières.

• **L'Inde**, qui entend rattraper la Chine au niveau de sa population (1,32 milliard d'habitants contre 1,375 en Chine) en n'imposant aucune restriction officielle à sa politique des naissances malgré un très fort taux de mortalité infantile (m_{inf} = 49,8‰ contre 12,7‰ en Chine), a sans doute poussé les Chinois à desserrer leur politique de l'enfant unique dès 2015.

Sur le plan géopolitique, l'Inde vient de donner une nouvelle impulsion à son partenariat avec l'Afrique en réunissant à Johannesburg son troisième sommet Inde-Afrique en octobre 2015.

Ce sommet était très attendu, car on disait en Inde comme en Afrique *« que les relations piétinaient »,* tant il apparaissait que l'Inde était en compétition avec le Japon et la Chine pour établir des partenariats, rechercher des clients pour ses produits *low-cost* et pour s'approvisionner en ressources minières et énergétiques sur le continent africain.

L'Inde entend à terme, à ce niveau également, concurrencer, sinon rattraper la Chine.

Il est vrai que les échanges Inde-Afrique ne se sont chiffrés en 2015 qu'à seulement 70 milliards de dollars (contre 222 milliards pour les échanges Chine-Afrique)[2] ; mais ces chiffres ont semble-t-il fortement évolué de part et d'autre en 2016.

• **L'Afrique du Sud** (seconde puissance africaine après le Nigeria, avec 400 milliards de dollars de PNB pour une population de 54 millions d'habitants) est, comme le Brésil et la Russie —sans en posséder cepen-

---

[2] MAYS MOUISSI, *Analyse des échanges commerciaux entre l'Afrique et l'Inde*, 25 octobre 2015, www.mays-mouissi.com

dant les atouts en pétrole et en gaz—, un producteur important de matières premières de grande valeur (métaux platinoïdes, uranium, chrome, manganèse, plomb, nickel, charbon, mais également diamant, argent et or).

Ce pays, porte d'entrée du continent africain pour l'Europe, mais également maintenant pour les pays industrialisés et émergents asiatiques (Chine, Japon et Inde), connaît cependant une situation politique, économique et sociale difficile, avec un chômage très élevé (plus de 25%), une forte inflation (6%), une grave inégalité des revenus, une intense corruption, une très forte criminalité et un taux de sida fort inquiétant et non encore jugulé, lié à une situation sanitaire générale très mauvaise.

Les impacts interactifs des dynamiques d'émergence

Mais l'émergence de la Chine, de l'Inde, du Brésil, comme de l'Indonésie,

- par l'énorme population de ces pays (respectivement 1,37 et 1,32 milliard d'hab. et 206 millions d'hab. en 2016) ,
- par la répétition de forts taux de croissance depuis 25 ans en Chine et plus récents mais fort élevés en Inde (7,4%) et en Indonésie (5% en 2014), (en nette régression au Brésil à 0,1% en 2014),
- par l'ampleur des besoins exprimés sur les marchés mondiaux des matières premières, des ressources énergétiques, des produits agroalimentaires,

redéfinit radicalement les rapports de forces sur tous les marchés mondiaux et surtout réoriente les synergies entre tous les pays du monde, qu'ils soient riches ou pauvres, qu'ils soient du Nord ou du Sud, industrialisés, en développement ou en dynamique d'émergence avérée.

- L'Afrique (54 Etats souverains, plus d'1,1 milliard d'habitants, 30,4 millions km^2, 2.800 milliards de $ de PIB cumulés),
- comme l'Amérique latine (20 pays, 610 millions d'habitants, 20 millions de km^2, 6.400 milliards de $ de PIB cumulés en 2015)

deviennent, de manière inégale et pas toujours bien définie, des fournisseurs potentiels pour les besoins de la Chine, de l'Indonésie ou de l'Inde —comme pendant longtemps de l'Europe— et, en même temps, des clients importants pour les produits *low cost* fabriqués dans des conditions salariales moins chères et des circonstances sociales et humaines (travail des enfants, pollution de l'air et des sols, activités minières dont on dit qu'elles servent parfois au financement des conflits) très éloignées des critères minimaux de l'activité équitable et des critères environnementaux imposés, à grand prix, à leurs industries par la plupart des pays occidentaux.

	PIB Mds $ cour	Population *millions h*	Rev/h ($ cour)	R/h ($ PPA*)	c (%)	Solde commercial (% du PIB)
Monde	**75 900**	**7 300**	**10 400**	**15 000**	**+2,2**	•
Etats-Unis	18 562	324	57 290	54 700	+4,0	-2,2
Union Eur	19000	510	37 255	36 250	+1,3	0,36
Chine	11 392	1 379	8 261	13 220	+6,7	1,9
Japon	4 730	127	37 244	36 500	+1,0	0,8
Brésil	1 770	206	8 592	15 840	-7,0	-3,4
Inde	2 251	1 310	1 718	5 710	+9,0	-2,6
Corée du Sud	1 404	51	27 529	34 400	+4,0	6,2
Mexique	1 064	122	8 721	16 970	+2,1	-2,4
Indonésie	941	259	3 633	10 520	0	-3,2
Nigéria	415	184	2 255	5 940	-2,0	-4,9
Afr. du Sud	280	56	5 000	13 060	+1,5	6,2

.* *PPA = parité de pouvoir d'achat*

Tableau 2- La situation économique et démographique des principaux pays du monde en 2016[3]

A ce niveau, les sommets très médiatisés des *Conferences of the Parties*, COP 21 de Paris en 2015 ou COP 22 de Marrakech en 2016, portant sur la protection de l'environnement, la limitation des émissions des gaz à effet de serre, les dérèglements du climat, etc., ont montré que des pays, même émergents, qui avaient lors des 10 dernières années, mis en œuvre sur leur territoire des centrales thermiques, développé des cultures à base d'engrais chimiques à haut degré cancérigène ou activé des centres miniers à forte fracturation n'entendaient pas ralentir trop rapidement leurs habitudes productives, liées à des créations d'entreprises récentes pour lesquelles ils avaient beaucoup investi.

---

3 *Le Bilan du Monde*, Le Monde Hors-Série, Edition 2017 et internet <http://www.journaldunet.com/economie/magazine/1171985-classement-pib/>, février 2016

désormais au Cameroun, en République Dén
gérie et ailleurs.

Les Africains sont partagés entre la satisfacti
de l'aide au développement et la peur de ne
naires d'un niveau suffisant, ou encore que la
fortes pour eux, qui ne sont pas unifiés. 54 pa
2500 ministres et secrétaires d'Etat, dont ch
tion différente concernant les relations écono
tionales, les processus de croissance, les dyn
ou les partenariats liés à leur émergence.

Certains analystes des pays du Sud font des
preintes de craintes[5]. D'autres se demandent
Chine… Mais incontestablement,

- les économies des pays industrialisés, cons
chissent considérablement leurs taux de crois
- alors qu'en même temps, souvent pour des ra
nement de leurs riches partenaires —mais éga
sons liées au mauvais fonctionnement de
cières—, les économies émergentes et celles
activement positionnées sur une voie promet
ralenti dès 2014 leurs propres rythmes, pour
ment s'étant très clairement confirmé en 2015

La complémentarité des coopérations

En réalité, pour les Africains comme pour les
pération entre leur continent et le continen
Chine et l'Inde) ne doit jamais s'opposer, ma
pérations internationales, mais aussi —et surt

Face à cette reconstruction de l'économie
géopolitique et à cette réorientation vers l'A
tine et vers l'Asie du Sud-Est des synergies a
impératifs s'imposent aux pays en développer

a) faire un Etat des lieux, qu'il faut répéter
partenariats évoluant très vite d'une année sur

[5] Certains voient la Chine comme un prédateur, d'aut
MASHELE, Alternatives Economiques, Décembre 201

Ces pays (en particulier l'Inde) rappellent souvent aux Occidentaux que des enveloppes financières doivent leur être allouées pour qu'ils entament les réformes structurelles demandées en stoppant leurs activités jugées trop polluantes, comme le leur demandent les autres pays qui se sentent menacés par la pollution.

Les débats portant sur la plupart des décisions importantes semblent être sans cesse reportés aux réunions annuelles suivantes ; les décisions, pourtant jugées urgentes par beaucoup de pays, ont été repoussées de la COP 21, puis de la COP 22 à la COP 23 qui se tiendra en novembre 2017.

Une forme nouvelle de coopération Sud-Sud

La Chine comme l'Inde sont donc naturellement conduites à proposer aux Africains (mais également aux pays latino-américains et à certains pays du Sud-Est asiatique) une forme nouvelle de coopération Sud-Sud, présentée comme une « *coopération win-win* » entre pays en développement de nature

- à permettre aux Chinois et aux Indiens de pallier leur insuffisance de dotation, principalement en matières premières, en ressources énergétiques et en ressources agroalimentaires,
- à orienter vers l'Afrique, l'Amérique Latine et l'Asie du Sud-Est un flux important d'investissements directs, d'entreprises, d'infrastructures, de spécialistes en toutes disciplines.

  Cette coopération entre les pays dynamiques de l'Asie et ceux des autres continents d'Afrique et d'Amérique Latine

- peut devenir un atout considérable pour le développement du continent africain et des autres pays du sud,
- mais constituer aussi des enjeux et des risques, surtout en cas de mauvaise utilisation des mannes chinoise et indienne, en particulier si les Latino-Américains et les Africains restent beaucoup trop spécialisés dans l'extraction, délaissant les autres secteurs de leurs économies nationales ou la transformation de leurs matières premières, laissant à leurs partenaires acquéreurs le bénéfice de l'importante valeur ajoutée qui en découle.

Le Brésil, *« pays locomoteur »* de l'Amérique latine, au sein duquel les 206 millions d'habitants ont généré en 2015 un PIB de 1.772 milliards de $, a quant à lui réussi à maintenir durant de nombreuses années, jusqu'à 2014, des taux de croissance économique très élevés, sans jamais cepen-

dant parvenir à réduire les inégalités ni à a
vironnement urbain extrêmement dégradé
sociales les plus pauvres.

Ce pays possède un très gros potentiel é
l'exploitation de matières premières (dont
ciment) et de produits énergétiques qu'il
la Chine. Mais il est également doté d'u
porte certains dérivés une fois transformés

Son industrialisation concerne de nombre
jouets et aux produits électroniques. Le
qui emploient plus de 65% de sa populati
liers de son émergence.

Mais en 2015, suite au ralentissement de
vers ses clients chinois mais aussi améric
saient eux-mêmes des réductions importa
respectifs, le Brésil a connu un net ralentis

Les Brésiliens ont par ailleurs été concer
tourmente politique interne liée à la des
ROUSSEFF, ce qui a encore plus poussé
spectaculaire, qui n'avait jamais été réelle
locaux ni par leurs partenaires étrangers[4].

Les synergies entre pays émergents ont
(qui oriente vers la Chine plus de 15% de
restaient tributaires de la sécurité politi
équipes dirigeantes et surtout de leur aptit
les effets néfastes et dévastateurs de la c
terraine.

La lutte contre la corruption a d'ailleurs
éléments clés de la politique menée par
l'arrivée au pouvoir du président Xi Jinpi

De la part des Africains, l'implantation asi
chinoise, est incontestable. Mais elle sus
tradictoires, venant de toutes les régions

---

[4] Cristina TERRA, *La crise made in Brazil*, in L'
La Découverte, septembre 2016.

b) formuler des propositions concrètes : face à cet état des lieux, il convient de formuler des propositions concrètes et réalistes. On ne peut pas de nos jours ignorer la Chine ou l'Inde. Africains, Latino-Américains et Etats du Sud-Est asiatique comme Occidentaux devront, dans les décennies à venir, construire et promouvoir leurs processus de croissance, de développement et d'émergence en étroite collaboration —sinon en connexion— avec les Etats déjà émergents.

c) concrètement : La Chine, mais également l'Inde, ne produisent pas suffisamment de matières premières pour alimenter leur propre industrie. La Chine les acquiert de plus en plus en Afrique et en Amérique Latine.

Les nouvelles problématiques

Le reformatage du monde politique, économique et humain est certes devenu incontestable, mais le brassage des flux commerciaux, financiers et humains auquel il conduit inéluctablement requiert dans chaque pays, aux conditions et aux cultures parfois si différentes, une réflexion prudente concernant les modes et les rythmes des ouvertures, voire des changements systémiques inédits ou fondamentaux qui s'imposent.

• A quel rythme les Africains et les Latino-Américains (mais aussi les Indiens) peuvent-ils se défaire de leurs richesses naturelles sans risque pour leur propre avenir ?

• Comment les pays africains et latino-américains peuvent-ils orienter et utiliser au mieux les coopérations occidentale, chinoise et indienne pour qu'à l'horizon 2015-2020 leurs propres dynamiques d'émergences soient réellement avancées ?

Statistiques mondiales[6]

I- Les PIB supérieurs à 275 milliards de dollars en 2016

PIB 2016 **Monde 78 000** *(en milliards de dollars)*					
Etats-Unis	18 562	Canada	1 522	Taïwan	519
Chine	11 392	Corée du Sud	1 404	Nigeria*	415
Japon	4 730	Australie	1 257	Iran	412
Allemagne	3 495	Espagne	1 252	Venezuela	338
Royaume-Uni	2 650	Mexique	1 064	Malaisie	303
France	2 488	Indonésie	941	Danemark	302
Inde	2 251	Suisse	663	Singapour	297
Italie	1 883	Arabie Saoud.	638	Afr. du Sud	280
Brésil	1 770	Argentine	542	Colombie	275

Tableau 3- Les PIB supérieurs à 275 milliards de dollars en 2016

II- Les populations supérieures à 50 millions d'habitants

POPULATIONS 2016 Monde 7,345 *milliards d'habitants*					
Chine	1379	Japon	127	RD Congo	85
Inde	1310	Mexique	122	Thaïlande	69
Etats-Unis	324	Philippines	104	France	65
Indonésie	259	Vietnam	93	Royaume-Uni	65
Brésil	206	Ethiopie	91	Italie	61
Pakistan	181	Egypte	85	Afr. du Sud	56
Nigeria	183	Allemagne	82,6	Myanmar	53
Bangladesh	162	Iran	80,8	Corée du Sud	51
Russie	143	Turquie	79		

Tableau 4- Les populations supérieures à 50 millions d'habitants en 2016

---

[6] Les statistiques mondiales peuvent être consultées sur : *Atlas Socio-Economique des pays du monde* ; Larousse, 2017 ; voir également <www.geopopulation. com> ; http://fr.actualitix.com; <World Development Indicators de la Banque Mondiale> ; CE-PII, base de données Chelem-PIB.

III- Les revenus per capita supérieurs à 35 000 $

Monde 10 227 $ /h							
Qatar	108 588		Canada	50 574		Portugal	44 545
Luxembourg	106 346		Singapour	50 452		E A U	43 341
Norvège	100 361		Etats-Unis	49 531		Belgique	42 878
Suisse	77 863		Irlande	49 207		Islande	42 500
Australie	68 174		Japon	46 984		Allemagne	41 406
Koweït	67 154		Autriche	46 277		Nlle Zélande	39 738
Danemark	55 313		Finlande	45 609		France	38 791
Suède	54 711		Pays-Bas	45 200		Royaume-Uni	38 225

Tableau 5- Les 24 pays au Revenu per capita supérieur à 38.000 $ par an

IV- Les revenus per capita inférieurs à 1 000 $

Tadjikistan	993		Burkina Faso	634		Guinée	567
Myanmar	989		Mali	620		Liberia	541
Cambodge	950		Mozambique	616		Gambie	517
Tchad	883		Erythrée	616		Ethiopie	497
Zimbabwe	856		Togo	614		Madagascar	488
Comores	822		Tanzanie	609		Rép. Centrafr.	435
Haïti	806		Sierra-Leone	604		Niger	406
Bénin	781		Ouganda	601		Malawi	276
Bangladesh	778		Guinée-Bissau	600		Burundi	254
Afghanistan	651		Rwanda	599		RDC	240
Népal	649		Corée du Nord	569		Somalie	149

Tableau 6- Les 33 pays aux revenus per capita inférieurs à 1000 $ par an en 2016

II- L'ETAT DES LIEUX

1- Chine, Inde et reste du monde

La Chine et l'Inde avancent très vite

a) La Chine c'est près d'1.400 millions d'habitants qui ont créé plus de 14.000 milliards de dollars de PIB en 2016 : (14° PIB mondial en 1989, 2° en 2015) avec un ***taux de croissance*** phénoménal et régulier de 10% en moyenne durant plus de 20 ans (jusqu'à 2012), décuplant ainsi le PIB ; l'économie chinoise a continué de réaliser une forte croissance depuis lors, même si un ralentissement de *« vitesse de croisière »* s'impose désormais (7,4% en 2014 ; 6,8% en 2015 ; sans doute 6,4% en 2016), ce qui ne manque pas d'inquiéter les autorités locales, les clients, comme les fournisseurs de la Chine.

Au demeurant, de nombreux analystes, qui ne s'inquiètent pas vraiment des niveaux considérés comme insuffisamment élevés caractéristiques des taux de croissance actuels de l'économie chinoise —qui relèvent en fin de compte d'un effet de rattrapage commencé à l'époque des réformes de Deng Xiaoping— se montrent beaucoup plus circonspects concernant les risques d'un processus plus large de ralentissement de l'ensemble des activités économiques qui pourrait s'installer durablement dans le temps : ralentissement de la production industrielle, de la distribution des crédits dès 2013-2014, dettes considérables liées au boom précédent du crédit en 2008, créances douteuses, voire toxiques, secteur informel (surtout bancaire) mal maîtrisé, bulle immobilière très déstabilisante, etc.

Ces éléments peuvent paraître inquiétants, non seulement pour la Chine, mais également pour ses clients, fournisseurs et partenaires de tous les autres pays du monde, en particulier africains. Ils rendent impératif et surtout urgent, un rééquilibrage de l'économie chinoise dans son ensemble, mais surtout de son secteur financier, ce à quoi s'affairent activement, semble-t-il, les responsables chinois depuis 2015. L'économiste J-A TURNER[7] estime que « *la dette est si dangereuse, qu'elle exige une révision approfondie de la façon dont l'économie est gérée* ».

---

[7] Jonathan Adair TURNER (Président de l'Autorité Britannique de Régulation des Services Financiers), estimait pour sa part, en 2014, que *La Chine doit rééquilibrer son économie*, repris par AlterEcoPlus, Alternatives Economiques, 10 novembre 2014. Il publiera l'année suivante : *Between Debt and the Devil : Money, Credit, and Fixing Global Finance*, Princeton University Press, 2015.

L'Empire du milieu compte des Chinois parfois très riches —une centaine de milliardaires en dollars et plus de 850.000 millionnaires (on en compte plus de trois fois moins en France)—, même si cette richesse est très inégalement répartie entre les différentes couches sociales et que la lutte contre la corruption est l'un des principaux thèmes de prédilection du gouvernement actuel. L'un des signes de l'enrichissement et de la modernisation des Chinois est sans doute que plus de 120 millions d'entre eux sont désormais abonnés à l'Internet haut débit depuis 2015.

- ***mais par ailleurs***, la Chine entretient des rapports très étroits avec l'ensemble des diasporas chinoises, des « *overseas Chinese* » (plus de 50 millions de Chinois à l'étranger), qui réalisent 2/3 des IDE en Chine),

- ***au demeurant***, de nombreux Chinois fréquentent les meilleurs MBA des plus célèbres universités du monde.

b) L'Inde est un pays dont l'économie a également réalisé sa croissance à très grande vitesse, l'effet de rattrapage qui concerne ce pays étant en réalité une dynamique géopolitique concurrentielle qui s'assigne avant tout de rattraper son voisin chinois.

L'Inde, c'est 1.320 millions d 'habitants qui ont créé plus de 2.100 milliards de dollars de PIB en 2015, avec un taux de croissance supérieur à celui de la Chine (7,4% en 2015 contre 6,6% en Chine). Elle est moins riche que la Chine, certes sur le plan économique, mais elle la rattrape rapidement au niveau de sa population.

La croissance indienne est généralement présentée de manière positive, bien que ses résultats soient difficiles à connaître avec précision : autour de 7,4% en 2015 et de 6,8% en 2016 selon les prévisions de l'OCDE, qui ne seront vraisemblablement que de 5,5%.

Les perturbations dues aux péripéties monétaires et financières de décembre 2016 et à la décision subite du Premier ministre indien, de « *démonétiser* » plus de 24 milliards de billets correspondant à une valeur faciale de 500 et de 1000 roupies seront de nature à remettre en cause le processus indien de croissance économique régulière en 2016 et 2017.

Les résultats de cette opération radicale de lutte contre l'économie souterraine, la corruption et la fraude fiscale en surveillant la circulation de sa monnaie fiduciaire comme celle des quantités d'or qui s'échangent de manière souvent informelle dans le pays devront être analysés dans les premiers mois de 2017.

Comme la Chine, l'Inde est de plus en plus présente en Afrique. En 1996, les principaux pays destinataires de l'investissement indien étaient l'Ile Maurice (75%), le Maroc (11%), le Sénégal (7,5%) et l'Afrique du Sud (6,8%)[8].

Etant donné l'accélération de leur développement industriel, la Chine et l'Inde ont d'énormes besoins.

c) Plusieurs questions se posent alors :

1. **quels sont les besoins** de la Chine et de l'Inde manifestés par leurs populations, par leurs industries ?
2. **que produisent** la Chine et l'Inde pour faire face à leurs propres besoins (agricoles, miniers et énergétiques) ?
3. **par soustraction**, si la Chine et l'Inde doivent faire leurs achats ailleurs, que doivent-elles acheter pour faire face à leur dynamique d'émergence ?
4. ***et où*** la Chine et l'Inde peuvent-elles acheter les matières premières, les ressources énergétiques, les produits agroalimentaires qui manquent à leurs populations et à leur industrie ?
5. **parmi les réponses** : en Afrique et en Amérique latine —mais également en Asie du Sud-Est (Indonésie, Thaïlande, Malaisie, Vietnam)—; les Chinois ont organisé ces dernières années plusieurs sommets Chine-Afrique pour développer leurs amitiés consulaires mais aussi économiques et commerciales ;

   ➔ les Chinois et les Indiens vont en Afrique ;
   ➔ le gouvernement chinois comme le gouvernement indien encouragent leurs entrepreneurs privés à s'y expatrier, avec l'appui financier de l'EXIM-Bank en Chine.

[8] En dehors du Sénégal, de l'Afrique du Sud et du Maroc qui continuent à recevoir le même stock d'investissement, l'Ile Maurice a connu une baisse de ses IDE indiens de l'ordre de 48.2% (Aïssatou DIALLO, *L'Inde en Afrique : un autre émergent à la conquête du continent africain*, Passerelles, Volume 12 - Number 3).

L'ampleur des présences chinoise et indienne en Afrique

Comment la mesurer ? Il demeure une réelle opacité et d'innombrables incertitudes sur les effectifs, la localisation, les activités réelles des Chinois comme des Indiens détachés en Afrique, sur le montant des IDE, sur le ciblage des partenaires et des interlocuteurs.

Pays	Nbre de Chinois (2013)	IDE chinois en millions de $ (2013)
Algérie	50 000	800
Niger	2 000	400
Egypte	5 000	300
Guinée	10 000	800
Soudant	50 000	20 000
Ethiopie	8 000	20 000
RD Congo	20 000	15 000
Congo-Brazza	8 000	500
Gabon	7 000	4 000
Cameroun	9 000	2 000
Angola	40 000	6 000
Afrique du Sud	400 000	50 000
Zimbabwe	15 000	500
Zambie	50 000	600
Nigeria	70 000	12 000
Total (estimation globale 2016)	> 1 200 000	> 300 000

Tableau 7- La présence chinoise en Afrique (estimations)

Il existe en réalité très peu de statistiques récentes et surtout précises concernant le nombre de Chinois dans chaque pays africain. Ils étaient déjà évalués à près d'un million en 2013. Les études et reportages proposés sur ce sujet prennent au demeurant très souvent un ton critique ou polémique[9]. On peut estimer qu'en 2016 une présence de 1.200.000 Chinois

[9]*China's Economic Invasion of Africa*, https://www.theguardian.com/world/ 2011/ feb/06 ; voir également *Africa and China : Workers face clash of culture* <www.bbc.com>, décembre 2012.

sur l'air devenu irrespirable et plus généralement sur la santé des populations.

Les comparaisons avec les équipements des autres pays industrialisés sont éloquentes : la Chine est équipée de 25 véhicules pour 1000 habitants ; or la France, l'Allemagne, l'Italie et la Grande-Bretagne en utilisent 20 fois plus (500 v/mh).

Les Etats-Unis possèdent 139 millions de véhicules. Si Chine avait le même taux de véhicules pour 1000 habitants, avec 1.380 millions d'habitants, elle possèderait près de 700 millions de véhicules. Si l'on supposait une file de véhicules, sur la base de 7 m par véhicule l'un derrière l'autre, cela ferait 4,9 millions de kilomètres, soit 12 fois la distance de la terre à la lune, c'est-à-dire une autoroute de 4 voies, AR entre la terre et la lune, de voitures qui se suivraient à 2 m d'intervalle !

***En Inde**, la pollution de l'air est également très préoccupante.*

Par exemple, le lundi 7 novembre 2016, les écoles ont été fermées et les chantiers mis à l'arrêt à New-Delhi, parce que la capitale indienne avait du mal à respirer depuis plus d'une semaine dans un brouillard de pollution posant un sérieux danger pour la santé publique.

Les niveaux de pollution ont crevé leurs plafonds dès la mi-2016 en raison des fumées provoquées par les brûlis de chaume des campagnes alentour, les émanations des véhicules et des usines, conjointement à une forte chute du thermomètre.

En raison du refroidissement, les polluants ne se dissipent pas et la mégalopole se retrouve piégée dans un nuage asphyxiant, atteignant des niveaux particulièrement dangereux à l'automne[17].

Le problème qui se pose à la Chine comme à l'Inde est celui du rythme de développement de sa croissance économique, ainsi que celui, encore plus grave, de ses infrastructures urbaines, routières et sanitaires.

---

[17] *Inde: New Delhi continue de tousser dans la pollution,* La Croix, 07 décembre 2016, et http://www.20minutes.fr/monde.

III- LE COIN DES ETUDIANTS

1- VOCABULAIRE

l'ouverture	*Le monde moderne, avec les moyens de communication dont disposent désormais les populations, amène les Etats à ouvrir leur économie, et particulièrement leur commerce extérieur, aux autres pays auxquels ils fournissent les produits qu'ils fabriquent avec facilité et en grande quantité, grâce à leur dotation en facteurs de production spécifiques (exportations), et dont ils achètent les biens couramment produits par leurs voisins, et qui n'existent qu'en quantités plus rares ou insuffisantes sur leur propre territoire (importations). La différence entre la valeur des exportations et celle des importations constitue le solde du commerce extérieur. Celui-ci concerne les produits et les services.*
l'internationalisation	*Le rôle de plus en plus important, voire indispensable, que les pays étrangers, leurs industries, leurs capitaux, leurs populations, jouent dans l'économie, mais aussi dans les échanges culturels, politiques et diplomatiques que chaque pays met en œuvre de par son ouverture, rend les contacts entre les populations, les entrepreneurs, les fournisseurs, les clients et les partenaires de tous les pays de plus en plus importants dans la vie des Etats.* *Au demeurant, les processus productifs, surtout industriels, sont souvent animés et dynamisés par des collaborateurs étrangers, par des entreprises délocalisées ou par des sous-traitants étrangers.*
la régionalisation	*La régionalisation est le regroupement de potentialités économiques, commerciales, financières, de recherche, d'infrastructures, de techniciens, etc., voire de potentialités administratives ou politiques, décidé souverainement par plusieurs pays (généralement contigus ou géographiquement voisins), de manière à profiter des économies d'échelle. Les difficultés sont souvent d'ordre politique et*

	administratif et s'ajoutent au fait que certains pays sont économiquement très pauvres[18].
la mondialisation	*L'internationalisation des activités conduit à une interconnexion mondiale des marchés de tous les biens, de tous les services, des ressources tant fossiles que minérales, mais également des marchés financiers. La mondialisation est l'extension des activités nationales à tous les pays du monde (concept de village global*[19]*).*
la globalisation	*La connaissance des goûts et la prise en considération des exigences des consommateurs et de leur protection ont par ailleurs rendu nécessaire une globalisation progressive des processus techniques et des normes de sécurité. Le concept de globalisation est généralement utilisé de manière synonyme à celui de mondialisation, bien qu'il procède en fait d'une tendance à l'uniformisation et à l'unicité des techniques, des processus et des marchés, dans un but généralement sécuritaire (normes environnementales, sanitaires, etc.).*
la géopolitique	*La géopolitique est la branche des sciences sociales qui rapproche entre elles les origines et les implications politiques des données géographiques. Le concept a été développé par l'Allemand Friedrich RATZEL et par le Suédois Rudolf KJELLEN. La géo-économie est la branche des relations internationales qui étudie les origines et les implications réciproques des politiques et des économies. Ce concept est principalement dû au Français Pascal LORROT et à l'Américain Edward LUTTWAK.*
le décollage industriel	*Il apparaît que la plupart des nations aujourd'hui industrialisées ont effectué leur processus de développement en réalisant une Révolution Industrielle, comme en Grande-Bretagne, en Allemagne ou en France dans la deuxième moitié du XIXe siècle. Dans les pays qui demeurent, encore de nos jours, insuffisamment structurés pour pérenniser une croissance suffisante et auto-entretenue, le passage d'une économie basée sur les produits de l'agriculture ou*

[18] Guy SCHULDERS, *S'UNIR, le Défi des Etats d'Afrique Centrale*, Editions L'Harmattan, 1994, et article de Yves EKOUE AMAIZO, *Régionalisation et Gouvernance*, CERIUM, Université de Montréal, décembre 2005.

[19] MARSHALL MC LUHAN, *The Medium is the Message*, 1967.

	sur l'extraction de produits miniers, vendus à l'étranger à l'état bru, pour y être transformés, à une économie industrialisante, qui substitue aux biens importés des produits fabriqués directement sur son territoire, constitue la véritable révolution industrielle qui permettra leur développement. *Le décollage industriel, en transformant structurellement les économies à prédominance agricole forte, accompagnera sans doute l'émergence et le développement, comme ce fut le cas pour les Nouveaux Pays Industrialisés de l'Asie entre 1975 et 2000.*
les soldes commerciaux positifs	*Les soldes commerciaux positifs sont les soldes excédentaires de la balance des marchandises et des services (valeur des exportations > valeur des importations). Les excédents commerciaux contribuent à faire entrer des devises dans le pays.*
l'Afrique	*L'Afrique est un continent de 30,5 millions de km^2, qui comporte 54 pays y compris les archipels et compte plus d'un milliard d'habitants, qui génèrent ensemble un PIB de 2.800 milliards de dollars, soit un revenu moyen par habitant de 2.500 dollars courants.* *Le Nigeria et l'Afrique du Sud sont les deux pays les plus prospères du continent, mais ils connaissent depuis 2014 un ralentissement économique préoccupant, lié aux variations erratiques des cours des matières premières et des produits énergétiques .* *Riches en matières premières et en ressources énergétiques, les Etats africains se voient offrir de nombreuses dynamiques de coopération, en particulier de la part des Occidentaux, mais aussi de l'Inde et de la Chine.*
l'Inde	*L'Inde est après la Chine, le second pays le plus peuplé du monde (1.320 millions d'habitants). Son industrialisation récente et ses orientations démocratiques en font un pays émergent, même si la très inégale répartition de ses richesses auprès des populations, la corruption, l'analphabétisme et les problèmes sociaux liés au système des castes, en font un pays politiquement et économiquement très complexe. Son PIB nominal est d'environ 2 400 milliards $, soit un revenu per capita moyen de 1 820 dollars.*

la Chine	*La République Populaire de Chine est un pays comprenant une population de 1.380 millions d'habitants, installée sur un territoire de 9,59 millions de km^2, créant une richesse de 12.300 milliards de dollars (PIB_{2016} nominal), soit 8.920 $ par habitant (13.000 $/h calculé en $PIB_{PPA/h}$), mais qui est très inégalement répartie (13 % de la population étant en dessous du seuil de pauvreté).* *L'importante croissance de l'économie chinoise (longtemps supérieure à 10 %, mais prévue à moins de 6,5 % en 2016-2017) repose sur ses exportations qui portent avant tout sur les machines-outils, les produits textiles, les métaux (fer et acier), les équipements médicaux, etc. Le PIB de la Chine se compose d'une forte agriculture 38,1 %, de son industrie 27,8 %, et de ses services 34,1 %.* *La Chine connaît depuis 2011 des phases de turbulence avec un ralentissement de son processus de croissance, des tensions sur ses places financières, des problèmes démographiques (chute de la natalité concernant surtout les filles) et des problèmes intenses de pollution, dus à une urbanisation et à une industrialisation accélérées et mal maîtrisées.*
l'Amérique latine	*L'Amérique latine comprend 20 pays avec 610 millions d'habitants, 20 millions kilomètres-carrés, et génère des PNB cumulés de 6,4 milliards de dollars (en 2015). Les principaux pays sont le Brésil (210 millions d'hab.), le Mexique (120 millions d'habitants), la Colombie (49 millions d'hab), l'Argentine (44 millions d'hab), le Vénézuéla (31 millions d'hab) et le Pérou (30,5 millions d'hab). La situation économique de l'Amérique latine s'est améliorée en 20 ans, mais reste généralement assez mauvaise. La plupart des pays connaissent des situations économiques instables et fragiles, malgré la présence sur leurs territoires de richesses minières et énergétiques importantes. Le Brésil, la Colombie et le Mexique sont des pays qui ont développé et organisé leurs processus de croissance économique de manière très positive, même si les aléas de la croissance mondiale et des situations politiques nationales parfois très instables amènent ces économies à marquer le pas, voire à connaître des taux de croissance économique négatifs (Brésil, 2015-2016).*

les Caraïbes	*Les Caraïbes constituent un sous-ensemble de 14 Etats insulaires, dont Cuba, les Bahamas, la Jamaïque et la République Dominicaine (ainsi que 17 dépendances). Elles sont souvent reliées politiquement et économiquement à l'Amérique latine. Elles occupent près de 240.000 km^2 et abritent une population d'environ 45 millions d'habitants.*
Cuba	*Cuba est la plus grande île des Antilles avec 110.000 km^2 ; le pays a une économie modérée mais stable : 70 milliards de dollars pour 11,5 millions d'hab (6.100 $/h), avec un taux de croissance assez faible de 2,5%..* *Contrairement à de nombreux PVD et PNI, la croissance de sa population reste maîtrisée, voire très modérée (0,1%), avec un taux de fécondité très bas (f = 1,7 enfants / femme).* *Au niveau de ses activités économiques, le secteur agricole est relativement faible (5% du PIB) ; son secteur mines-industrie est également fort modéré (20,5% du PIB) ; en revanche, son secteur des services est prédominant avec 75% du PIB. Le taux de chômage de Cuba est faible avec 3,3%.* *Suite à des incompatibilités politiques majeures entre Fidel Castro et les Etats-Unis et surtout aux nationalisations cubaines concernant les compagnies américaines, un embargo économique, commercial et financier à l'égard de Cuba a été mis en place en février 1962 par les États-Unis. Cuba se rapprocha alors de l'URSS et son économie déclina fortement à la chute de celle-ci.* *Après de fortes tensions entre Cuba et les Etats-Unis et la fin de la « guerre froide », une reprise progressive des relations diplomatiques a été observée, assortie d'un réel assouplissement de l'embargo américain sur Cuba, décidé en décembre 2014.*
l'Indonésie	*L'Indonésie est le pays musulman le plus peuplé du monde (265 millions d'habitants). C'est le principal pays de l'ASEAN avec un PIB de 900 milliards de dollars (soit un revenu per capita de 3 400 $).* *Ce grand pays du Sud-Est asiatique présente des secteurs équilibrés de son industrie et de ses services (entre 43 % et 46 %). Il est riche en produits agro-industriels (huile de*

	palme, caoutchouc, épices, bois, cacao, café, etc.) et en ressources minières (argent, bauxite, charbon, pétrole, etc.). *L'Indonésie parvient à attirer sur son territoire de nombreux investissements de l'étranger et présente régulièrement des balances commerciales excédentaires en exportant ses richesses tant vers l'Occident (14% vers les Etats-Unis), que vers la Chine (10%), Singapour et le Japon (23%), etc.*
le Vietnam	*Le Vietnam est un pays très dynamique, membre de l'ASEAN, de l'APEC et de l'OMC, qui a su reconvertir à partir de 1986, comme la Chine cinq ans plus tard, son économie en économie socialiste de marché par une politique d'ouverture et de mondialisation réussie (la* ***Đổi mới*** *ou politique de renouveau) sous l'égide du Parti Communiste vietnamien.* *Son passage dans les années à venir du statut de pays nouvellement industrialisé à celui de « pays émergent » paraît tout à fait réaliste.* *Le Vietnam est très fertile (dans le Sud) et très riche en matières premières (dans le Nord). Au large de la ville de Da Nang, mais aussi à proximité de l'île chinoise de Haïnan, dans la partie méridionale de la Mer de Chine, le Vietnam exploite une importante zone de pêche, et possède des richesses sous-marines particulièrement importantes en pétrole et en « terres rares », source de très sérieux conflits régionaux géopolitiques avec la Chine, focalisés autour des îles Paracels et des îles Spratleys.* *Environ 92 millions d'habitants, dont le tiers a moins de 15 ans, vivent sur 330 000 km^2 et créent un PIB de 195 milliards de dollars (2015) selon une croissance annuelle moyenne comprise entre 6,5% et 7% (qui demeure très comparable à celle que connaît la Chine et rend donc concevable son processus d'émergence).*
l'environnement	*L'environnement concerne les éléments qui encadrent, qui entourent, qui conditionnent et qui servent de berceau naturel. C'est un concept moderne qui décrit la nature, le climat, la qualité des cadres naturels de la vie des individus. Ceux-ci doivent être ménagés, protégés et respectés.*

	Partout en Occident, des mouvements écologistes réclament désormais une meilleure protection de la nature et de l'environnement. *Des réunions mondiales ont périodiquement lieu (COP, Conference of the Parties) de manière à harmoniser les comportements internationaux afin d'éviter la dégradation de l'environnement (pollution de l'air, de l'eau, des sols, etc.).* *La COP 21 s'est tenue à Paris en 2015 et la COP 22 à Marrakech en 2016.*

2- EXERCICE PRATIQUE

Complétez le texte suivant à partir des mots qui vous sont proposés par ordre alphabétique dans la grille ci-après

L'évolution économique des Etats, comme des différentes régions d'Afrique, s'est trouvée ……………… par les difficultés rencontrées par les économies occidentales après la crise américaine des ……………… puis par contrecoup de l'Asie, en particulier de la ……………… Les pays concernés, qui avaient parfois maladroitement fait dépendre leurs économies de celles des ……………… riches de l'Occident comme de la Chine, ont vécu des situations de ……………… où l'ensemble des éléments de leur propre dynamique économique, mais aussi celles de leurs appareils politiques et sociaux se sont ……………… dans l'attente d'un redémarrage des clients et ……………… étrangers. L'internationalisation des économies est désormais ………………. Mais des efforts doivent être faits dans tous les pays du sud, pour que les appareils nationaux gardent leur véritable ………………tant au niveau national qu'international.

Au niveau micro-économique, de nouvelles méthodes de gestion doivent être mises en œuvre par les ……………… au niveau bancaire, les ………………financiers internationaux doivent être sereinement, mais surtout prudemment abordés ; au niveau de l'……………… une lutte doit être menée contre les inégalités sociales et la corruption. Ces seules mesures, si elles étaient ……………… efficacement, seraient de nature à améliorer considérablement la situation des pays concernés, mais aussi la confiance des investisseurs ……………… potentiels.

Un renouveau s'impose, tant au niveau des méthodes qu'à celui des ………………, de manière à relancer les économies en difficulté et à mettre en œuvre de véritables dynamiques économiques de croissance, de développement et ………………

1	blocage	5	grippés	9	entrepreneurs	13	marchés
2	Chine	6	Etat	10	indépendance	14	partenaires
3	comporte-ments	7	étrangers	11	inéluctable	15	ralentie
4	émergence	8	fournisseurs	12	initiées	16	subprimes

3- COMPREHENSION DU THEME

- *Un pays peut-il se soustraire au processus de mondialisation ?*
- *Y a-t-il une différence entre mondialisation et globalisation ?*
- *Les nouvelles coopérations entraînent-elles un risque de dépendance ?*
- *La parité de pouvoir d'achat est-elle représentative du niveau de vie des populations ?*
- *Les cultures nationales constituent-elles un frein à la mondialisation ?*

IV- APPROCHE THEORIQUE

Les nouvelles orientations prises depuis deux décennies par les différents pays, dans ce monde en perpétuelle mutation, ont été caractérisées avant tout par un fort degré d'ouverture de leurs économies sur le reste du monde, même si cette ouverture impliquait une adaptation importante des leurs idéologies et de leurs systèmes économiques et politiques.

Ces transformations et parfois ces changements systémiques profonds, en particulier pour les pays soumis à un régime communiste et planifié strict, ont permis de nouveaux échanges et de nouvelles collaborations avec des partenaires industriels et financiers aux convictions et aux pratiques différentes.

L'ouverture signifiait la fin d'une ère d'économie fermée.

- Mais quelles étaient les conditions des processus d'ouverture ?

- L'internationalisation devait-elle absolument se faire sur la base des convictions des nouveaux partenaires ?

- Permettait-elle une spécialisation des productions sur la base des facilités que la nature et la population de chaque pays rendaient plus accessibles ?

la spécialisation des productions à l'international	*La spécialisation est le fait de produire, en priorité, un bien que la dotation factorielle d'un pays lui donne vocation à fabriquer : en Suisse (peu d'individus et beaucoup de capital), on fabriquera des produits requérant beaucoup de technologie et donc des équipements coûteux ; en revanche, en Argentine, on s'adonnera à l'élevage extensif (beaucoup de sol et peu de capital), etc.*
Adam SMITH	*Adam SMITH, Recherche sur la Nature et les Causes de la Richesse des Nations, Glasgow, 1776 : La spécialisation des tâches et les échanges se font sur la base de l'avantage absolu.*
l'avantage absolu	*L'avantage absolu est l'avantage qui découle du fait que le coût en heures de travail pour la fabrication d'un produit (A) dans un pays (I) est arithmétiquement inférieur au coût en heures de travail nécessaire pour la fabrication du même produit dans le pays (II).*
David RICARDO , *la zone d'avantages réciproques*	*David RICARDO, Principes d'Economie Politique et de l'Impôt, Londres 1817.* *Dans le modèle ricardien, la zone d'avantages réciproques indique le lieu des combinaisons d'échanges de deux biens (A) et (B) où chaque pays trouve un avantage à l'échange par rapport à la situation d'autarcie. Cette zone se situe à l'intérieur de l'angle formé par les deux droites de coûts comparatifs en économie fermée propre à chacun des deux pays (I) et (II).*
la rente foncière, la rente différentielle	*La rente foncière est la rémunération du facteur terre. La rente foncière dépend des circonstances dans lesquelles le travail d'exploitation de la terre doit être exécuté. Les conditions du labourage n'ayant pas la même pénibilité d'une région à une*

	autre du pays, les rentes foncières sont inégales, différentes d'un agriculteur à un autre.
John Stuart MILL	*John Stuart MILL tente de faire la synthèse de toutes les propositions et théories liées au commerce international présentées par ses prédécesseurs depuis les Mercantilistes et Adam SMITH dans ses célèbres Principes d'économie politique, 1848, puis également dans L'Utilitarisme*[20].
La valeur-travail	*La valeur-travail est, pour l'ensemble des économistes classiques et socialistes, la valeur correspondant à la quantité de travail nécessaire pour la fabrication des biens.*
l'avantage comparatif	*Contrairement à l'avantage absolu, prôné par Adam SMITH, le commerce international sera régulé par une comparaison des avantages comparatifs liés à la fabrication de deux biens (A) et (B) dans deux pays (I) et (II) :* C_{AI} / C_{BI} *par rapport à* C_{AII} / C_{BII}.
les rendements non proportionnels	*L'augmentation en valeur ou en quantité d'un élément de production conduit à un résultat final qui a augmenté dans des proportions différentes (plus que proportionnels, proportionnels, moins que proportionnels).*
les courbes de demande réciproques	*Les courbes de demande réciproques sont les lieux des quantités minimales du produit demandé qu'un pays est disposé à recevoir en échange d'une certaine quantité du produit qu'il offre. La courbe de demande du bien (B) par le pays (I) est en même temps la courbe d'offre du bien (A) qu'il accepte d'offrir en échange au pays (II).* *Les deux courbes de demande sont représentées comme des courbes d'offre du produit que le pays a vocation à fabriquer et dans la production duquel il va se spécialiser.*
la dotation en facteurs	*La dotation en facteurs est l'ensemble des facteurs dont dispose un pays pour mettre en œuvre son processus de production national.*

[20] Traduction et présentation de Georges TANESSE, Champs Flammarion, Paris, 1988.

les coûts d'opportunité, les coûts de substitution	*Les coûts d'opportunité sont les coûts des options non mises en œuvre, car on a préféré en promouvoir d'autres. C'est le coût des avantages auxquels on renonce en acceptant d'autres solutions de production ou des produits de substitution. Cela revient, en fait, au gain maximum que l'on aurait pu tirer du meilleur emploi alternatif d'une ressource.*
le bloc de possibilités de production	*Le bloc de possibilités de production (BPP) est l'ensemble des possibilités de production de deux biens (A) et (B) par un pays en utilisant tous les facteurs dont il dispose.* *Si le pays n'utilise que partiellement ses facteurs (chômage ou sous-utilisation des machines ou des équipements), la combinaison productive $P_{A,B}$ se situe à l'intérieur du bloc BPP.* *Si le pays utilise tous ses facteurs (plein emploi des facteurs), les combinaisons sont situées sur la courbe qui délimite le BPP ; les quantités d'un ou des deux facteurs se révèleraient insuffisantes pour accéder à une combinaison extérieure au BPP.*
le taux de substitution, le taux marginal de substitution	*Le taux de substitution d'un bien (A) à un autre bien (B) est la quantité moyenne de bien (A) qu'il faut abandonner pour obtenir une quantité supplémentaire de bien (B) :* $t_s = \Delta q_a / \Delta q_b$ *Le taux marginal de substitution d'un bien (A) à un autre bien (B) est la quantité de bien (A) qu'il faut abandonner pour obtenir la dernière unité supplémentaire de bien (B).*
la courbe d'indifférence à la consommation	*La courbe d'indifférence à la consommation est l'ensemble (le lieu) des combinaisons de consommation de deux produits (A) et (B) qui procurent au consommateur la même satisfaction, c'est-à-dire le même niveau d'utilité* (U_i).
le prix des facteurs	*Le prix des facteurs est mesuré par les économistes classiques en fonction de leur productivité marginale : le salaire est égal à la productivité marginale du travail* ($w = \delta Q / \delta L$) *; le taux de profit est égal à la productivité marginale du capital* ($p = \delta Q / \delta K$).

l'analyse à la marge	*L'analyse à la marge est une analyse du comportement ou des implications entraînées par la modification d'un dernier élément incriminé dans un processus (de production).*
la loi de proportion des facteurs	*La Loi de Proportion des Facteurs évoque, par son énoncé, le célèbre modèle dit « Heckscher-Ohlin-Samuelson », ou en abrégé HOS.* *David RICARDO expliquait l'existence d'un avantage comparatif dans les échanges internationaux par le simple fait que les coûts des produits, exprimés en quantité de travail nécessaire à leur fabrication étaient différents dans les pays qui s'ouvraient au commerce international. Les trois auteurs du théorème HOS vont, un siècle plus tard, chacun à leur manière, élargir cette constatation aux autres facteurs de production, capital et terre. Les coûts comparatifs vont dépendre, eux-mêmes, des différences effectives de dotations en facteurs d'un pays à un autre :* *« Si deux pays possèdent des dotations en facteurs relativement différentes, chaque pays aura vocation et trouvera avantage à se spécialiser dans la fabrication du bien qui utilise le plus intensément le facteur qu'il possède le plus abondamment ; il exportera ce produit et importera, à l'inverse, le produit qui utilise intensément le facteur dont il est relativement moins bien pourvu » (Bertil OHLIN, 1934)*[21].
Samuelson : la rémunération des facteurs	*En ce qui concerne l'analyse de la rémunération des facteurs, Paul SAMUELSON souligne que les produits échangés dans le cadre des échanges internationaux véhiculent simultanément les quantités de facteurs incorporées dans leur fabrication. Ils ont donc tendance à en modifier la répartition d'un pays à un autre. La plupart des pays émergents ont été des pôles d'attraction pour de nombreux flux de capitaux et investissements directs étrangers en provenance de*

[21] Ces thèmes sont développés dans notre *Français Economique à l'Ere de la Mondialisation*, Guy SCHULDERS, Editions L'Harmattan, Paris 2013.

	pays occidentaux. La circulation de travailleurs entre les pays partenaires a, pour sa part, joué un rôle important dans la variation de dotation du facteur travail, d'autant plus qu'elle a souvent concerné des travailleurs très bien formés. *La rémunération des facteurs de production (le taux de salaire pour le travail, le taux de profit pour le capital, le taux de rente foncière pour la terre) est directement liée à leur rareté relative.* *La circulation des produits à l'ouverture, s'accompagnant d'une circulation des facteurs, modifie les situations de rareté d'une nation à une autre ainsi que les technologies nationales influencées, voire transférées, par le seul fait de l'échange extérieur. Par voie de conséquence, contrairement aux auteurs keynésiens et postkeynésiens, les auteurs néoclassiques s'attendent à ce que les différences de rémunération se réduisent d'elles-mêmes par le seul fait de la participation des pays au commerce international.*
le paradoxe de LÉONTIEFF	*Wassily LEONTIEFF élabore des tableaux d'échanges interindustriels (tableaux d'entrées-sorties). Il prend le contrepied du théorème HOS en montrant que les Etats-Unis se sont, en réalité, après la Seconde Guerre mondiale, orientés vers des exportations de produits utilisant surtout du facteur travail. Ses critiques restent malgré tout discutables et marginales, en raison notamment des périodes particulières choisies pour ses analyses, notamment les années de l'immédiat après-guerre, où le Plan Marshall a aidé, y compris sur le plan agricole, les anciens pays européens belligérants à se redresser.*

CHAPITRE II- LES IMPLICATIONS DES SYNERGIES CHINOISES ET INDIENNES AVEC LEURS PARTENAIRES AFRICAINS ET LATINO-AMERICAINS

Un réel rapprochement et la création de nombreux partenariats se sont progressivement réalisés entre les économies asiatiques les plus performantes (Chine, Inde) et leurs nouveaux partenaires africains et latino-américains dont les dimensions, la situation économique, les richesses naturelles et les populations sont très différentes, parfois très modestes et relèvent de cultures nationales souvent hétérogènes.

Ces différences, y compris et surtout les approches interculturelles très complexes dans certaines régions, rendent les synergies entre les divers pays de ces continents si différents souvent très difficiles à mettre en œuvre.

I- DES SYNERGIES SUR FOND DE DIFFERENCES PROFONDES

Les synergies et coopérations entre l'Afrique, l'Asie et l'Amérique Latine, souvent menées conjointement avec les pays occidentaux, procèdent d'approches, voire de convictions très variées et engendrent des effets qu'il est nécessaire de connaître, d'anticiper et de réduire par des processus économiques d'ouverture et de libéralisation correctement maîtrisés.

Les trois principaux inconvénients que les économies africaines et latino-américaines, mais également d'Asie du Sud-Est, doivent prudemment mesurer et essayer de gérer dans leurs rapprochements avec la Chine et l'Inde sont avant tout :

- *le déséquilibre dû à «l'effet-masse»* : des Etats extrêmement peuplés et parfois très puissants (Chine, Etats-Unis, mais aussi les pays de l'Union Européenne) deviennent partenaires, clients et fournisseurs d'Etats en développement peu peuplés, moins riches, moins équipés, moins organisés ;

- *le risque de dutch disease* (syndrome hollandais), conduisant à la désorganisation des économies qui s'orientent résolument vers l'exportation, et reformatent ainsi leur économie en négligeant trop souvent le développement, pourtant nécessaire, de leurs autres secteurs essentiels ;

- *le risque de fort degré de dépendance* des économies nationales à l'égard de clients, en particulier indiens et chinois beaucoup plus nombreux, bénéficiant de PIB beaucoup plus importants, nettement plus avancés sur la voie du savoir-faire, des technologies, de l'industrialisation, du développement et de l'émergence, et dont les économies sont généralement nettement mieux structurées.

L'effet-masse : Songeons à titre d'exemple,

- que pour 1 Gabonais, il y a 810 Chinois, que la superficie du Gabon est 36 fois inférieure à celle de la Chine, que son PIB est 650 fois moindre et que sa superficie est 343 plus petite.

- que pour 1 Centrafricain il y a 285 Chinois, que le PIB de la République Centrafricaine est 6.000 fois moindre que celui de la Chine et sa superficie 16 fois plus petite, etc.

La seule augmentation du PIB de la Chine entre 2009 et 2010 a représenté 400 mds $, ce qui correspondait à 50 fois le PIB de la RDC ou à 20 fois celui du Cameroun (cette seule augmentation du PIB chinois en un an était en valeur égale au PIB de la Pologne ou de l'Autriche).

Des écarts proportionnels pourraient être calculés avec l'Inde (3.287.000 kilomètres-carrés, 1,32 milliard d'habitants, PIB 2.200 milliards de dollars).

Dans de tels cas de figure, où la disproportion tant des superficies, des PIB que des populations est aussi importante, il va de soi que les besoins en matières premières et en ressources énergétiques de pays comme la Chine ou l'Inde, dont les infrastructures et l'industrialisation s'intensifient de plus en plus rapidement, ne peuvent que très modérément être couverts par les activités d'extraction, d'abattage ou de pompage des richesses des pays africains pris isolément.

La Dutch disease, c'est la désorganisation complète de l'économie d'un pays qui focaliserait toutes ses forces actives sur l'extraction d'un ou de deux produits de son sous-sol qui présente pour lui, dans l'immédiat, un fort avantage comparatif.

On assiste alors par ce choix des autorités à un réel recul du concept même de développement, laissant à d'autres pays clients le soin d'en tirer eux-mêmes, pour leur propre profit, l'importante valeur ajoutée engendrée par le processus de transformation.

C'est très précisément le cas du Nigeria (500 milliards de dollars de PIB pour 178 millions d'habitants, avec une dépendance considérable à l'égard de ses exportations, qui représentent en valeur près de 150 milliards de dollars, soit 30% de son PIB), cette dépendance élevée expliquant les graves difficultés rencontrées par ce pays depuis la chute des cours des matières premières et du pétrole, liée en partie au ralentissement des importations de la Chine.

• Il y a bien entendu ici une contradiction, pour ne pas dire une opposition entre la *Théorie des Coûts Comparatifs* énoncée en 1817 par David Ricardo et les réalités contemporaines du développement et de l'émergence. Pour cet auteur, si les rapports des coûts des produits étaient différents, la spécialisation internationale lui semblait devoir être favorable à tous les partenaires.

• Les approches de Heckscher-Ohlin-Samuelson, en termes de *« loi de proportion des facteurs »,* ne sont plus vraiment applicables de nos jours non plus : la spécialisation des pays se ferait selon les disponibilités factorielles (terre, travail, capital) et l'utilisation des facteurs nécessités par les produits fabriqués.

• Les éclairages keynésiens apparaissent également aujourd'hui insuffisants dans le cas des échanges internationaux entre pays très différents : la stricte égalité quasi tautologique entre l'investissement et l'épargne ***(I = S)*** ne s'avère plus vraiment constituer une condition sine qua non dans l'orientation des dynamiques économiques d'industrialisation, de développement ni d'émergence.

Les approches de Hicks-Hansen en termes d'Investissements-Epargnes, Liquidité-Monnaie, Balance de Base *(IS-LM-BB),* qui cherchent à établir des liens favorables entre le bon niveau du taux d'intérêt et le volume des PIB, mais aussi des flux extérieurs en économies ouvertes, ne sont pas non plus réalistes dans les échanges entre pays structurés très différemment d'une région à une autre, les échanges commerciaux, les flux financiers et les politiques monétaires de pays en situations économiques très variées évoluant souvent de manière hétérogène et indépendante, et parfois dans des situations d'urgence.

Les risques de dépendance

Il y a un signal essentiel dans l'appréciation des économies contemporaines, en particulier de celle de la Chine, de l'Inde ou de l'Indonésie, mais également de l'Afrique du Sud, de la Russie ou du Brésil, celui d'un fort risque de dépendance, qui doit être de manière impérieuse dans chaque pays évalué et analysé avec la plus grande exactitude, car il montre que :

• si les pays, en particulier les grands pays partenaires, industrialisés ou en situation d'émergence, sont touchés par une crise économique et financière, leur production, leur croissance, et par conséquent leurs importations, vont diminuer ;

• si les économies des Etats-Unis, du Japon, de la Russie et de l'Union Européenne viennent à ralentir notablement —quelle qu'en soit la raison—, alors les exportations des produits chinois et indiens à destination de ces pays diminueront également ;

• il s'ensuit une diminution de leurs commandes auprès des pays partenaires économiquement moins avancés, liée à la baisse de leurs besoins en matières premières en provenance de leurs fournisseurs d'Afrique, d'Amérique latine comme d'Asie du Sud-Est.

• par conséquent, les pays africains et les pays fournisseurs de matières premières des autres continents peuvent être profondément affectés par un ralentissement des activités de leurs fournisseurs et des clients, notamment en raison de l'élasticité de l'offre très élevée, ou de la demande de faible élasticité, concernant en particulier les produits d'exportation africains et latino-américains :

- si la demande des matières premières baisse de 10% sur les marchés mondiaux, on peut s'attendre à ce que les prix de ces produits baissent d'environ 20 % *(é =* $\Delta P/\Delta Q$ *= 2)* ;

- pour les produits énergétiques, une baisse de la demande de 10% pourrait conduire, dans des circonstances de crises souvent menaçantes, à une baisse des cours d'environ 30% *(é =* $\Delta P/\Delta Q$ *= 3).*

En outre, les pays étrangers partenaires craignent que la Chine et l'Inde, mais aussi la Russie et le Brésil, connaissent de manière durable une période d'incertitude économique concernant leur avenir proche :

- problèmes de démographie : ralentissement des naissances de filles en Chine (on évoque même parfois l'existence de gangs qui kidnapperaient les filles dans d'autres pays pour les revendre en Chine), les problèmes du travail des enfants et des castes en Inde, etc.;

- graves problèmes évoqués précédemment de la pollution de l'air (en Chine et en Inde) en raison du développement rapide et pas vraiment protégé des sites industriels dans les villes ou dans leurs proches banlieues ;

- ralentissement significatif de la croissance (de 10 % à 6,5 % en moins de 8 ans, affectant directement les provinces pauvres de l'Ouest de la Chine, incertitudes concernant la pérennité de la croissance indienne à terme ;

- très gros problèmes d'économies souterraines, voire de *shadow banking*[22] qui désorganisent et altèrent la fluidité et la transparence du système bancaire et déstructurent les marchés financiers et boursiers, surtout en Chine, mais également en Inde, où le Premier ministre a pris en décembre 2016 des mesures draconiennes de démonétisation des grosses coupures ;

- importance déséquilibrante et déstructurante pour l'équilibre économique global de la Chine du volume des exportations (environ 27% du PIB en 2015 et 2016), au détriment de la part de la consommation intérieure, sur laquelle elle veut désormais davantage faire reposer sa croissance ;

- l'excédent commercial (export - import) est passé de plus de 10% en 2007 à seulement 2% en 2015 ;

- croissance économique chinoise inférieure à 6,7 % en 2014, à 6,5% 2015 et en 2016, —même si l'exactitude des données statistiques souvent peu vérifiables reste en la matière difficile à attester. La croissance indienne devrait être du même ordre en 2016.

Les dysfonctionnements de la coopération sino-africaine

Dans toute dynamique de coopération ou de collaboration entre partenaires multiples, l'évocation des résultats positifs comme des difficultés, voire des échecs, peut relever d'évocations très différentes selon que leurs auteurs sont des concurrents ou des partenaires chanceux ou malchanceux.

Les évocations des Occidentaux peuvent être parfois sujettes à caution lorsqu'elles concernent d'anciens partenaires africains, asiatiques ou latino-américains qui ont réorienté leurs marchés vers la Chine, l'Indonésie ou l'Inde, ou qui n'ont pas les mêmes convictions face aux problèmes des droits de l'Homme, au travail des enfants, à la pollution, aux difficultés politiques, voire sécuritaires, d'appareils démocratiques mal définis, etc.

Pour notre part, en ce qui concerne l'appréciation des relations entre économies asiatiques et économies africaines, nous avons souhaité relater les remarques, études ou publications faites par des auteurs africains, plutôt qu'européens ou américains. Les appréciations des Africains sont rarement négatives à l'égard des relations de coopération économique et financière avec l'Inde.

---

[22] Le shadow banking, connu en français sous le terme de « finance de l'ombre » est un système bancaire parallèle, qui concerne l'ensemble des activités et des acteurs contribuant au financement non bancaire, peu fiable et rarement transparent de l'économie.

En réalité, les dérapages, critiques ou insuccès évoqués au sujet de la coopération sino-africaine sont souvent dus à des crispations qui peuvent être relatives à des différences interculturelles et parfois à des malentendus, voire à une sorte d'«écœurement» ressenti et dénoncé par les populations africaines qui ne perçoivent pas les retombées en leur faveur de la coopération de leur pays avec la Chine, souvent en contradiction avec les opinions extasiées exprimées par leurs dirigeants.

Certains Africains posent eux-mêmes, en particulier en ce qui concerne les implications de la présence et de l'action de la Chine en Afrique, la question très sévère de savoir si ce pays est pour eux *« un partenaire ou un prédateur »*[23]. Des mécontentements et des incidents ont été constatés dans de nombreuses circonstances.

A Madagascar : émeutes antichinoises en 2014 à Morondava (qui ont fait deux morts), après des troubles sociaux dans une sucrerie publique gérée par des Chinois, secouée depuis des mois par des revendications du personnel malgache, qui réclamait des contrats de travail et des augmentations de salaire[24].

En Algérie : la cohabitation entre les Algériens et les Chinois, issus de deux communautés de cultures, de langues et de modes de vie différents peut parfois virer à l'affrontement.

Ce fut le cas en août 2009, quand des rixes ont opposé des habitants de Bab-Ezzouar, en banlieue d'Alger, à des commerçants chinois qui s'étaient installés dans le quartier.

La main-d'œuvre employée en Algérie par les grands groupes est en effet importée de Chine, au grand dam de nombreux hommes politiques qui ne comprennent pas que l'on fasse appel à des étrangers, alors que le pays souffre d'un taux de chômage supérieur à 30%.

Pire, « radio-trottoir » accuse les groupes chinois d'employer des prisonniers pour diminuer leurs coûts. « *C'est faux. Il s'agit de travailleurs honnêtes* », s'est insurgé, et à plusieurs reprises, l'ambassadeur de Chine en Algérie[25]...

---

[23] Prince MASHELE et Garth LE PERE, chercheurs à l'Institut des Etudes de Sécurité (ISSA) de Pretoria *La Chine : Prédateur au partenaire ?*; et *Les Chinois sur tous les fronts.*

[24] LeFigaro.fr, 11/12/2014

[25] *Chinois-Algériens* :<http://www.afrik.com/article8335.html>, Mustapha BOUDHINE *Le grand malaise* ; Farid ALILAT, *Qui sont les Chinois en Algérie*, Jeune Afrique, 2

En Zambie : En avril 2005, une explosion a tué 52 ouvriers zambiens dans l'usine de dynamite BGRIMM, propriété d'un géant étatique chinois. Le Président chinois Hu Jintao a dû renoncer à une visite, par crainte de manifestations.

Officiellement, il y a 3.500 Chinois dans le pays, mais l'opposition affirme qu'ils sont 80.000. *« Et les choses sont en train de mal tourner : la Zambie est devenue le pays où le sentiment antichinois est le plus fort de toute l'Afrique »*[26]. BGRIMM, est une grande multinationale chinoise directement placée sous le gouvernement central ; c'est une institution fondamentale pour la fourniture de technologie novatrice, de produits diversifiés et de services axés sur des processus d'ingénierie dans des industries minérales et matérielles dans le monde entier, y compris en Afrique (en particulier en Zambie).

En RDC : le pays, souvent en périodes d'insécurité et de turbulences politiques, connaît des problèmes concernant les multinationales Gecamines, Katanga Mining et le Groupe Forest International liés à une concurrence internationale très rude, à laquelle participent les Chinois[27].

Au Mali, Bamako a organisé une coopération avec les Chinois pour la production, l'importation et la commercialisation du riz : En 2008, le gouvernement malien a accordé des exonérations pour la période du 1er mars au 31 mai 2009 à tout commerçant se livrant à l'importation de riz, sans limite de quantité, afin de pallier la cherté de cette denrée dans le pays. L'exonération concerne les seuls droits et taxes perçus au niveau douanier, notamment la TVA qui représente à elle seule 18% de ces droits. Cette mesure n'a pas été renouvelée en 2013.

---

juin 2015, et *Les Chinois à Alger*, 26 avril 2005, <http://www. afrik.com/article8335. html>.

[26] Serge Michel CHAMBISHI (envoyé spécial en Zambie), *Chinois en Zambie : l'amitié entre les peuples, sauce aigre-douce*, Le Monde.fr , 24.10.2008, mais aussi, Le Monde Economie, 15 septembre 2008, *En Afrique, les Chinois préfèrent le troc au partage des bénéfices.*

[27] En 2010 Paul Fortin, Président de la Gécamines, qui misait sur un partenariat avec la Chine, démissionne. Les ouvriers de la GECAMINES faisaient reposer tous leurs espoirs sur des liquidités fraîches obtenues des Chinois dans le cadre des accords financiers conclus entre la Chine et la R.D.C. ainsi que le consortium des entreprises chinoises qui devraient exploiter 6 millions de tonnes de produits cobalto-cuprifères. La Gécamines exploite divers minerais, dont le cuivre, le cobalt et l'uranium, en concurrence avec de nombreux autres groupes internationaux dans ce pays.

Une visite du Président Hu Jintao à Bamako a eu lieu en février 2009 qui a entériné les relations sino-maliennes à ce sujet. En réalité, les Chinois ont acquis de nombreuses plantations de riz, mais leurs récoltes alimentaient le plus souvent l'exportation de ce produit en direction de leur pays d'origine. Depuis lors, les Maliens entendent réduire des importations qui vont au-delà des besoins réels de leur population, ce qui concurrencerait défavorablement les producteurs locaux[28].

Par ailleurs de nombreux promoteurs de bars et de restaurants chinois ont été sommés, à plusieurs reprises, de respecter la législation en cours au Mali en matière de gestion des établissements hôteliers, sous peine de subir une sanction dont la conséquence pourrait aller jusqu'à la fermeture pure et simple de leur établissement.

Un élément sino-malien de crispation vient également du fait que Bamako compte plus d'une centaine de bars chinois et que beaucoup d'autres se créent sans que souvent les conditions législatives maliennes régissant leur ouverture soient strictement respectées[29].

Au Congo-Brazzaville : Des analystes évoquent une « *Razzia chinoise* » dans tous les secteurs de l'économie, BTP, commerce de détail, télécom, jusqu'aux vendeurs de beignets. Par ailleurs au Congo, *« tout semble importé de Chine »*[30] ;

Au Cameroun : Dès 2007, les Camerounais ont commencé à poser le problème de manière directe : *« Comment les Chinois fragilisent l'économie camerounaise »*[31]; *Christian EBOULE NJOME, «Cameroun: Décryptage, comprendre l'immigration chinoise»,* repris par *Xavier Luc DEUTCHOUA « Immigration: 700 mille Chinois aux portes du Cameroun »,* Yaoundé, 2 mars 2007 ;

Des considérations similaires ressortent des études menées de manière très objective par la Friedrich Ebert Stiftung[32] (bureau de Yaoundé) qui estime, que depuis que la Chine est entrée dans l'OMC, ses échanges économiques et commerciaux ont augmenté considérablement —malgré

---

[28] VECO West Africa, 23 novembre 2015.

[29] Voir <Mali.actu.net>, 16 février 2015.

[30] *Congo-Brazzaville, Razzia chinoise*, Jeune Afrique 28 novembre 2010.

[31] <bonaberi.com> ; Thierry NDONG, (31 janvier 2007), Christian EBOULE NJOME, Xavier Luc DEUTCHOUA.

[32] Reinhold PLATE, *Coopérations Economiques et Commerciales Chine–Cameroun : Etats des lieux, depuis 2005.*

le net ralentissement des flux depuis 2013—, si bien que sur le plan international plusieurs pays craignent l'influence —et certains disent même l'invasion, des produits chinois sur les marchés nationaux africains.

Ce mécontentement se fait en particulier ressentir au niveau des acteurs économiques camerounais, où le secteur privé subit et dénonce les conséquences de l'ouverture du marché intérieur aux produits chinois.

D'autres pays africains sont moins médiatisés, mais des nationaux dénoncent également les risques de déstructuration des marchés locaux traditionnels : Sénégal, République de Côte d'Ivoire, République Centrafricaine, Soudan, Zimbabwe, etc.

La question du réendettement de l'Afrique

Les pays du Sud, en particulier les PVD du continent africain sont souvent caractérisés par des situations financières difficiles et un endettement excessif, impossibles à circonscrire dans les court et moyen termes, sans qu'une excellente et irréprochable gouvernance prenne des décisions radicales d'aménagement des infrastructures et de lutte contre la corruption et l'économie informelle.

Par exemple, la Commission Bancaire de l'Afrique Centrale a constaté début novembre 2016 que les créances en souffrance dans les banques de la zone CEMAC étaient en hausse de plus de 41% par rapport à 2015[33].

La Chine procède régulièrement à des remises de dette sans toutefois coopérer avec le Club de Paris sur ce sujet.

De son côté, l'EximBank [34] chinoise ne donne aucune indication officielle sur les modalités de ses prêts. On craint que la Chine ne réendette des

[33] Au cours de la dernière rencontre organisée début novembre 2016 au Cameroun par la Commission bancaire de l'Afrique centrale (COBAC), avec les responsables des banques commerciales en activité dans les six pays de la zone CEMAC (Cameroun, Congo, Gabon, RCA, Tchad et Guinée équatoriale), il est ressorti que les créances en souffrance ont connu une hausse de 41,6% à fin juillet 2016, «dégradant ainsi la qualité apparente du portefeuille de crédits».

Cette augmentation est le fait de «l'augmentation significative des créances immobilisées et des créances douteuses». Voir, (www.agenceecofin.com), 8 novembre 2016.

[34] L'EximBank est la Banque d'Export-Import de la Chine, l'une des trois banques institutionnelles en Chine habilitées à mettre en œuvre des politiques d'Etat dans l'industrie, le commerce extérieur, la diplomatie, l'économie et à fournir le support financier permettant de promouvoir l'exportation des produits et des services chinois. L'EximBank permet l'attribution des prêts d'investissement pour des Chinois désirant s'établir à

pays qui viennent de bénéficier de mesures d'allégement de leur dette de la part de leurs créanciers occidentaux.

L'Inde est également très active au niveau des flux financiers qu'elle annonce en faveur de l'Afrique.

Elle octroie aux Africains des *prêts aux taux concessionnels* qui sont utilisés pour la mise en place des projets réalisés en coopération avec les sociétés indiennes. Le montant cumulé des prêts accordés par l'Inde depuis 2008 s'élèverait à plus de 7,5 milliards de dollars.

Le Premier ministre indien a annoncé en 2015 l'octroi de nouveaux prêts de 10 milliards de dollars sur 5 ans, soit le doublement des crédits par rapport au dernier sommet en 2011. Cependant, le montant des dons est parallèlement tombé de 1,2 milliard à 600 millions de dollars.

La promesse du Premier ministre indien relative au doublement des bourses universitaires, qui passent de 25.000 à 50.000 pour les cinq ans à venir, fut particulièrement bienvenue pour les étudiants africains, futurs collaborateurs, clients et fournisseurs potentiels du partenaire indien.

Il s'agit là d'une des conséquences concrètes du sommet qui sera par la suite suivi avec intérêt par les gouvernements et par les populations d'Afrique. De nombreux étudiants africains viennent, depuis plusieurs années, faire des études supérieures dans les universités indiennes (et non plus seulement chinoises ou occidentales). C'est moins cher qu'en Europe[35].

<u>Le climat des affaires se tend en Chine et dans les autres BRICS</u>

Les marchés financiers de la Chine ont été incontestablement affectés par la baisse des taux d'intérêt américains, très bas, voire proches de zéro depuis 2008, après la crise des *subprimes*, alors même que les investissements aux Etats-Unis se montraient parmi les plus rentables.

La FED, (Banque Centrale américaine), a progressivement et prudemment remonté ses taux à partir de la fin 2015, attestant cependant que leur baisse pendant 9 ans avait en fait permis un redressement incontestable de la croissance américaine.

l'étranger dans les secteurs de l'énergie, de l'extraction minière et des activités industrielles.

[35] Par Tirthankar Chanda, RFI, 30-10-2015.

Mais cette baisse des taux durant presque 10 ans a provoqué une sortie massive de capitaux qui sont allés alimenter, entre autres, les économies des pays émergents où ils se voyaient provisoirement mieux rémunérés.

Inversement, l'annonce par la FED de la remontée des taux aux Etats-Unis a provoqué, presque mécaniquement, un flux considérable en sens contraire, de fuite des capitaux des pays émergents (BRICS comme MIST) vers les Etats-Unis.

La montée du taux de change du dollar qui en a résulté a entraîné l'effondrement des monnaies, ainsi que parfois leur dévaluation, voire d'importantes poussées inflationnistes, comme au Brésil (qui avait déjà du relever ses propres taux en 2015), en Turquie (avec la perte de 20% de sa valeur entre janvier et août 2015, et où l'instabilité politique amplifiait les conséquences des changements des taux américains), en Russie (où le rouble a été déprécié de plus de 40% face au dollar en 2014, alimentant la crainte que *« la Russie se dirige tout droit vers une récession en conséquence de la chute des cours du brut et des sanctions occidentales décidées après l'annexion de la Crimée par Moscou »)*[36], etc..

La seule contrepartie positive pour ces pays, face à une économie américaine qui redémarre et un dollar qui remonte fortement, c'est l'augmentation de leurs exportations, leurs produits devenant moins chers que les produits américains concurrents. Mais la fragilité et la volatilité des places boursières et des marchés financiers asiatiques (en particulier de la Chine en 2015, mais aussi de l'Inde fin 2016) ont rapidement désenchanté les acteurs et fournisseurs de ces marchés.

Les cultures et les mentalités des partenaires, clients et concurrents étrangers sont par ailleurs confrontées à des communications économiques interculturelles parfois difficilement compatibles entre elles, et les partenaires étrangers de la Chine dénoncent régulièrement le déséquilibre de traitement de l'administration chinoise à l'égard des entrepreneurs étrangers : 150 litiges internationaux sont portés à ce sujet devant les autorités de l'OMC ;

• Pour la première fois en 2002, la Chine est devenue la première destination de l'investissement direct étranger dans le monde[37]. Avec 400 milliards de dollars, les IDE entrants en 2014 ont été de 3,5% de son PIB.

---

[36] <Lefigaro.fr>, 05/01/2015.

[37] http://observateurocde.org/news/archivestory.php/aid/749/IDE.

Ces flux ont cependant marqué le pas depuis lors, affectés par le ralentissement des autres économies mondiales.
Si cette performance est impressionnante pour une Chine qui n'a autorisé l'investissement étranger que depuis peu, elle se produit alors que les flux d'IDE vers les autres pays sont en net déclin (Indonésie 2,6%, Inde 1,7%).

Seul le Vietnam, (l'un des 5 Pays Tigres), qui est un pays en rapide évolution industrielle et présente les caractéristiques d'une économie qui devrait être émergente dans le proche avenir (PIB d'environ 200 milliards de dollars ; population de 92 millions d'habitants ; taux de croissance de 7%), a reçu en 2014 plus de 6% de son PIB en IDE entrants.

En ce qui concerne la Chine, il est certain que des malentendus conduisent à des tensions avec ses partenaires :

- plus de 45% de hausse des exportations chinoises en 2010 ;

- les partenaires occidentaux se plaignent de ce que le marché chinois est restreint pour les entreprises étrangères ;

- les marchés internationaux, dont la Chine profite amplement depuis son entrée au sein de l'OMC, sont accusés par les partenaires étrangers de pratiquer un interventionnisme politique très lourd de la part des autorités chinoises ;

- les législations économiques et commerciales chinoises sont dénoncées comme étant opaques et changeantes ;

- Américains et Européens dénoncent les tensions commerciales qui en découlent, car de nombreux obstacles sont régulièrement opposés aux étrangers pour leur accès au marché chinois ;

- les problèmes monétaires rendent difficiles les transactions (le yuan étant considéré comme fortement sous-évalué) ;

- le processus de certification (Chinese Compulsory Certificate) est lourd et coûteux pour les partenaires étrangers des opérateurs chinois, et permet une analyse des décisions prises par les concurrents des Chinois ;

- de nouvelles directives en 2009 donnent une préférence officielle aux entreprises chinoises dans les offres publiques ;

- la Chine affiche un incontestable protectionnisme (lié semble-t-il à une culture confucianiste et nationaliste), tout en dénonçant pour sa part le protectionnisme américain ;

- la Chine a développé ses grandes unités grâce aux capitaux et aux technologies de l'Occident ; elle entend désormais les protéger ;

- elle a insisté pour intégrer l'OMC ; maintenant, on l'accuse parfois d'en fouler les principes élémentaires.

- En 2010, Rio Tinto[38] et Google[39] ont été à l'origine de deux graves tensions de l'environnement des affaires avec la Chine.

La réorientation minière des Chinois en Afrique

Le premier souci des Chinois reste, bien entendu, la recherche d'un approvisionnement en matières premières à bas prix ; ils trouvent dans cette perspective de nombreux partenaires avec lesquels ils développent de nombreuses synergies en Afrique.

Mais depuis peu, la priorité des Chinois se manifeste par le souci d'assurer la sécurité à terme de leurs approvisionnements et, surtout, d'agir sur les cours des matières premières.

Les Chinois se demandent, au demeurant, si les investissements colossaux réalisés en Afrique sont véritablement sécurisés et s'ils resteront rentables à terme, malgré les problèmes politiques et sécuritaires imprévisibles qui secouent périodiquement les Etats du continent africain, surtout après chaque élection (République Centrafricaine en 2015, Gabon en 2016).

Ils veulent —semble-t-il— diversifier leurs activités minières et énergétiques. Ils développent des stratégies nouvelles pour agir sur les centres miniers du monde, donc sur les cours des minerais et de l'énergie.

Le gouvernement chinois veut aller au-delà de négociations gouvernements-gouvernements, en particulier avec les Occidentaux, et il envoie ses fleurons industriels pour investir sur place en Afrique, mais aussi ailleurs, là où ils peuvent agir sur les cours.

Il en découle de récentes tentatives chinoises pour maîtriser les marchés des produits de base :

- **CHINALCO** (Aluminium Corporation of China) s'est associée à Alcoa (producteur américain d'aluminium) pour acheter (en février 2008) 12%

[38] Quatre employés du géant minier anglo-australien Rio Tinto, dont un Australien, ont été condamnés en mars 2010 à Shanghaï à de lourdes peines de prison, de 7 à 14 ans, pour corruption et espionnage industriel, un jugement qualifié de très dur par l'Australie.

[39] Victime de cyber-attaques, le moteur de recherche menace de se retirer de la Chine et, surtout, de cesser de se prêter à la censure officielle.

de l'anglo-australien Rio Tinto, pour 14 milliards de dollars : ce fut le plus grand investissement chinois à l'étranger ;[40]

En réaction, l'Australien BHP Billiton a voulu acheter complètement Rio Tinto ;

- La **CNOOC** (China National Offshore Oil Corporation, très grande compagnie pétrolière chinoise) a proposé d'acheter l'américaine UNOCAL, mais s'est vu opposer le refus de Washington ; la CNOOC, société cotée mais contrôlée à 70 % par l'État chinois, a cependant suscité un vif émoi aux États-Unis en lançant fin juin une offre de 18,5 milliards de dollars pour acheter UNOCAL, surenchérissant sur l'américain CHEVRON-TEXACO.

- La **China Investment Corporation** (qui pèse 200 milliards de dollars), actionnaire de Blackstone depuis mai 2007, évoque l'éventualité de racheter des parts ; réponse : le Brésilien VALE se met à discuter avec un autre partenaire, XSTRATA.

- L'exploitant de mines de charbon **SHENHUA,** entreprise énergétique d'Etat chinoise, a proposé à l'Australien FORTESCUE METALS (mines de fer) d'acheter une partie de son capital pour développer sa branche sidérurgique.

- Les Chinois ont également approché le géant russe de l'aluminium, **RUSSAL**, selon des conditions non connues du grand public ; mais ces approches (par la China Power International) pourront indirectement avoir des incidences sur les miniers guinéens de l'alumine.

---

[40] RIO TINTO (complexe minier anglo-australien) est l'un des plus grands groupes miniers au monde pour l'aluminium, le cuivre, les diamants, l'énergie (charbon et uranium), l'or, le fer et les minéraux industriels (borax, dioxyde de titane, sel et talc). Rio Tinto est le leader de l'extraction et de la transformation des ressources minérales de la terre, et le premier producteur mondial d'aluminium. Il a absorbé ALCAN, entreprise canadienne de fabrication d'aluminium en 2007.

II- LES SYNERGIES D'AVENIR

Un axe de réflexion

La question prépondérante que se posent désormais les pays en voie de développement est de savoir comment peuvent s'organiser les synergies entre les pays asiatiques et africains, pour permettre à la Chine et à l'Inde d'acquérir tous les produits qui leur manquent, sans faire encourir de hauts risques de blocages aux économies africaines dans les décennies à venir, en les vidant trop rapidement de leurs richesses naturelles.

Maximiser les chances d'émergence

Comment un pays africain peut-il orienter et utiliser au mieux les coopérations chinoise, indienne, voire japonaise ou latino-américaines, et les combiner avec les autres formes de coopérations occidentales, tout en mettant en œuvre des coopérations régionales avec les Etats voisins, pour qu'à horizon 2015-2020 ses propres chances d'émergence soient réelles ? C'est une question que se sont posé fin 2016 au Cameroun les pays de la CEMAC (en Afrique Centrale), qui ont souhaité une application plus stricte de leurs règles de gestion.

Ces synergies entraînent de nouveaux types de coopérations ; elles modifient mais aussi développent les coopérations Afrique/Asie, Afrique/ Europe et Afrique/Afrique, mais aussi l'ensemble des coopérations de l'Occident et de l'Asie avec la Russie en difficulté économique actuelle et l'Amérique Latine, en turbulence politico-économique très hétérogène d'un pays à un autre.

Certes, les observateurs peuvent s'appuyer sur des remarques positives, en constatant qu'il y a toujours une continuité dans les apports des pays occidentaux, auxquels s'ajoute une nouvelle et importante collaboration économique de la Chine, mais aussi de l'Inde. Il apparaît, cependant, que ces nouvelles synergies et leurs implications demeurent difficiles à quantifier et à préciser quant à leur forme et quant à l'orientation des effets positifs qu'elles engendreront à terme pour l'ensemble des partenaires concernés par les nouveaux partenariats qui se formeront.

La conviction *réaliste* qu'il convient impérativement de développer, c'est que la pérennité du développement de l'Afrique, la croissance régulière et auto-entretenue, mais aussi l'émergence des Etats africains —et aussi celle des Etats Latino-Américains et de ceux du Sud-Est Asiatique—, passent par la combinaison harmonieuse et non exclusive et surtout pas par l'opposition des coopérations de diverses origines.

C'est pourquoi,

- il ne faut pas systématiquement tirer à boulets rouges sur la coopération Chine–Afrique ou Inde-Afrique, ni non plus tomber en extase devant elle (les Chinois vont tout faire pour nous !)

- mais plutôt se demander comment combiner, coordonner, harmoniser les coopérations avec l'Afrique de la Chine, de l'Inde, du Japon, de Taïwan, de l'Europe, des Etats-Unis et des autres pays émergents y compris d'Afrique, de manière à maximiser les résultats qu'ils peuvent en obtenir.

Eléments de réponse :

Seule possibilité viable à terme : les « *synergies win-win* », pas seulement sino-africaines, mais entre tous les Etats partenaires du Nord comme du Sud.

Ainsi que nous l'avons précédemment évoqué, les observateurs ont clairement analysé qu'en se présentant comme acquéreurs massifs sur les marchés des produits présents en Afrique, la Chine et l'Inde, par l'ampleur de leurs besoins, font monter les cours des *commodities,* mais aussi que lorsque ces pays connaissent des difficultés internes qui ralentissent leur croissance ils diminuent leurs importations et leurs demandes de produits primaires des Etats africains, dont ils font effondrer les recettes et, par voie de conséquence, les taux de croissance et les chances d'une émergence rapide.

• *Dans un premier temps*, cela signifie que la Chine comme l'Inde contribuent à l'amélioration des PIB et des balances commerciales des pays d'Afrique dont elles sont partenaires et que des ressources seront disponibles en Afrique pour accroître sa solvabilité, surtout si les prix des produits offerts par les nouveaux partenaires chinois et indiens sont abordables pour les clients africains.

• *Mais à l'inverse*, si les croissances chinoise et indienne viennent à diminuer, les cours des matières premières et des produits énergétiques ralentissent de manière souvent plus que proportionnelle, attisés par une *élasticité demande/prix* pour les matières premières qui peut être estimée à $\Delta D / \Delta P = 0{,}5$ et pour l'énergie à $\Delta D / \Delta P = 0{,}33$. Cela signifie que si leur taux de croissance sont amenés —suite, par exemple, à la baisse d'activité de leurs clients occidentaux— à se réduire en moyenne de 1% pour la Chine et l'Inde et que, par voie de conséquence, la demande de matières premières de ces pays diminue pour sa part de 10%, alors les cours chuteront de 20% pour les matières premières et de 30% pour les produits énergétiques.

<u>Des mesures concrètes</u>

Des mesures concrètes doivent être prises, de manière énergique, d'une part pour poursuivre, et s'il le faut pour améliorer, les mesures de croissance et de développement qui se sont avérées nettement productives dans le passé récent (infrastructures économiques, mesures sociales, santé, éducation, assainissement urbain, maîtrise des secteurs informels, lutte contre la corruption, etc.).

- Il convient de continuer et de renouveler périodiquement les rencontres entre les décideurs des pays émergents et ceux des pays en développement africains, latino-américains, comme du Sud-Est asiatique afin d'établir des complémentarités toujours plus efficaces entre pays partenaires, clients et fournisseurs ;

- La mondialisation, qui doit s'appuyer sur des bases de régionalisations effectives impose de développer les coopérations régionales entre les différents pays des mêmes zones géographiques, condition devenue incontournable pour transformer à terme les dynamiques de développement en processus efficaces et réels d'émergence des pays de la région.

En ce sens, la réunion des six pays de la Communauté Economique et Monétaire de l'Afrique Centrale, fin décembre 2016, a permis une prise en considération commune des difficultés rencontrées par les finances publiques des économies concernées, d'exclure une dévaluation du Franc CFA et d'admettre des restructurations nationales éventuelles, sur la base d'aides de la part d'instances financières internationales (FMI) ;

- En matière de relations bilatérales avec la Chine ou l'Inde, mais aussi avec les autres pays asiatiques et occidentaux, il convient, comme nous l'avons rappelé précédemment, d'éviter les excès tant de l'extase dithyrambique que de la critique systématique, trop souvent émises à l'égard des pays prêteurs, actuels ou anciens, entretenant ou attisant un thème éminemment sensible au niveau des fiertés et des cultures nationales. Félicitations comme critiques ne doivent pas être formulées indépendamment des analyses précises et de propositions concrètes d'adaptations ou d'améliorations[41].

---

[41] Serge MICHEL, *Chinafrique, Pékin à la conquête du continent noir* (Grasset) ; Adama GAYE, *Le Dragon et l'Autruche*.

- Il importe, en particulier pour les Africains, d'apporter des réponses claires, suivies d'actions rapides et convergentes aux deux questions fondamentales :

1- Comment un pays africain peut-il orienter et utiliser au mieux les coopérations chinoise et indienne, mais aussi occidentales, pour qu'à horizon 2015-2020 ses propres chances d'émergence soient réelles ?

2- Comment déterminer la quantité limite de ses richesses qu'un pays africain, de superficie, de population et de PIB parfois modestes[42], peut exporter vers l'Occident, vers l'Inde ou vers la Chine, comme vers les autres pays d'autres continents en recherche eux-mêmes d'une voie efficace d'émergence, sans risque de blocage pour son propre avenir ?

En effet, le développement, voire l'émergence, que tout pays africain est en droit d'escompter à terme, lorsque dans 10 ou 20 ans les révolutions industrielles africaines seront effectivement et durablement enclenchées, nécessitera, pour alimenter correctement les processus d'industrialisation qu'il aura initiés, d'importantes quantités de matières premières et de ressources énergétiques. Or, celles-ci lui feraient cruellement défaut s'il s'en était préalablement séparé, trop rapidement et en trop grandes quantités, vingt ou trente ans auparavant.

- Il convient également de réfléchir à la manière d'organiser des pôles d'excellence internationaux qui, tout à la fois, transmettraient les connaissances et soutiendraient les dynamiques de régionalisation.

Au niveau régional, chaque pays de la région (prenons l'exemple des six pays de l'Afrique Centrale[43] qui comptent ensemble environ 124 millions d'habitants), même s'il est faiblement ou très modestement peuplé (Gabon : 1.700.000 habitants, République Centrafricaine : 4.800.000 hab., Congo-Brazzaville : 4.700.000 hab.), ou s'il compte une plus forte population (République Démocratique du Congo : 75 millions d'hab., Cameroun : 23 millions d'hab., Tchad : 14 millions d'hab.) possède une univer-

---

[42] Cet effet-masse est corroboré par les très grandes superficies des principaux pays émergents, en comparaison de celles des pays africains qui sont le plus souvent sollicités pour leurs ressources naturelles (Chine : 9,6 millions de kilomètres carrés ; Inde 3,3 millions km^2 ; Brésil 8,55 millions km^2 ; Indonésie 1,92 millions km^2 ; en revanche, Gabon 267.700 km^2 ; Bénin 112.600 km^2, etc).

[43] Voir notre livre Guy SCHULDERS, *S'UNIR : le défi des Etats d'Afrique Centrale*, Editions L'Harmattan, Paris 1990 ; après avoir enseigné 7 ans au Gabon, nous avons continué notre mission durant 5 ans en République Centrafricaine.

sité nationale avec une faculté de lettres, une faculté des sciences, d'économie, de droit et de médecine, etc.

Chacune de ces facultés a besoin d'un grand nombre de professeurs de haut niveau pour faire fonctionner chaque formation ; or les enseignants et formateurs de haut niveau de spécialisation manquent considérablement dans les pays concernés, et ils sont généralement remplacés par des professeurs venus de l'étranger.

- Aucune des universités des pays concernés ne parvient à réunir la totalité des professeurs qui seraient nécessaires au bon fonctionnement des enseignements universitaires indispensables.
- Pourquoi ne pas régionaliser l'enseignement universitaire : par exemple, une faculté de médecine à Libreville (au Gabon) où tous les étudiants d'Afrique Centrale se regrouperaient pour suivre leurs études médicales, une faculté des sciences à Brazzaville, une faculté d'économie à Yaoundé, une faculté de droit à N'Djaména, etc. Un seul professeur, dans chaque discipline, effectuerait la même formation que plusieurs collègues de la même discipline, qui répèteraient le même enseignement dans des pays différents.
- Bien entendu, les cas de la Guinée Equatoriale ou de Sao Tomé et Principe, dont les étudiants ne sont pas francophones, seraient considérés de manière spécifique.
- La République Démocratique du Congo (Congo-Kinshasa), avec plus de 75 millions d'habitants, se démarque des Etats francophones voisins qui sont très peu peuplés et peut en l'occurrence être amenée à développer une ou plusieurs universités autonomes sur son territoire. Sa capitale Kinshasa possède à elle seule une population environ 8 fois supérieure à celle du Gabon tout entier.
- Le vivre-ensemble de ces jeunes étudiants issus d'une même région, regroupés sur les mêmes campus durant les quatre à six années de leur formation universitaire, permettrait, au demeurant, qu'ils se côtoient, se connaissent, s'apprécient et apprennent à vivre ensemble, indépendamment de leur nationalité.
- Leur coexistence permettrait au demeurant d'harmoniser ou au moins de rapprocher leurs conceptions concernant les coopérations des Africains avec les pays asiatiques, en particulier avec la Chine et l'Inde, mais aussi avec les pays des autres continents.

III- TURBULENCES CHINOISES

Les évolutions historiques ne sont pas toujours linéaires, surtout si elles remettent en cause les rapports entre une Nation et le Reste du Monde. C'est souvent le cas si elles procèdent d'une ouverture et d'une internationalisation, si elles affectent des convictions ou habitudes culturelles, un passé historique —parfois sur fond de colonialisme—, qui ne sont pas systématiquement compatibles avec le dynamisme de la modernité.

Mais leur connaissance et leur prise en considération s'avèrent pourtant indispensables à la mise en œuvre, au sein d'un monde en mutation fait d'interdépendances, d'une voie nouvelle de développement, d'industrialisation, voire d'émergence, surtout si elle s'effectue dans un temps limité et à un rythme rapide[44].

Les Turbulences chinoises : Depuis Deng Xiao Ping, dès le début des années 80, les Chinois sont passés de structures économiques communistes strictes à une forme atypique d'organisation économique de marché, où l'Etat exerce un rôle prépondérant, puis à une économie ouverte orientée vers les importations et les exportations, et enfin à une économie mondialisée. Ils souhaitent désormais, sur la base d'une telle mutation systémique, être considérés comme une réelle *« économie de marché »* par les organismes internationaux et leurs partenaires occidentaux.

Mais effectuer ces mutations impose aux Chinois une maîtrise de leurs rythmes évolutifs, le risque étant de passer trop rapidement, sans que ses acteurs économiques y soient véritablement préparés ou formés, du système communisme rigoureusement planifié à une certaine forme accélérée et mal maîtrisée de « turbo-capitalisme », un rythme de changement systémique trop rapide entraînant des risques de turbulences, qui se transforment rapidement en risques de cassures. Or la Chine, dont l'économie admet désormais des critères de fonctionnement de type capitaliste, reste indéniablement dirigée au niveau politique par un Parti Communiste tout-puissant et incontournable pour tous ses citoyens.

Chaque pays est caractérisé par une sphère spirituelle, une sphère naturelle et une sphère matérielle, ces trois sphères se combinant historiquement pour définir le rythme et le niveau de vie de sa population.

- le Spirituel : les convictions, les habitudes culturelles, familiales, le respect, voire le culte des ancêtres, caractérisent toutes les nations de ma-

---

[44] Guy SCHULDERS, *Turbulences Chinoises*, Editions L'Harmattan, Paris 1989 .

nière différente. L'immensité du pays, ses nombreuses ethnies, castes et cultures, confèrent à ce concept une multitude de composantes.

- *le Naturel* : la démographie (le taux de fécondité des femmes, le taux de natalité, le nombre de jeunes et de vieux, le taux de mortalité infantile et de mortalité moyenne, l'espérance de vie à la naissance, etc.), mais aussi la climatologie, l'environnement et les ressources du sol et du sous-sol — y compris les ressources en eau potable— sont également des caractéristiques qui peuvent être très différentes au sein des pays et de leurs régions ;

- *le Matériel* : est-on riche ou est-on pauvre ? De quel revenu par habitant les populations disposent-elles pour vivre ? Quel est l'état des infrastructures, des pistes, des routes, des autoroutes, des voies ferrées ? quel est le niveau d'accès des populations à l'électricité, à l'eau potable, à l'enseignement, à la formation professionnelle, aux soins médicaux ? etc.

- *les Risques de cassures* : le *spirituel*, le *naturel* et le *matériel* évoluent sans cesse, surtout à notre époque où les techniques permettent de connaître dans l'immédiateté les habitudes, les us et coutumes des autres pays.

Mais que se passe-t-il,

- si ces trois composantes essentielles à la vie des populations et à leur développement, perpétuées dans leur pays depuis des générations, n'évoluent pas toujours de manière synchrone, par exemple,

- si les rapports familiaux traditionnels se transforment ou se distendent, lorsque les enfants quittent la campagne pour faire des études en ville ou reçoivent des bourses pour s'expatrier dans des universités étrangères, où ils seront en contact avec d'autres mentalités, d'autres manières de vivre ?

- si les données démographiques changent en moins d'une génération : un enfant par couple a longtemps été autoritairement imposé en Chine (jusqu'en 2015), alors que son voisin et concurrent indien rattrape le nombre des habitants chinois, attisé par un taux de fertilité de 2,6 (alors que celui de la Chine restait inférieur à 1,7 jusqu'en 2014) ou si les taux de fertilité de certaines populations deviennent excessifs avec plus de 6 enfants par femme, comme en République Démocratique du Congo, au Nigeria ou surtout au Niger (7,6 enfants par femme) ?

- si les situations économiques des pays émergents évoluent très rapidement : *à la hausse*, comme en Chine, poussant les classes sociales intermédiaires à attendre impatiemment des retombées positives concernant l'amélioration de leur propre niveau de vie, *ou à la baisse*, lorsque, comme au Brésil, les 207 millions d'habitants se sentent inquiets face à une forte régression du taux de croissance (devenu négatif) de leur économie inférieur à -7% entre 2015 et 2016[45], le tout sur fond de corruption ou de crise politique gravissime ou comme en Russie, où le taux de croissance pour la même période était également négatif, rendant encore plus difficiles la poursuite de sa mutation systémique et de sa dynamique d'émergence.

- ou si les ressources naturelles —intensément exportées— se raréfient pour satisfaire aux besoins des entrepreneurs locaux ?

Il adviendra, dans ces différentes circonstances, d'importants risques de cassures, voire des tensions sociales, économiques et politiques préoccupantes, remettant en cause —provisoirement au moins— les dynamiques de croissance en cours.

Nous sommes en train de passer du « défi américain » des années 70 au grand « défi chinois» mais aussi indien et, dans une moindre mesure, latino-américain en ce XXI° siècle[46].

En revanche, une remarque positive doit être rappelée, déjà évoquée précédemment : la dynamisation d'un très important et incontestable reformatage économique concernant beaucoup de pays en voie de développement qui s'est réalisé au cours des deux dernières décennies, engendré et accompagné par la création de nouveaux partenariats entre les continents, entre la Chine, l'Inde, l'Afrique, les pays en développement d'Asie du Sud-Est et d'Amérique Latine, mais aussi avec l'Occident postcolonial.

Il s'avère, en revanche, que cet apport d'impulsions positives au niveau intercontinental demeure très inégal entre les pays et entre les régions d'un même continent, et surtout fort difficile à quantifier et à préciser quant à sa forme, son montant et son efficacité (impact sur les infrastructures et sur l'amélioration des niveaux de vie des populations des pays concernés).

---

[45] Matthieu DELENEUVILLE, février 2016, <http://www.journaldunet.com/ economie/ magazine/1171985-classement-pib/>

[46] Jean-Jacques SERVAN-SCHREIBER, *Le Défi américain* , Paris, Éditions Denoël, 1968 ; et *Le défi chinois : Les nouvelles stratégies d'un géant*, Jean-Yves CARFANTAN, mars 2014, Editions du Seuil.

des coopérations complémentaires

Pour les Africains, la coopération entre l'Afrique et la Chine ou l'Inde ne s'oppose pas mais s'ajoute aux autres coopérations internationales déjà actives et parfois anciennes (Occident, Corée, Japon, Taïwan, etc.) mais aussi et surtout régionales (CEMAC, CEDEAO, ASEAN, ALENA, etc.). Les synergies modernes entraînent de nouveaux types de synergies, sources efficaces de développement et d'émergence ; elles modifient les coopérations traditionnelles entre tous les pays et tous les continents.

Comment les pays africains peuvent-il orienter et utiliser au mieux les coopérations chinoise (Sommet de Char Mel Cheik) et Indienne (Sommet de Banjul 2007, Sommet de Johannesburg 2015*)* et les combiner à leurs relations traditionnelles et historiques avec l'Occident, pour qu'à horizon 2020-2025 leurs propres chances d'émergences soient réelles ?

Après le ralentissement de l'activité de ses principaux clients (surtout européens, américains, russes) depuis 2012, nous avons rappelé que la Chine a réduit les importations de ces pays en mal de croissance, donc diminué les exportations chinoises à leur intention, et que le PIB de la Chine et la croissance de ce pays étant très fortement dépendants de ses exportations, le taux de croissance de celui-ci a progressivement baissé, surtout depuis cette époque.

Par contrecoup, la Chine tente depuis quelques années de réduire la dépendance de son PIB à l'égard de son commerce extérieur (exportations de biens et service, représentant 22,6% du PIB en 2015) et de développer la part de sa consommation intérieure. Malheureusement, les données récentes montrent la difficulté du Gouvernement chinois à y parvenir[47]. Par ailleurs, sa volonté de relancer son économie par les BTP (bâtiments-travaux publics), contribuant à la construction d'un nombre considérable de logements qui n'ont pas trouvé preneurs, et les turbulences notoires de ses places boursières à l'automne 2015 et en janvier 2016 n'ont pas réellement permis le rétablissement d'un taux de croissance au-dessus de 6,5% en 2016.

---

[47] Rim BOSSARD, *La nouvelle stratégie chinoise de croissance basée sur la consommation des ménages a échoué*, août 2015.

IV- LE COIN DES ETUDIANTS

1- Vocabulaire

le produit national brut, le PNB	*Le Produit National Brut mesure la richesse créée dans un pays par les unités productives d'une même nationalité, pendant une période donnée (l'année civile).* *Il est égal à la somme des valeurs ajoutées créée par les agents économiques nationaux, principalement par les entreprises, que celles-ci soient situées sur le territoire national ou à l'étranger, à l'exclusion des entreprises étrangères implantées sur le territoire national.*
le produit intérieur brut, le PIB	*Le Produit Intérieur Brut est calculé à partir des valeurs ajoutées créées par l'ensemble des agents en activité sur un territoire donné, pendant une période donnée, en général l'année civile.* *Il s'agit là d'un concept de territorialité, les activités des étrangers dans le pays étant toutes prises en considération, alors que celles des nationaux qui sont actifs à l'étranger ne le sont pas.*
PIB ou PNB ?	*La prise en considération du PIB plutôt que du PNB revêt tout son intérêt dans la mesure où de nombreuses activités sont désormais délocalisées et que les entreprises sont internationalisées.* *Par ailleurs, les diasporas nationales (nationaux installés à l'étranger) sont souvent des agents économiques actifs et aisés qui envoient une partie du fruit de leurs activités dans leur pays d'origine.*
le revenu national	*Le revenu national est égal à l'ensemble des revenus perçus par les agents économiques d'un pays durant une période déterminée, en général l'année (salaires du travail, rentes foncières concernant le travail du sol, profits du capital).*
le revenu par habitant	*Le revenu par habitant (revenu per capita) est le quotient effectué entre le revenu national et la population du pays. Dans le monde, des richesses d'un montant de 78.000 milliards de dollars ont été créées en 2015 par une population de 7,3 milliards d'habitants la même année, allouant un revenu par habitant moyen, en dollars courants, de*

	10.700 $. *Ce revenu est très différent et très inégal d'un pays à un autre (Qatar, Luxembourg, Norvège: plus de 100.000 dollars par habitant; en revanche, Malawi, Burundi, République Démocratique du Congo, Somalie : moins de 300 $/h).*
La parité de pouvoir d'achat	*On peut se demander combien coûterait un panier contenant exactement les mêmes achats dans un magasin à Pékin, à Paris, à Mexico ou à New York.* *On peut aussi comparer le prix du panier moyen acheté chaque semaine par une famille française de 2 adultes, 1 enfant en bas âge et 1 adolescent, à celui du caddie d'une famille composée du même nombre de personnes au Vietnam, au Niger, en Chine ou aux Etats-Unis.* *Chaque famille, vivant en fonction de sa culture, ne consommera donc pas forcément les mêmes produits et la comparaison sociologique du niveau de vie doit tenir compte des différences culturelles et des habitudes nutritionnelles dans les appréciations comparatives.*
l'indice de développement humain (IDH)	*L'indice de développement humain (IDH) est un indice statistique composite, créé par le Programme des Nations Unies pour le Développement (PNUD) en 1990 pour évaluer le niveau de développement humain des pays du monde.* *L'IDH se fonde sur trois critères majeurs : l'espérance de vie à la naissance, le niveau d'éducation et le niveau de vie*[48]*.* *L'IDH varie de 0,944 pour la Norvège à 0,304 pour le Niger. (USA, 0,910 ; France, 0,888 ; Chine, 0,690 ; Vietnam, 0,600, etc.).*

[48] L'indice a été développé en 1990 par l'économiste indien Amartya Sen et par l'économiste pakistanais Mahbub ul Haq.

2- Exercice pratique

Complétez le texte suivant à partir des mots qui vous sont proposés par ordre alphabétique dans la grille ci-après[49]

Un pays ne peut plus se renfermer à l'intérieur des frontières .... que délimite son territoire. Il doit se chercher des partenaires, ... avec ses concurrents, puis s'insérer activement dans un processus de régionalisation comme l'ont fait les 27 pays de l'Union Européenne, les 10 pays de l'ASEAN, ceux de l'ALENA ou de la CEDEAO. Régionalisation et regroupements politiques multinationaux procèdent, au demeurant, de la nécessité d'accepter des alliances qui sont .... et présentent un intérêt effectif pour tous les partenaires.

Ces dynamiques de régionalisation doivent être, par ailleurs, respectueuses des cultures nationales et du passé .... de chacun de leurs membres. Mais au sein de telles synergies, les partenaires peuvent présenter des caractéristiques très .... (Indonésie 250 millions d'habitants et Brunei, 380.000; Thaïlande 377 milliards de dollars de PIB et Laos 9,3 milliards ; Etats-Unis 49.500 $/h et Mexique, 10 300 ; Nigeria 170 millions d'habitants et Gambie 900.000), etc.

Des alliances entre pays voisins, de la même région géographique, constituent un ...., -la régionalisation- entre la gestion purement nationale des Etats et la globalisation que sous-tend, à terme, le processus contemporain, non .... de mondialisation. La régionalisation se présente le plus souvent sous la forme évolutive d'un rapprochement à géométrie variable (accords bilatéraux, zone de libre-échange, unions ...., marchés communs, ou unions économiques, voire politiques). Par essence même, les expériences de régionalisation relativement avancées sont limitées aux seuls objectifs qu'elles .... et évitent (en théorie) d'évoquer les questions qui peuvent diviser les partenaires.

Les alliances asiatiques de régionalisation avaient pour objectif ciel .... les marchés des produits et des ...., mais également les marchés financiers de la zone géographique concernée. Une de leurs conséquences heureuses a été de réunir ...., autour d'une même table, les ressortissants de pays qui s'opposaient sur des points politiques parfois graves, mais qui venaient officiellement pour évoquer des problèmes économiques et commerciaux.

---

[49] Extrait de Guy SCHULDERS *Le Français Economique à l'ère de la mondialisation*, Ed. L'Harmattan, juin 2013, p.163.

Les réunions économiques paraissaient plus souvent être des .... pour établir une communication sans laquelle les tensions politiques ne pouvaient être évoquées et finalement réglées.

En Asie, les processus de régionalisation ont recherché le .... consensus et ne devaient aucunement aboutir à des chocs politiques, économiques, commerciaux ou culturels entre « les pots de fer et les pots de .... ». Ceux-ci ont cependant parfois été inévitables (conflits entre pays de l'ASEAN à propos des îlots des Spratleys et des Paracells dans la Mer de Chine Méridionale entre Malaisie, Vietnam, Singapour, Brunei; conflit entre Malaisie et Singapour pour l'exploitation de la voie .... malaisienne ; conflit entre Indonésie et Singapour, conflit socialo-judiciaire entre Singapour et les Philippines, etc.).

1	*composer*	5	*exiguës*	9	*périodiquement*	13	*s'assignent*
2	*consensus*	6	*ferrée*	10	*prétextes*	14	*services*
3	*d'assainir*	7	*hétérogènes*	11	*relais*	15	*terre*
4	*douanières*	8	*historique*	12	*réversible*	16	*viables*

3- Compréhension du thème

1- Quelle différence y a-t-il entre processus de croissance, processus d'émergence et progrès ?

2- Tous les pays en développement peuvent-ils devenir des pays émergents ?

3- Existe-t-il une différence entre les « Dragons Asiatiques », les « Tigres Asiatiques », les « Nouveaux Pays Industrialisés » et les pays émergents ?

4- W.W. Rostow[50] évoquait une théorie des « étapes de la croissance économique ». Y a-t-il, de la même manière, des étapes concernant le processus d'émergence ?

---

[50] Thème développé dans notre Chapitre IV, Croissance – Développement - Emergence.

CHAPITRE III- LES MULTIPLES APPROCHES DES DYNAMIQUES DE DEVELOPPEMENT ET D'EMERGENCE

Les thèmes de la croissance, du développement, de l'émergence et du progrès économique et social concernent plus de 190[51] pays du monde et sont appréhendés parfois de manière géographique, de manière historique ou culturelle, dans une optique sociologique ou sur la base d'analyses scientifiques de l'économie, prenant en compte, le cas échéant, les changements systémiques qui influencent les orientations économiques autant que politiques.

I- LES PROBLEMATIQUES

L'analyse comme l'évocation des situations de richesse ou de pauvreté des pays concernés, celle des processus économiques et sociaux mis en œuvre, parfois sous l'éclairage d'options idéologiques choisies, acceptées ou imposées aux populations sur la base d'une conception nationale spécifique de la démocratie, peuvent être formulées selon des approches ou des concepts très différents, d'un pays à un autre, d'une région à une autre, ou d'une époque à une autre.

Le respect des choix nationaux s'impose aux analystes et aux commentateurs, comme celui des perceptions, parfois affectives, que les engagements patriotiques peuvent susciter. A ce niveau, les concepts mêmes de pays, d'Etat et de nation doivent être distingués et précisés :

- *un pays* est caractérisé par l'installation d'une population sur un territoire ;

- *un Etat* est caractérisé par l'installation d'une population sur un territoire qui se dote de structures politiques auxquelles elle se soumet ; en droit international, un État souverain est vu comme délimité par des frontières territoriales établies, à l'intérieur desquelles ses lois s'appliquent à une population permanente et il est constitué d'institutions par lesquelles il exerce une autorité et un pouvoir effectifs.

[51] Il s'agit des pays reconnus par l'ONU. Les critères de cette reconnaissance sont souvent considérés comme flous par nombre d'analystes.

- ***une Nation*** est un ensemble de personnes vivant sur un territoire commun, conscient de son unité (historique, linguistique et culturelle, etc.) et constituant une entité politique au sein d'un Etat. « *La nation est le désir de communauté de vie et de conscience sociale* »[52].

Il existe dans l'analyse des situations de bien-être économique et social des Etats de nombreux concepts, parfois flous, insuffisants, plus rarement contradictoires.

De manière universelle, chaque pays essaye d'améliorer sa situation économique et sociale. Chacun d'entre eux tente de mettre au point un processus d'amélioration qui lui permettra, généralement sur la base d'un processus de croissance cumulative et durable, d'améliorer qualitativement ses infrastructures à la fois matérielles (routes, chemin de fer, ports, aéroports, etc.) et humaines (éducation, santé, etc.).

De pays non encore ou insuffisamment développés, certains vont donc progressivement s'acheminer sur la voie du développement et devenir des « PVD ».

Leur imbrication dans le réseau évolutif et incontournable de la mondialisation affectera généralement positivement leurs structures économiques, par l'obtention de ce qui leur fait défaut grâce à leurs importations, comme par l'accès de leurs exportations au commerce international.

Cette ouverture à la mondialisation, particulièrement dynamique depuis plusieurs décennies, et l'intérêt que les pays de mieux en mieux structurés susciteront auprès des autres pays du monde, organiseront progressivement leur promotion sur la voie de l'émergence, comme y sont parvenus en Occident plusieurs pays depuis le début du XXI° siècle.

Mais à ce niveau également, politiciens, économistes et sociologues avancent des définitions multiples pour caractériser la nature de l'émergence et la façon de dynamiser les processus qui permettent d'y accéder. Selon quels critères un pays sera-t-il considéré et « classé » parmi les pays émergents, et par qui ou par quelle(s) institution(s) ?

---

[52] Ernest RENAN, *Discours et conférences*, Sorbonne, 1887. Voir également Simone GOYARD-FABRE, *L'État au XXe siècle, regards sur la pensée juridique et politique du monde occidental*, Paris PUF, 2004.

II- LES DYNAMIQUES ECONOMIQUES RECHERCHEES PAR LES ETATS[53]

- La croissance

La croissance est l'augmentation régulière et significative des grandeurs principales de l'économie. Il s'agit d'un concept quantitatif d'amélioration des résultats économiques d'un Etat.

La croissance est donc l'augmentation soutenue, pendant une ou plusieurs périodes longues (chacune de ces périodes comprenant plusieurs cycles de plusieurs années), d'un indicateur de dimension : pour une nation, le produit global net en termes réels.

La croissance « ce n'est pas (...) l'augmentation du produit réel par habitant ... ». (F. PERROUX, 1969). Elle se mesure par la variation annuelle du produit intérieur brut (PIB) en volume.

Après avoir connu une période d'insuffisance notoire de ses résultats économiques, un pays peut constater une augmentation de ses activités qui conduisent à rejoindre la tendance moyenne, dont il s'était anormalement écarté. Les agents économiques veulent alors combler les besoins qui n'avaient pas pu être précédemment couverts, à cause, entre autres, de crises économiques, politiques ou sociales graves.

- Le développement

Le développement est l'amélioration *qualitative* permise dans une économie grâce à un processus de croissance régulier et renouvelé au cours d'une longue période. Il y avait *(n)* instituteurs, *(m)* infirmiers, *(h)* avions à hélices ; passer à *(n+1)* instituteurs, à *(m+2)* infirmiers ou à *(h+3)* avions à hélices relève de la croissance.

En revanche, avoir des médecins en plus des infirmiers, des professeurs en plus des instituteurs, des avions à turbo-propulsion en plus des avions à hélices, amener l'eau courante et l'électricité, gérer l'évacuation des eaux usées dans les villages, créer des dispensaires et des hôpitaux, améliorer l'alphabétisation, la formation, la santé, l'alimentation, l'hygiène, etc., grâce aux ressources rendues possibles par la croissance et par l'aide internationale au développement, c'est promouvoir le développement.

---

[53] Ces concepts, leurs interactions et leurs implications sur les pays du Sud concernés, seront développés dans notre Chapitre IV, Croissance-Développement-Emergence.

- L'émergence

Depuis quelques années, un certain nombre de grands pays du Sud, jusque-là considérés comme pays en retard de développement, ont accumulé de manière incontestable les éléments d'un développement accéléré, non ambigu et autoentretenu (Chine, Inde, Brésil, mais aussi Afrique du Sud, Indonésie, Mexique, etc.).

D'autres pays, comme la Corée du Sud, sont désormais suffisamment avancés sur la voie de l'industrialisation et des infrastructures industrielles et humaines (santé, formation, revenus par habitant de près de 30.000 dollars en 2016, etc.), pour que l'on considère qu'ils ont achevé leur phase d'émergence et font maintenant partie des pays industrialisés au sens traditionnel du terme (le terme de pays développé n'est plus utilisé désormais).

Les pays émergents (BRICS comme MIST) restent insuffisamment développés, en ce qu'ils manquent encore de structures matérielles modernes et de capacités humaines bien formées avec une suffisante égalité des chances de tous leurs habitants pour promouvoir une dynamique autoentretenue et généralisée de leurs appareils socio-économiques nationaux.

En revanche, l'on peut s'attendre à ce que l'ouverture progressive des pays insuffisamment développés sur le reste du monde comble peu à peu ce retard et engendre des résultats économiques positifs, de manière cumulative, dont devraient progressivement bénéficier toutes les couches, —voire toutes les ethnies ou toutes les castes— de leurs populations.

Ces résultats positifs devraient concerner avant tout les relations économiques et commerciales internationales, l'accès aux marchés internationaux, y compris financiers, l'accueil d'investissements directs et de flux financiers en provenance de pays occidentaux et déjà émergents, l'amélioration notable de l'éducation et de la formation, la maîtrise d'un rôle de contrôle, voire d'un rôle moteur sur la détermination des cours mondiaux des produits primaires, principalement des matières premières et des sources énergétiques, etc.

- Les critères d'attractivité d'une économie

Ces circonstances favorables au progrès à la fois des économies et du bien-être des populations des pays concernés engendreront progressivement un rapprochement et une coopération plus complète des économies émergentes et des économies des pays riches industrialisés depuis longtemps et des pays émergents.

Elles procèderont, au demeurant, du développement et de la meilleure connaissance par d'éventuels partenaires étrangers des critères d'attractivité conférés par leurs spécificités économiques, financières et commerciales à leurs dynamiques nationales.

Ces critères d'attractivité sont liés

- à la taille de leur marché (Chine : 1,35 milliard de consommateurs potentiels, Inde : 1,31 md, Indonésie 255 millions, etc.),
- au dynamisme, à l'accessibilité et à l'organisation de ces marchés,
- à l'existence d'une population alphabétisée, éduquée, formée, bénéficiant de revenus suffisants et de possibilités d'accès à la couverture de ses besoins,
- au développement d'une qualité de vie permettant de couvrir les besoins ressentis par la population la plus large possible,
- à un environnement administratif rendant juridiquement possible et facile l'accès des entrepreneurs et hommes d'affaires étrangers aux marchés du pays,
- à l'organisation d'un système douanier tolérant rendant possible l'entrée des produits étrangers dans le pays,
- à une fiscalité ne rendant pas rédhibitoires les efforts des partenaires étrangers pour faire entrer leurs produits à des prix de vente abordables pour que les populations locales puissent les acquérir,
- à un respect minimum des règles humanitaires et environnementales de production de la part des partenaires voulant vendre leurs produits (pas de travail des enfants, respect des normes minimales de production écologique et protectrice de l'environnement, etc.)

D'autres critères, non spécifiquement économiques, pourraient être évoqués pour caractériser l'attractivité d'un pays, en particulier au niveau du plaisir à y vivre, de son climat et de sa géographie, de sa sécurité (élément essentiel du flux touristique dont peut bénéficier un pays), des infrastructures médicales, etc.

- Le consensus de Washington

Le passage d'une étape à une autre de la croissance économique et l'accès d'une économie du stade de pays insuffisamment développé à celui du développement, de l'industrialisation avancée et de l'émergence requièrent des efforts importants mais nécessaires de la part des pays concernés et surtout une profonde restructuration des économies nationales, souvent également un changement de comportement de la part de nombreuses équipes dirigeantes, et des réorientations économiques, financières, juridiques et politiques, généralement lourdes, mais cependant indispensables.

Progrès économiques et dynamiques d'émergence imposent désormais une adaptation de chaque Etat aux impératifs d'une époque incontournable, celle de la mondialisation, dans laquelle notre siècle nous a fait entrer.

Mais collaboration, coopération et surtout entraide de la part des Etats riches à l'égard des pays en développement et de ceux qui s'acheminent vers l'émergence impliquent des pratiques économiques et politiques compatibles.

C'est dans cet esprit, que les économistes américains libéraux (en particulier John WILLIAMSON), souhaitant mettre au point un système d'aide des pays occidentaux en faveur des pays qui la leur demandaient, ont élaboré, au nom de la Banque Mondiale mais aussi du Fonds Monétaire International et du Trésor Américain, un certain nombre de conditions à remplir pour recevoir les aides, surtout financières.

L'ensemble de ces propositions, énoncées en 1989, visant avant tout à stopper l'endettement massif, la crise de la dette, la récession et l'hyperinflation de nombreux Etats d'Afrique mais aussi d'Amérique Latine, sont connues sous le nom de « Consensus de Washington ».

Elles imposent comme préalable à toute aide américaine un engagement des Etats bénéficiaires à limiter les administrations souvent pléthoriques et corrompues et à s'astreindre :

- à une stricte discipline budgétaire, liée à une réorientation, voire à une réduction des dépenses publiques et à une réforme fiscale en profondeur ;

- à une libéralisation des taux d'intérêt et des taux de change uniques ;

- à une libéralisation du commerce extérieur et à une ouverture aux Investissements Directs Etrangers ;

- à une privatisation des entreprises d'Etat ;

- à une libéralisation des marchés et à la fin des barrières douanières à l'entrée comme à la sortie ;

-à une protection de la propriété privée y compris de la propriété intellectuelle.

- Le consensus de Pékin

A ces propositions émanant de pays occidentaux, chantres du libéralisme économique et commercial, les Chinois répondirent en formulant des propositions plus tolérantes et plus permissives en s'appuyant sur le principe de « non-ingérence » prôné par le gouvernement communiste de la RPC à l'intention de leurs partenaires potentiels émanant de pays à la recherche d'une voie de développement et d'industrialisation —futurs fournisseurs de matières premières et de ressources énergétiques et futurs clients pour des produits industriels chinois moins chers que chez leurs concurrents occidentaux.

Le Consensus de Pékin *(Joshua Cooper Ramo)* propose le modèle de développement chinois depuis Deng Xiaoping comme un modèle de développement pour les pays du Sud, en particulier pour le soutien des Africains dans leur quête de développement, d'industrialisation et d'émergence.

Aux strictes conditions de libre-échange et de respect des Droits de l'Homme qui sous-tendaient le Consensus de Washington, les Chinois répondent par la non-ingérence dans les affaires politiques internes des pays partenaires[54].

Ils orientent également leur aide vers les équipements structurels : routes, chemin de fer, ports, aéroports, hôpitaux, bâtiments gouvernementaux, etc. — de nombreux pays se voient offrir un « stade de l'amitié »— et vers le développement des secteurs miniers et énergétiques des pays aidés.

La non-ingérence formelle, qui amène la Chine à fermer les yeux sur des problèmes sécuritaires ou de gouvernances douteuses (Angola, République Démocratique du Congo fin 2016, comme Soudan), fait craindre à certains experts la fragilité des investissements réalisés par les Chinois dans ces pays.

Les arguments liés au développement social, au civisme, au concept de démocratie ne sont absolument pas prioritaires dans les préceptes du Consensus de Pékin .

---

[54] Serge MICHEL, Michel BEURET, Paolo WOODS, *La Chinafrique: Pékin à la conquête du continent noir*, Grasset & Fasquelle, 2008.

III- LES CLASSIFICATIONS DES ETATS

De telles classifications peuvent être formulées

- dans une optique géographique (Pays du Nord-Pays du Sud),
- dans une optique de richesse ou de pauvreté (le seuil à partir duquel un pays pauvre devient un pays riche restant totalement imprécis),
- dans une optique de revenu et de répartition,
- dans une optique de dynamisme économique, dont il est couramment admis qu'il est lié au processus d'industrialisation.

Pays du Nord, Pays du Sud	*Approche géographique fort imprécise regroupant dans « les pays du Nord » les pays industrialisés à PIB élevés et à hauts revenus per capita et, dans « les pays du Sud », les pays, théoriquement au sud de l'équateur, dont font partie la plupart des Etats africains et latino-américains, mais aussi quelques Etats asiatiques.* *Il va de soi qu'en marge de ces critères géographiques, des pays du Nord peuvent se trouver en difficulté économique, alors que des pays du Sud peuvent être relativement aisés.*
Pays riches, Pays pauvres	*Les notions de pays « riche » et de pays « pauvre » ne définissent en fait que de manière très insuffisante l'état de développement d'un pays. Elles trouvent plutôt leur application en ce qui concerne la fortune de certains individus pris isolément.* *Au demeurant, la pauvreté existe aussi dans des pays qui ont un haut revenu moyen (par exemple aux Etats-Unis, en Allemagne ou en Suisse) et la richesse existe dans des PVD (par exemple, dans les pays exportateurs de pétrole).* *Le concept de « revenu moyen » est moins adéquat et moins adapté que celui de « revenu médian » pour tenir compte du développement social. En outre, les facteurs importants portent sur la répartition des revenus et la distribution de la fortune.*
La notion de Tiers Monde	*La notion de « Tiers Monde » a été utilisée dans les années 1950 et sous-entendait primitivement des caractéristiques politiques. Elle concernait les Etats « non alignés », qui ne*

	voulaient pas prendre part idéologiquement à la « Guerre Froide ». *Au début des années 1980 (quelques années avant la fin du conflit est-ouest et à l'apogée de la guerre froide, on a même proposé de n'utiliser que la notion « le Troisième Monde ».* *Ulrich MENZEL*[55] *estimait déjà en 1992, après la fin de la guerre froide et la disparition de l'URSS et du bloc de l'Est, que le « deuxième monde » avait disparu; ainsi, aucun Tiers Monde ne pouvait plus exister. Dans la langue courante, le concept continue cependant d'être utilisé.*
Pays développés, Pays industrialisés	*Ce sont les pays riches, développés, qui ont fondé leur richesse et leur développement, à partir du milieu du XIX*[e] *siècle, sur un processus systématique d'industrialisation. Ce fut l'époque des Révolutions Industrielles des Britanniques, des Allemands, des Français, etc.). Le concept de pays développé n'est plus guère utilisé.*
Pays les moins avancés (PMA)	*En 1971 l'Organisation des Nations Unies établit des critères pour regrouper les pays du monde les moins développés sur le plan social et économique. Il subsiste inévitablement une relative imprécision dans cette dénomination.* *Les pays retenus présentent les indices de développement humain (IDH) les plus faibles et se trouvent dans des situations politiques, économiques, juridiques, institutionnelles différentes, mais généralement préoccupantes.* *Le Conseil Economique et Social des Nations Unies a retenu trois critères pour déterminer la liste des PMA :* *1) le revenu par habitant, basé sur une estimation moyenne du produit intérieur brut par habitant pendant trois années, inférieur à 900 dollars ;* *2) le retard dans le développement humain, basé sur un indice composite incluant des indicateurs de santé, de nutrition et de scolarisation ;* *3) la vulnérabilité économique, basée sur un indice composite incluant des indicateurs relatifs à l'instabilité, à la*

[55] Ulrich MENZEL, *Die Ordnung der Welt* (en fr. L'ordre du Monde), Editions Suhrkamp, mai 2015.

	production et à l'exportation de produits agricoles, au manque de diversification de la production et au handicap d'être un petit pays. *En 2012, on comptait 48 PMA : 33 en Afrique, 9 en Asie (Afghanistan, Bangladesh, Bhoutan, Cambodge, Laos, Birmanie, Népal, Yémen, Timor Oriental,), 5 dans le Pacifique et 1 aux Antilles (Haïti).*
Pays à revenus intermédiaires	*Le terme de pays à revenu intermédiaire renvoie à la typologie de classement des pays par la Banque mondiale en fonction de leur revenu national brut (RNB) par habitant.* *Les tranches de classification opérationnelle de ces pays sont révisées chaque année par la Banque mondiale le 1er juillet.* *Il s'agit de l'économie d'un pays dont le revenu par habitant est moins élevé que dans les pays industrialisés (inférieur à 40 000 dollars per capita) mais nettement supérieur à celui des pays pauvres les moins avancés économiquement (revenus inférieurs à 10.000 dollars per capita).* *Environ 40 pays, sur les 196 que compte le monde (Etats membres de l'ONU) ont un revenu per capita situé entre 10.000 et 40.000 dollars.* *Ainsi dès 2013, les pays à revenu intermédiaire sont classés en 2 catégories: a) les pays à revenu intermédiaire de la tranche inférieure : ceux dont le RNB par habitant se situe entre 1 036 et 4 085 dollars ; b) les pays à revenu intermédiaire de la tranche supérieure : entre 4 086 et 12,615 dollars.*

IV- LES VOIES DU DEVELOPPEMENT ET DE L'EMERGENCE

Alors que certains pays ressentent encore des difficultés à sortir de leur pénible niveau de pauvreté, d'autres se sont progressivement dotés d'une organisation politique, économique et sociale qui leur a permis de s'acheminer, à des degrés divers il est vrai, sur une voie incontestable d'amélioration de leurs résultats au niveau national (pays en voie de développement), mais également pour d'autres (pays émergents) en devenant des partenaires de plus en plus incontournables des pays déjà industrialisés de longue date et plus aisés.

Les pays en développement	*Les pays en développement sont des pays qui demeurent encore dans un état de sous-développement dont ils ne parviennent pas à s'extraire, souvent faute de moyens économiques mais également faute d'une situation de stabilité et de sécurité politique correcte.* *Ces pays (PSD) sont caractérisés par des économies extrêmement pauvres qui ne leur permettent pas d'organiser une dynamique évolutive qui puisse laisser envisager à court terme un décollage économique, renouvelé et auto-entretenu. C'est hélas le cas de beaucoup de pays africains actuellement.* - *et les pays en voie de développement (PVD).*
Les pays en voie de développement	*Un pays en voie de développement est un pays dans lequel la majorité des habitants continue d'avoir un niveau de vie et des conditions économiques et sociales bas, mais qui parvient à mettre en œuvre progressivement un processus d'amélioration de sa situation.* *La pauvreté contre laquelle l'Etat organise son action se manifeste avant tout par une situation insuffisante de l'approvisionnement en produits alimentaires et en biens de consommation, par les ressources très basses de la population conduisant à la sous-alimentation, à la faim, à un mauvais approvisionnement en matière de santé, à un haut niveau de mortalité maternelle et infantile et à une faible espérance de vie, à des possibilités de scolarisation et de formation défectueuses, à un haut quota d'analphabétisme et à un fort taux de chômage.* *La notion de « pays en voie de développement » implique le passage d'une situation économique statique de pauvreté à la mise en œuvre d'une dynamique progressive, mais non ambiguë, d'amélioration à la fois sur le plan économique et social.* *En réalité, il n'existe pas de définition reconnue et unique de la voie de développement, seulement beaucoup de constatations et de propositions. Au total les Pays en Voie de Développement (PVD) sont des pays qui se trouvent encore dans une situation économique difficile de sous-développement (faible PIB, structures productives et infrastructures insuffisantes), mais qui accumulent*

	depuis plusieurs années suffisamment d'éléments dynamiques moteurs pour pouvoir prétendre, dans le court ou le moyen terme, promouvoir un processus d'amélioration quantitative (croissance économique) et qualitative (processus de développement) non ambigu (PIB plus élevé, natalité et santé mieux encadrées, analphabétisme en recul, étudiants de mieux en mieux formés, accumulation de capital, confiance suffisante de l'étranger pour attirer les IDE, réduction de la corruption, etc.).
Les Nouveaux Pays Industrialisés (NPI)	*Les nouveaux pays industrialisés (NPI) sont les pays en voie de développement qui ont amorcé un important décollage industriel non ambigu.* *On y intègre des économies qui, par leur stratégie de développement, ont connu une phase d'industrialisation rapide au cours des dernières décennies. Parmi les NPI, on trouve aujourd'hui :* *- les 5 bébés Tigres : Malaisie, Thaïlande, Indonésie, Philippines, Vietnam ;* *- les trois jaguars : Mexique, Chili, Colombie ;* *- les BRICS (à l'exception de la Russie) : Chine, Inde, Brésil et Afrique du Sud ;* *- les MIST (Mexique, Indonésie, Corée du Sud, Turquie).*
Pays Emergents, Marchés Emergents	*Les pays émergents sont des pays qui ont mis en œuvre une dynamique évolutive prometteuse et auto-entretenue. La situation économique et sociale —mais aussi politique et sécuritaire— de ces pays reste malgré tout encore très inégale, parfois incertaine.*
Les BRICS	*BRICS : Pays émergents traditionnels auxquels est ajoutée l'Afrique du Sud, seul pays africain reconnu comme pays émergent (PIB$_{2016}$ de 370 mds \$, POP$_{2016}$ 58 mns h ; R/h 6 400 \$). Ces 5 pays ont une population totale cumulée de 3,06 milliards d'habitants et ont créé un PIB$_{2016}$ total d'environ 17 000 milliards de dollars, soit un revenu par habitant de 5 520 \$ en 2016.* *De nombreux économistes contestent cette classification, l'Afrique du Sud étant le pays au monde qui connaît l'un des plus forts taux de criminalité et de viols, où le SIDA*

	est également le plus répandu en Afrique et dans le monde et où les émeutes sociales, voire raciales sont très fréquentes. *Certains géopoliticiens ajoutent à la liste des pays émergents « classiques » le Mexique, qui connaît un PIB de 1.310 milliards de dollars répartis auprès d'une population de 127 mns d'habitants (R/h de 10.320 dollars). On parle alors de BRICM.*
Les Etats MIST	*Les Etats MIST constituent un groupe de quatre Etats (Mexique, Indonésie, Corée du Sud et Turquie), qui font partie au demeurant du G20 (groupe composé de dix-neuf pays et de l'Union européenne dont les ministres, les chefs des banques centrales et les chefs d'États se réunissent régulièrement). Ces quatre pays ont incontestablement amorcé un passage progressif et non ambigu vers la voie de l'émergence. Ils ont réalisé ensemble en 2016 un PIB cumulé de 4.100 milliards de dollars, pour une population de 510 millions d'habitants, soit un Revenu par habitant moyen de 8.040 $.* *Comme dans le cas des BRICS, les MIST présentent des économies très hétérogènes, de l'Indonésie riche en matières premières à la Corée du Sud qui a construit son développement presque exclusivement sur les activités liées à ses exportations, tout en évitant prudemment les dangers du dutch disease.*

Les Etats BRICS[56]

	PIB Mds $	POPmnsh	R/h $	c %	Export Mds$	Import Mds$	X-M Mds$
Brésil	1 772	208	8 520	0,1	225	231	-6
Russie	1 931	144	13 220	0,6	498	309	189
Inde	2 028	1 300	1 570	7,3	330	406	-76
Chine	10 866	1 370	7 932	6,5	2 148	1 796	352
Afrique du Sud	370	55	6 800	1,5	93	99	-6
Total BRICS	16 967	3 077	5 514		3 294	2 841	453

Tableau 8- Données économiques des BRICS

Les Etats MIST

	PIB Mds$	POP mnsh	R/h $/h	c %	Export Mds$	Import Mds$	X-M Mds$
Mexique	1 136	126	9 016	2,1	398	401	-3
Indonésie	857	255	3 361	5,0	176	169	7
Corée du Sud	1 377	51	27 000	3,3	622	529	93
Turquie	718	77	9 386	2,9	169	233	-64
Total MIST	4 088	509	8 040		1 365	1 332	33

Tableau 9- Données économiques des Etats MIST

[56] Les statistiques mondiales peuvent être légèrement variables d'une source à une autre. Nous avons consulté: Atlas Socio-Economique des pays du monde ; Larousse, 2017 ; voir également <www.geopopulation.com> ;<http://fr.actualitix.com>;

<http://fr.actualitix.com>; < World Development Indicators de la Banque Mondiale>; CEPII, base de données Chelem-PIB, mais également *Les Chiffres 2016*, Alternatives Economiques, Hors Série n°106.

V- LES GROUPES DE PAYS EN DEVELOPPEMENT ET EN EMERGENCE

Les Pays du G5

Le Groupe des 5 est un regroupement d'Etats des cinq pays en développement nouvellement industrialisés les plus importants (la Chine, l'Inde, le Brésil, le Mexique et l'Afrique du Sud). Ils forment une interface très active entre la partie la plus dynamique de l'Asie, l'Amérique du Sud et l'espace économique européen, dont le but affiché est une protection du climat économique.

L'appellation G5 est souvent utilisée en référence au G8, car ces cinq Etats participent depuis 2003 aux sommets des pays du G8 auquel ils ont été rattachés au cours du sommet qui réunissait ce groupe en Allemagne en 2007, et auquel ils sont régulièrement invités.

Les Pays du G7 et du G8

Le Groupe des Huit, a été créé en 1975 par les pays économiquement les plus puissants et se réunit chaque année pour discuter de la situation économique, diplomatique et politique du monde.

	Population (2015)		PIB (2015)			
	Millions	%	Milliards USD	%	Rang mondial	Revenu per capita $
Monde	**7 389**	**100,0**	**78 000**	**100,0**		**10 556**
G8	**900**	**12,2**	**39 141**	**50,2**		**43 500**
États-Unis	322	4,38	18 287	23	1	56 792
Russie	146	2	2 099	2,7	10	14 377
Japon	126	1,7	4 882	6,3	3	38 746
Allemagne	81	1,1	3 909	5	4	48 260
France	66	0,89	2 935	3,8	6	44 470
Royaume-Uni	64	0,87	3 003	3,9	5	46 922
Italie	60	0,81	2 153	2,8	9	35 883
Canada	35	0,47	1 873	2,4	11	53 514

Tableau 10- Populations, PIB et R/h des pays du G8

Actuellement évoqué sous le nom de G7 (Groupe des Sept depuis que la Russie en a été exclue), ce groupe est un espace de discussion et de partenariat économique de huit pays qui sont parmi les plus grandes puissances économiques du monde : États-Unis, Japon, Allemagne, France, Russie, Royaume-Uni, Italie, Canada.

Le G8 totalise 900 millions d'habitants (12,2% de la population mondiale) et a généré 39 141 milliards de dollars de PIB cumulés, soit 50,2% du PIB mondial en 2015.

La Russie, suspendue du G8 depuis l'annexion de la Crimée en mars 2014, compte 146 millions d'habitants, et a réalisé le 15ème PIB mondial avec 1.179 milliards de dollars en 2016, en forte récession entre 2015 et 2016[57].

Les pays de l'Union Africaine

L'Union Africaine a relayé, lors de sa réunion de 2002 à Durban (RSA), l'Organisation de l'Unité Africaine.

Elle se donne pour mission essentielle de promouvoir d'autres valeurs que celles strictement liées au développement économique, comme la démocratie, les droits de l'homme et le développement sur tout le continent africain.

Les États membres de l'Union africaine sont au nombre de 54, regroupant l'ensemble des États africains, plus l'État non reconnu internationalement du Sahara occidental, mais à l'exception du Maroc. La très inégale répartition des richesses et des revenus entre les différents Etats et entre les populations de chaque Etat rend cependant très relative, voire inopérante, toute approche en termes de chiffres moyens globaux.

Le continent africain, qui compte désormais près d'un milliard d'habitants (projection 1.358 millions d'habitants pour 2025) sur une superficie de 30,3 millions de km2, demeure incontestablement un continent en difficulté, avec une espérance de vie moyenne de 52 ans, un taux de mortalité de 15‰ et un PIB/h de 2.170 $[58].

Les études récentes de la Banque Mondiale nous informent que la croissance économique africaine, affaiblie par la baisse de ses exportations pétrolières et minérales, ainsi que par les difficultés persistantes, économiques et humanitaires, mais également politiques et sécuritaires, au sein des plus grandes économies du continent (en particulier de l'Afrique du Sud, de la République Démocratique du Congo, de l'Angola et du Nige-

---

57 Matthieu DELENEUVILLE, février 2016, <http://www.journaldunet.com/ economie/ magazine/1171985-classement-pib/>

58 <http://fr.actualitix.com> et <www.geopopulation.com>

ria) est tombée en 2016 à son niveau le plus bas depuis vingt ans à 1,6%[59]. 40% des économies africaines, qui abritent 36% de la population du continent, et qui contribuent en moyenne à 62% de l'activité économique, sont en incontestable difficulté.

L'effet de *Dutch Disease,* que nous avons évoqué précédemment, est l'un des éléments explicatifs des difficultés des pays de l'Afrique qui se sont trop exclusivement orientés vers les activités d'exportation qui correspondaient davantage aux besoins de leurs clients occidentaux et émergents qu'à leurs besoins propres. La nécessité de développer les activités agricoles nécessaires à la couverture des besoins des populations a sans doute été trop souvent négligée par certains pays africains exportateurs.

La faiblesse des cours mondiaux des produits énergétiques mais aussi la fébrilité récurrente depuis 2008 des marchés financiers sont sans doute à l'origine d'un ralentissement des dynamiques économiques africaines, et ce ralentissement devrait vraisemblablement perdurer, au moins dans les mois à venir[60].

Les pays en transition

Un pays en transition est un pays qui a été longtemps caractérisé par des structures et idéologies socialistes et communistes strictes et qui s'oriente désormais vers l'économie de marché, dont il adopte les principes et les techniques, à la fois sur les plans commercial et financier.

Un réel changement systémique, d'une économie obéissant à des critères socialo-communistes vers un système fonctionnant sur la base des lois du marché, comme dans tout pays capitaliste traditionnel, s'opère ainsi par une radicale transformation[61] qui s'effectue de manière généralement progressive et passe par une période intermédiaire, plus ou moins longue, appelée période de transition. C'est le cas des pays de l'Est européen, anciennement sous le joug de l'ex-Union Soviétique, mais aussi de la Chine (depuis Deng Xiaoping), du Vietnam (politique du Renouveau « Đổi mới ») et de plusieurs autres pays, surtout européens et asiatiques.

Les pays en transition européens, qui sont pour partie les anciens Etats socialistes de l'ancienne Union Soviétique, possèdent un capital humain,

---

[59] Washington, 4 octobre 2016 ; (2016 Afriquinfos)

[60] http://www.lemonde.fr/afrique/article/2016/10/12.

[61] Les économistes allemands n'utilisent pas le terme de pays en transition mais celui de pays en transformation (*Transformationsländer*).

mais également un fort potentiel de développement technologique, même si des différences importantes existent entre les pays concernés, entre les zones du Caucase, de l'Asie Centrale (comme l'Ouzbékistan) et les Etats européens ex-communistes.

Certains d'entre eux ont intégré l'Union Européenne, comme la Pologne, la République tchèque, la Hongrie, la Slovaquie, la Slovénie, la Lituanie, la Lettonie, l'Estonie, la Roumanie ou la Bulgarie, d'autres font partie, en Asie Centrale, des Newly Declining Countries (NDC) dont les processus de croissance ne se sont pas réalisés de manière auto-entretenue et répétitive.

Après la réunification de l'Allemagne, les économistes des Nouveaux Länder, anciennement provinces de la RDA, se sont intéressés de près à la façon dont les pays asiatiques adoptaient les critères de l'économie de marché, en particulier la Chine, le Vietnam, le Cambodge le Laos[62].

Un récent rapport de la BERD (Banque européenne pour la reconstruction et le développement) révèle que 70% des habitants d'Asie centrale et 58% de ceux vivant en Europe centrale et en Europe orientale déclarent être aujourd'hui satisfaits de leurs conditions de vie, en particulier les habitants des ex-pays socialistes, qui ont adhéré à l'Union européenne ou qui sont candidats à l'adhésion.

Ils ont dû se réformer en profondeur avec l'aide et les conseils de l'Union Européenne qui a été le fer de lance d'une transition douloureuse, mais finalement plutôt réussie, souvent aidés par l'afflux de capitaux des pays de ladite Union Européenne.

La transition économique impliquait notamment la liberté des prix, la privatisation et la maîtrise de l'inflation. Le rythme auquel les réformes devaient être mises en œuvre a opposé les « gradualistes » aux partisans de la « thérapie de choc ». Ce dernier choix fut celui de la Pologne, de la Russie, de l'Ukraine et de la République tchèque.

---

[62] Voir notre étude sur ce sujet Guy SCHULDERS, *Die Besonderheiten der asiatischen Transformationsprozesse* (en fr. Les spécificités des transitions asiatiques), étude réalisée et publiée au Frankfurter Institut für Transformationsländer de l'Université Viadrina Frankfurt/Oder en 1998, consultable sur <https:// www.europa-uni.de/ de/forschung/ institut/institut_fit/publikationen/discussion_pa-pers/1998/ index.html>.

La transition économique a dû, en principe, s'accompagner d'une transition institutionnelle et politique. De ce point de vue, le résultat est encore une fois à nuancer[63].

Parmi les pays en transition, la Russie demeure un pays important, tant sur le plan économique (productrice de pétrole et de gaz), politique que militaire. Elle fait désormais partie des membres permanents du Conseil des Nations Unies et est devenue en 2007 membre de plein droit du G7.

Les pays Dragons

Dans le sillage du Japon et de son spectaculaire redressement économique de l'après-guerre, les Dragons asiatiques sont les Nouveaux Pays Industrialisés d'Asie qui ont dynamisé le développement économique de tout le continent asiatique entre 1970 et 1990 (Corée du Sud, Hongkong, Singapour, Taïwan).

Ils comptent en 2016 une population cumulée de 90 millions d'habitants qui réalisent un PIB de 2.800 milliards de dollars, soit une moyenne par habitant de plus de 31 000 $[64].

Les quatre dragons asiatiques sont des pays d'Extrême-Orient qui connaissent une forte croissance industrielle depuis la fin de la Seconde Guerre mondiale, même si celle-ci a tendance à se ralentir depuis quelques années, dans la mesure où ils accèdent à la dernière phase de stabilité des taux de croissance et au développement de la consommation de masse, tels que les évoquait Walter W. ROSTOW dans ses *« étapes de la croissance économique »*. Ils ne doivent pas être confondus avec les nouveaux Tigres asiatiques.

Les pays Tigres

A la suite des Dragons, les Tigres asiatiques sont des pays ayant réalisé le boom économique asiatique dans les années 90 (Thaïlande, Malaisie, Indonésie, Philippines, Brunei et Vietnam).

---

[63] http://www.atlantico.fr/decryptage/25-ans-plus-tard-est-pays-ancien-bloc-communiste - sont-enfin-heureux-passage-economie-marche-pologne-hongrie-slovaquie-jean-marc-2877035.html#IBFisizeIzFC74HP.99

[64] Pour les données statistiques concernant les pays dragons, tigres et panthères, on se réfèrera aux liens <www.geopopulation.com> et <http://fr.actualitix.com>; <http://fr.actualitix.com>; < World Development Indicators de la Banque Mondiale>.

Actuellement très dynamiques, ces pays représentent en 2016 une population totale de près de 600 millions d'habitants et ont généré un PIB cumulé de 2.250 milliards de dollars, soit une moyenne de 3.750 dollars de revenu per capita.

Les pays Panthères

Les pays (ou Etats) Panthères sont les quatre Etats du Sud-Est asiatique de l'Indonésie, de la Malaisie, de la Thaïlande et des Philippines qui ont été ainsi dénommés dans les années 1980 et 1990, et ont souhaité imiter la promotion économique des « Pays Tigres » (Corée du Sud, Taïwan, Hongkong et Singapour), passés en une décennie du stade de PVD à celui de pays industrialisés.

Les pays Panthères comptent 460 millions d'habitants et ont réalisé en 2016 un PIB cumulé de 2.000 milliards de dollars, soit un R/h moyen de 4.350 $.

Mais la crise asiatique de 1997 a considérablement ralenti la promotion de ces quatre pays qui ne se sont pas véritablement hissés au stade de pays industrialisés. Aujourd'hui encore, la notion d'Etats Panthères n'est pas vraiment utilisée, tant elle recoupe les autres regroupements.

La promotion économique de ces quatre pays se basait en fait sur une réévaluation du yen japonais, relativement au dollar des Etats-Unis, dans le cadre de la convention de Plaza en 1985. Pour faire face à l'inconvénient d'un yen fort sur la concurrence, les entreprises japonaises ont déplacé une grande partie de leur production dans des pays asiatiques à bas salaires. Ainsi jusqu'au début des années 1990 il n'y a plus eu que 13 milliards de dollars investis dans les pays Panthères.

Leur croissance a été ralentie de 8 à 10% dans ces Etats par la crise asiatique de 1997. Ainsi, par exemple, le projet de la Malaisie de faire partie en 2020 des pays industrialisés est devenu difficilement réalisable.

Les Pays Dragons

	PIB Mds$	POP mnsh	R/h $/h	c %	Export Mds$	Import Mds$	X-M Mds$
Corée du Sud	1 377	51	27 000	3,3	622	529	93
Hong Kong	310	7	43 000	*	*	*	*
Singapour	305	6	55 500	2,9	438	361	77
Taïwan	524	24	22 000	0,0	275	175	100
Dragons	2 516	88	28 660		1 335	1 065	270

Tableau 11- Principales données économiques des Etats Dragons

Les Pays Tigres

	PIB Mds$	POP mnsh	R/h $/h	c %	Export Mds$	Import Mds$	X-M Mds$
Thaïlande	396	69	5 781	0,7	225	201	24
Malaisie	296	30	9 900	6,0	220	187	33
Indonésie	857	255	3 361	5,0	176	169	7
Philippines	292	102	2 863	6,1	48	64	-16
Brunei	18	0,22	40 000	nd	*	*	*
Vietnam	192	92	2 087	6,0	133	124	9
Pays Tigres	2 051	548	3 742		802	745	57

Tableau 12- Principales données économiques des Etats Tigres

Les Pays Panthères

	PIB Mds$	POP mnsh	R/h $/h	c %	Export Mds$	Import Mds$	X-M Mds$
Thaïlande	396	69	5 781	0,7	225	201	24
Malaisie	296	30	9 900	6,0	220	187	33
Indonésie	857	255	3 361	5,0	176	169	7
Philippines	292	102	2 863	6,1	48	64	-16
Pays Panthères	1841	456	4038		669	621	48

Tableau 13- Principales données économiques des Etats Panthères

<u>Les concept « d'Etats Faillis »</u>

Les notions « d'État en déliquescence », « d'État défaillant », « d'État failli » ou « d'État déstructuré » concernent des Etats en grande difficulté, qui ne sont pas en mesure de mettre en œuvre un processus de croissance durable, une dynamique de développement et encore moins une stratégie d'émergence.

Le concept « d'État en échec » (Failed State en anglais) a été proposé par le Fund for Peace (Fond pour la Paix)[65] qui a construit un indicateur composé de 12 variables —dont, entre autres, 6 variables de nature politique, 4 évoquant des indices sociaux et 2 de nature économique— pour tenter de caractériser un État qui ne parviendrait pas à assurer ses missions essentielles, particulièrement le respect de l'État de droit, la survie de sa population ou sa sécurité. La prise en considération de ce concept pourrait, en principe, être utilisée pour légitimer une intervention économique de la communauté internationale, qui serait ainsi autorisée à aider, voire à « reconstruire » les États déficients.

En réalité, cette notion controversée d'« État en déliquescence » est apparue au début des années 1990 lorsque, après la chute de l'URSS et sa rapide décomposition, des théoriciens de la géopolitique internationale ont constaté que, depuis 1945, ce sont plus souvent des guerres civiles que des guerres conventionnelles que les États ont eu à affronter et qui les ont empêchés de construire des économies stables ou dynamiques.

D'abord appliqué à l'exemple somalien, le terme « d'État failli » ou « d'Etat en déliquescence » s'est rapidement étendu aux zones de crise humanitaire intense (Haïti, Liberia, Rwanda, etc.), puis aux anciennes républiques soviétiques n'exerçant plus de contrôle sur d'importantes parties significatives de leur territoire (Géorgie, Moldavie, etc.).

---

[65] Le Fonds Pour la Paix, fondé en 1957, œuvre pour empêcher les conflits violents et pour promouvoir une sécurité durable. Il se donne pour mission de mesurer les risques de conflits et d'intervenir suffisamment à temps pour les empêcher, en prônant de manière active la pacification et la sécurité. Il plaide également pour le respect des droits de l'homme. Il est particulièrement actif au Nigeria, en Ouganda, au Liberia et travaille avec le secteur non gouvernemental et les acteurs du monde privé dans des zones de conflit pour mieux garantir les intérêts des entreprises, des populations locales et des Etats.

Le groupe des « Etats Faillis » a découlé des conflits violents et sanglants des années 1990. On les évoque surtout pour l'Afrique à partir de 1999 et l'on a établit une liste de 7 pays en 2005 : Côte d'Ivoire, République Démocratique du Congo, Soudan, Somalie, Sierra Leone et Tchad. En 2015, cette liste mentionnait 16 pays de tous les continents, dont l'Irak.

Ils sont caractérisés par le collapsus complet de l'appareil d'Etat, dans lequel l'Etat ne peut plus contrôler son territoire, où aucun service de l'Etat ne fonctionne plus et où aucun ordre politique n'est plus reconnaissable. Ces Etats relèvent d'un recul des théories de l'évolution économique et aussi du domaine des objectifs politiques du développement.

En outre, le vide d'ordre juridique et politique qui se manifeste dans ces Etats requiert des exigences particulières et spécifiques pour impulser de réelles politiques de développement et des politiques de sécurité nationale efficaces, puisque les crises de ces pays menacent par ailleurs le développement et la sécurité des autres Etats de leur région.

Par ailleurs, par un effet de contagion puis de propagation, la sûreté de tous les Etats du monde peut être menacée par le développement du terrorisme international. Comment doivent être évitées les dérives de tels Etats et organisée la coexistence avec eux reste encore un thème obscur de politique internationale.

<u>En résumé :</u>

Un pays émergent, en tant que pays nouvellement industrialisé, peut habituellement se targuer des succès suivants :

- Ses taux de croissance se situent généralement au-dessus de la moyenne régionale et dépassent souvent aussi les taux de croissance des pays de l'OCDE, dans la mesure où ceux-ci ont considérablement ralenti les taux qu'ils avaient connus lors de leur dynamique de rattrapage de l'après-guerre, dans les années 1950 et 1960.

- Le revenu per capita moyen des pays nouvellement industrialisés, ou pour certains « en voie d'industrialisation », qui s'emploient à mettre en œuvre un processus d'émergence à terme, dépasse généralement 700 $ par an (en dollars courants), indépendamment de situations politiques et sécuritaires variables (comme au Soudan ou au Yémen).

Vietnam = 1 510 $	*Lesotho = 1 221 $*	*Myanmar = 989 $*
Soudan = 1508 $	*Mauritanie = 1 220 $*	*Cambodge = 950 $*
Zambie = 1 498 $	*Cameroun = 1 217 $*	*Tchad = 883 $*
Yémen = 1484 $	*Côte d'Ivoire = 1 206 $*	*Zimbabwe = 856 $*
Sao-Tomé & P = 1 429 $	*Kirghizstan = 1 157 $*	*Comores = 822 $*
Laos = 1 392 $	*Sénégal = 1 089 $*	*Haïti = 806 $*
Nicaragua = 1 347 $	*Kenya = 1 045 $*	*Bénin = 781 $*
Pakistan = 1 277 $	*Tadjikistan = 993 $*	*Bangladesh = 778 $*

Tableau 14- Revenu par tête moyen des pays nouvellement industrialisés

- Les pays émergents, en particulier les BRICS, voire les MIST, ont réalisé quant à eux, des Revenus/habitant supérieurs à 5.400 $ en 2015.

- Les pays émergents développent leurs structures, en particulier de l'industrie de transformation, jusqu'à la fabrication des biens d'investissement. Ils réalisent aussi des investissements ciblés dans l'infrastructure matérielle et sociale, avant tout dans l'enseignement et le capital humain, condition indispensable des progrès du développement.

- Une productivité comparable à celle des pays de l'OCDE est réalisée par les appareils industriels des pays émergents, mais à des niveaux de salaires nettement plus bas.

- Ces pays utilisent les niches du marché mondial et s'orientent vers l'exportation de produits finis.

Une évidente source de tensions et de problèmes reste la forte croissance, mal maîtrisée, de la population qui constitue un frein au développement comme à l'émergence.

Par ailleurs, de nombreuses monnaies des pays en développement sont caractérisées par une forte inflation ainsi que par de fortes fluctuations de leurs cours à l'égard des grandes monnaies mondiales.

Les monnaies africaines posent également le problème d'une indépendance financière de plus en plus réclamée par les pays dont la monnaie est liée à la zone CFA, c'est-à-dire des pays de l'ancienne Communauté Financière d'Afrique, qui comprend désormais la CEMAC (zone franc d'Afrique Centrale) et l'UEMOA (zone franc d'Afrique de l'Ouest).

Malheureusement, comme nous l'avons signalé précédemment, pour l'année 2015-2016, la réduction des cours des matières premières et énergétiques, incontestablement liée à la réduction des taux de croissance des pays importateurs de produits africains, mais aussi à la faiblesse des marchés financiers a conduit, selon les estimations de la Banque Mondiale, à une chute très sensible des taux de croissance des principaux pays africains, à son niveau moyen le plus bas de 1,6% pour l'ensemble du continent (Nigeria c = —2% entre 2015 et 2016).

Enfin, les principaux pays émergents, en augmentant leurs partenariats avec de nombreux pays du Sud, voisins ou non, auront un incontestable effet d'entraînement sur les pays clients et fournisseurs des pays en développement comme des pays nouvellement industrialisés, auxquels ils permettront une organisation de plus en plus efficace et de plus en plus productive de leur économie.

Il n'existe pas véritablement de liste précise et unique des PNI et encore moins des pays émergents. Selon les institutions et les auteurs, leur nombre oscille entre 10 et 30[66].

20 premiers PIB (>500 mds $)	
Monde	**70 950**
Etats-Unis	16 700
Chine	8 300
Japon	6 000
Allemagne	3 370
Roy-Uni	2 400
Inde	2 350

20 premières pop. (>50 mnsh)	
Monde	**6 950**
Chine	1 357
Inde	1 212
Etats-Unis	316
Indonésie	245
Brésil	194
Pakistan	181

R/h > 25 000 $/ an (>70$/j) ; 29 pays	
Monde	**10 230**
Qatar	108 600
Luxembourg	106 400
Norvège	100 400
Suisse	77 900
Australie	68 200
Koweït	67 160

Tableau 15- premiers PIB, premières populations, premiers R/h

[66] Pour les tableaux 11 à 15, mêmes sources que pour les tableaux précédents.

R / h < 1.600 $/an (4,10 $/hab./jour)

(unité : dollar / jour)

Zambie 1 498	*Sud-Soudan 1 072*	*Burkina Faso 634*	*Liberia 541*
Yémen 1 484	*Kenya 1 045*	*Mali 620*	*Guinée 567*
Sao-Tomé & P 1 429	*Tadjikistan 993*	*Mozambique 616*	*Gambie 517*
Laos 1 392	*Myanmar 989*	*Erythrée 616*	*Ethiopie 497*
Nicaragua 1 347	*Cambodge 950*	*Togo 614*	*Madagascar 488*
Pakistan 1 277	*Tchad 883*	*Tanzanie 609*	*République Centrafricaine 435*
Lesotho 1 221	*Zimbabwe 856*	*Sierra-Leone 604*	*Niger 406*
Mauritanie 1 220	*Comores 822*	*Ouganda 601*	*Malawi 276*
Cameroun 1217	*Haïti 806*	*Guinée Bissau 600*	*Burundi 254*
Côte d'Ivoire 1 206	*Bénin 781*	*Rwanda 599*	*RDC 240*
Kirghizstan 1 157	*Bangladesh 778*	*Corée du Nord 569*	*Somalie 149*
Sénégal 1 089	*Afghanistan 651*	*Guinée 567*	
	Népal 649		

Tableau 16 – Pays aux revenus per capita inférieurs à 4,10 $ par jour

VI- LE COIN DES ETUDIANTS

1- Vocabulaire

Les Pays du groupe élargi	*Les pays du groupe élargi (Outreach states) ou Etats d'O5 sont des pays nouvellement industrialisés qui participent, malgré leur non affiliation aux réunions du Groupe des Sept (G7). Actuellement, les Pays du Groupe Elargi sont des Etats de plus en plus importants et de plus en plus dynamiques au niveau économique, tels la Chine, l'Inde, l'Afrique du Sud, le Brésil et le Mexique. Les deux groupes sont également appelés G8+5.* *L'Afrique du Sud est déjà considérée par l'UE et par les Nations-Unies comme un pays industrialisé émergent et non pas comme un PNI ou comme un simple PVD. A vrai dire les Etats de l'Union Africaine devraient rapidement faire partie de ce groupe, dans la mesure où ils remplissent également les mêmes conditions que les BRICS.*
Les pays locomotives *« Ankerland »*	*Les pays locomotives sont des pays qui peuvent jouer un rôle économique, politique ou commercial positif et stimulant (mais aussi parfois négatif) sur les autres pays voisins de leur région. Ils sont généralement évoqués dans un contexte éminemment régional. Ce rôle « locomoteur » peut jouer positivement, dans le sens d'un entraînement de croissance, plus rarement négativement, au sens d'une stagnation d'un ou de plusieurs pays importants et dynamiques qui se propagerait dans les autres pays.* *Le rôle de ces pays peut se révéler fondamental à l'ère de la mondialisation, dans le sens de l'intégration régionale ou dans celui d'un perfectionnement des structures de gouvernance globales à l'échelle de la région.* *Les pays locomotives sont donc des pays grâce auxquels, dans chaque contexte régional respectif, une importance économique, commerciale, financière ou politique peut se manifester par effet d'entraînement sur leurs voisins moins industrialisés.* *L'Institut Allemand de Politique du Développement définit 15 « Ankerländer » (en français : pays d'ancrage) ou « Etats locomotives »: la Chine, l'Inde, l'Indonésie, le*

	Pakistan, la Thaïlande, l'Egypte, l'Iran, l'Arabie Saoudite, le Nigeria, l'Afrique du Sud, l'Argentine, le Brésil, le Mexique, la Russie et la Turquie.
AKAMATSU : le vol d'oies sauvages	*Un célèbre économiste japonais, Kanamé AKAMATSU, a étudié l'évolution du développement des technologies dans le monde et la spécialisation internationale qu'elles permettaient, au fur et à mesure du développement des nations*[67]*.* *Il s'agit avant tout d'une représentation des processus de croissance et de développement des pays du Sud-Est asiatique. AKAMATSU souligne le fait que ces pays se trouvent dans une position de pays économiquement et politiquement « suiveurs », derrière le Japon, qui reste un pays locomotive, au moins dans les domaines clés de la technologie, de la recherche et du développement.* *La dynamique du vol d'oies sauvages explique que le processus de développement, basé sur l'élaboration de produits de haute technicité, procède d'une dynamique progressive, qui fait évoluer un pays d'une économie d'importation vers une économie de production de biens jusque-là importés, tendant à satisfaire les besoins nationaux en produits de consommation basiques.* *L'emprunt, voire la copie de brevets ou de techniques, est souvent évoqué, voire dénoncé à ce niveau.* *Puis ce pays oriente ses activités nationales vers des produits destinés à l'exportation.* *Les dynamiques des différents pays qui sont désormais des pays émergents, comme la Chine, l'Inde, le Brésil et même l'Afrique du Sud, corroborent, par leur cheminement depuis trois décennies, les approches de l'auteur.*

[67] AKAMATSU Kaname, *Un modèle historique de croissance économique des pays en développement,* Journal d'Economie du développement, Mars-Août 1962 et *Théorie de la croissance non équilibrée de l'économie mondiale*, Ozawa, 2005.

2- Exercice Pratique

Complétez le texte suivant à partir des mots qui vous sont proposés par ordre alphabétique dans la grille ci-après[68]

La récolte du café, du cacao et du coton est souvent évoquée pour souligner la très faible .... d'une activité qui s'exerce encore dans sa plus grande partie sur un mode ....

Les pays où ont lieu ces activités de récolte et de ...., qui utilisent en très grande partie le facteur travail local, non qualifié et très peu rémunéré, ne .... qu'une très faible partie de la valeur ajoutée totale du produit fini concerné lorsqu'il parvient à la .... des consommateurs (coton : au Mali 650.000 tonnes, au Bénin 500.000 tonnes ; Cacao : 40 % de la production mondiale en .... d'Ivoire ; café : en Afrique, 12 % de la production mondiale, 70.000 t au Cameroun, 7.000 t en République Centrafricaine etc.).

En revanche, une valeur ajoutée substantielle concerne presque .... les secteurs de la transformation et de la .... (Pays-Bas, Etats-Unis, Malaisie pour le cacao, Etats-Unis, Europe, Brésil pour le café, toile de jeans en Italie, en Tunisie ou en Grande-Bretagne, etc.).

Cette activité .... faiblement capitalistique nécessite pour une très grande part une .... humaine. La récolte du café se fait le plus souvent par la cueillette des cerises mûres, six mois après la .... pour l'arabica, dix mois après pour le robusta. La .... de ces activités est concevable (égrappage du café), mais elle donne des résultats de moins bonne ....

Pour le coton, la floraison débute entre deux et trois mois après .... des feuilles sur les cotonniers. La récolte est avant tout manuelle, même s'il .... également dans certains pays .... (Brésil) des machines à broches (récolteuses mécaniques) ou à brosses.

1	*activité*	5	*disposition*	9	*existe*	13	*productivité*
2	*agro-industrielle*	6	*distribution*	10	*floraison*	14	*qualité*
3	*Côte*	7	*émergents*	11	*l'apparition*	15	*retirent*
4	*cueillette*	8	*exclusivement*	12	*mécanisation*	16	*traditionnel*

[68] Ce texte « à trous » peut être retrouvé dans *Le Français Economique à l'Ere de la Mondialisation*, Guy SCHULDERS, Editions L'Harmattan, février 2013, p.192.

3- Compréhension du thème

1- *En quoi les dynamiques des Etats relèvent-elles, sur le plan économique, de formes nouvelles de mondialisation ?*

2- *La classification des Etats selon leur degré de richesse ou de développement répond-elle à des critères précis et universels ?*

3- *Les notions de pays du Nord et de pays du Sud correspondent-elles à celles de pays riches et de pays pauvres, de pays industrialisés et de pays en voie de développement ?*

4- *La notion d'Etat Locomotive est-elle liée à une nouvelle forme de coopération entre pays nouvellement industrialisés et pays en voie de l'être, sous l'égide d'une dynamique de régionalisation ?*

5- *La situation d'«Etat Failli» est-elle liée à des blocages économiques ou politiques ?*

CHAPITRE IV
CROISSANCE – DEVELOPPEMENT – EMERGENCE

Comme ce fut le cas pour les pays occidentaux dans la seconde moitié du XIXème siècle, une adaptation progressive des productions aux besoins et aux goûts des populations s'impose aujourd'hui dans tous les pays à la recherche d'une voie efficace de développement, d'industrialisation, puis d'émergence.

Certains pays sont plus avancés que d'autres dans ce difficile cheminement qui requiert des processus de croissance efficaces, animés par des techniciens biens formés, souvent venus d'ailleurs, encadrés et guidés par des équipes de politiciens qui doivent organiser les infrastructures administratives, fiscales et douanières nécessaires à la mise en œuvre d'une dynamique de croissance efficace et attrayante pour les clients, les fournisseurs, les investisseurs et les partenaires étrangers potentiels.

Croissance économique, développement et émergence seront les différentes étapes de l'évolution économique et sociale d'un pays au fil du temps.

I- LA CROISSANCE ECONOMIQUE

Les dynamiques économiques s'inscrivent désormais dans un contexte de plus en plus *internationalisé, mondialisé, globalisé*, ces trois orientations se complétant, sans être totalement synonymes[69].

Les processus de production, comme de commercialisation, suivent dans tous les pays, des évolutions qui procèdent, en fin de compte, d'approches tout à fait *comparables*.

Objectifs et méthodes se coordonnent et s'harmonisent progressivement :

- *l'internationalisation* consiste à prendre en considération les caractéristiques et les besoins des clients ainsi que les stratégies mises en œuvre par les fournisseurs étrangers dans les processus de production ;

[69] Signalons cependant que les économistes anglophones utilisent souvent le même terme de «*globalization*» pour évoquer tant la mondialisation que la globalisation.

- *la mondialisation* correspond à la multiplication de plus en plus prégnante des produits, des techniques et des acteurs étrangers dans la production, au sein des équipes productives et pour l'approvisionnement des marchés de tous les pays du monde ;

- *la globalisation* consiste, quant à elle, à fixer, d'une manière de plus en plus règlementée, voire uniformisée, les règles de la production, les normes mondiales humaines (travail des enfants, économie et droits de l'homme), mais également les critères de protection à la fois sanitaires, sécuritaires et environnementaux.

Il est donc absolument nécessaire de définir les concepts avec précision. Ils s'appliquent désormais, en période de mondialisation, à tous les Etats, quels que soient leurs options idéologiques et leur niveau de développement.

1- La coordination des méthodes d'analyse entre les pays

Ainsi que nous l'avons défini précédemment, la croissance étant l'augmentation régulière des grandeurs significatives d'une économie[70], de réelles adaptations s'imposent aux processus qui la conditionnent en fonction des époques historiques et des environnements internationaux qui façonnent les marchés des produits et des services, comme les systèmes monétaires et financiers des partenaires, des clients et des fournisseurs.

De réelles interdépendances économiques contemporaines rapprochent progressivement les systèmes de croissance et de gouvernance économiques des pays européens, des Etats-Unis ou du Japon, pays traditionnellement capitalistes, de ceux des systèmes à orientation (passée ou présente) socialiste ou communiste (Chine, Vietnam, Cambodge, Russie, Cuba, Bolivie, Venezuela etc.).

Ces remarques nous conduisent à poser trois questions :

1- Comment les Etats *conçoivent-ils* leur croissance actuelle, leur développement en cours, voire leur émergence future ?

---

[70] On se réfèrera à LECAILLON Jacques, *La Croissance Economique*, Editions Cujas, Paris 1972 ainsi qu'à GUITTON Henri, *Fluctuations et Croissance Economiques*, Précis Dalloz, Paris 1966. Ces deux livres, déjà anciens, restent des ouvrages de base très clairs concernant la croissance économique.

2- Pour quelles raisons *l'Occident* connaît-il depuis quelques années des taux de croissance aussi faibles ? Comment les Etats-Unis rebondissent-ils depuis 2016 ?

3- Comment *la Chine* a-t-elle pu, au cours de ces dernières décennies, initier de manière aussi efficace un modèle original dit *« d'économie socialiste de marché »* qui lui a permis d'élaborer une telle dynamique de rattrapage, voire de dépassement des économies développées ?

Au demeurant, comment la situation économique de la Chine, dont on observe le ralentissement des taux de croissance depuis 2013, va-t-elle évoluer dans les années à venir ? va-t-elle le faire au même rythme ? sur la base d'ajustements adéquats ? ou connaîtra-t-elle des ralentissements encore plus significatifs que ceux qui inquiètent présentement les marchés mondiaux ?

Les économies entendent désormais se développer en suivant les orientations d'appareils politiques qui optent avant tout, en Chine comme en Occident, pour des prises de décisions pragmatiques, occultant dans les faits leurs positions strictement idéologiques.

Dans les pays socialistes, ces positions pourraient s'avérer trop rigides ou non conformes aux exigences d'une époque moderne et, de surcroît, inaptes à fournir aux populations le niveau de vie auquel elles peuvent réellement aspirer.

En développant leurs processus économiques dans le cadre d'une dynamique ouverte au reste du monde, la plupart des grands Etats améliorent toujours davantage leur gouvernance et leur gestion ; ils les harmonisent ou les coordonnent avec celles de leurs partenaires, riches ou pauvres, fournisseurs ou clients du reste du monde.

2- Les étapes de la croissance économique

Les phases de la croissance économique peuvent être rapprochées de celles de *l'envol d'un avion.*

Si un aéronef ne peut prendre son envol qu'à partir d'une vitesse de 200 km/h, tant qu'il n'aura pas atteint cette vitesse, il roulera de plus en plus vite, mais restera au sol.

Un célèbre économiste, Walt W. ROSTOW, a parlé en la circonstance de *« phase préalable au décollage »*. Puis, la vitesse suffisante ayant été atteinte, l'avion commencera à s'élever, le pilote poussera au maximum la puissance des réacteurs et tentera d'élever son avion le plus vite et le plus haut possible[71].

Ce sera la période de *« décollage »*. Suivront ensuite les étapes de marche vers la maturité, puis de consommation de masse.

Le passage d'une étape à une autre

1- Une économie qui n'est pas encore prête à développer une croissance régulière et continue va essayer de réunir le maximum des éléments qui lui permettront de réaliser ce mouvement de croissance le plus rapidement possible. Ce sera la première phase envisagée par ROSTOW : *la phase préalable au décollage.*
Le pays va améliorer le niveau d'alphabétisation et de formation de sa population, son système d'éducation, de santé, d'habitat, essayer de mieux équiper son artisanat, d'augmenter la productivité de ses activités agraires, de manière à dégager un surplus de population active disponible afin de stimuler le développement de son secteur industriel, etc.

2- Lorsque l'ensemble de ces éléments seront réunis, le pays essayera de les agencer au mieux, de manière à créer et à entretenir leurs interactions réciproques et à permettre que les efforts déployés pour améliorer les grandeurs économiques et leur combinaison judicieuse aboutissent à un processus non ambigu, continu et irréversible de croissance économique.
Dans les premiers temps, le pays pourra connaître des taux de croissance très élevés. Ce sera la seconde phase décrite par ROSTOW : la phase du take off ; (la France et la Grande-Bretagne lors de la révolution industrielle de la fin du XIX° siècle, la Chine à partir de Deng Xiaoping, avec des taux de croissance présentés comme supérieurs à 10%, renouvelés sur une longue période de presque 20 ans, le Vietnam et sa *Đổi mới*, dès 1986, etc.).

3- Puis arrive une installation dans le temps du processus de croissance, en général à taux élevés, et l'économie évolue peu à peu vers une certaine période de maturité.

---

[71] Walt Whitman ROSTOW est un économiste américain devenu célèbre après la publication en 1960 de ses *Etapes de la croissance économique*. Il fut également Conseiller à la Présidence Américaine de 1961 à 1968. Alors que nous étions en poste à l'Université Omar Bongo au Gabon, il nous a fait l'honneur de nous recevoir en 1979 à l'Université d'Austin (Texas) pour nous expliquer comment il envisageait le décollage économique à venir de la Chine puis de l'Afrique.

Les taux passent en-dessous de 10%. C'est la période de l'évolution vers un état de maturité du processus économique, celle du *« drive to maturity »* (France jusqu'à la guerre de 1939, Grande-Bretagne sous Margarett Thatcher, Etats-Unis sous Kennedy, Chine après Deng Xiaoping, etc.)

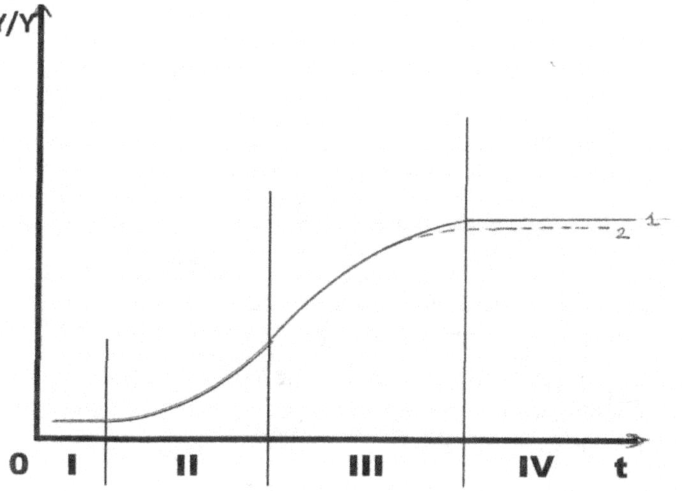

The Stages of Economic Growth
(Les étapes de la croissance économique)

4- Enfin arrive une période de stabilisation économique à taux de croissance réguliers mais inférieurs généralement à 8%, le passage à une sorte de « vitesse de croisière ». C'est la phase de *mass consumption,* une période de consommation de masse permettant un accès correct à la consommation de l'ensemble de la population, où les pays essayent de faire profiter les classes moyennes et les classes pauvres d'un maximum de fruits de la croissance.

ROSTOW ne donnait pas de précision concernant la durée de chaque étape, mais, surtout, aucune indication n'était proposée quant à la pérennité de la dernière étape. Est-elle réellement la dernière étape concevable ? Aucune phase de déclin, quelles que pourraient en être les circonstances, n'est envisagée par cette approche.

Souvent, les pays essayent de relever ou de maintenir leur taux de croissance en lançant de grands travaux publics (Etats-Unis: Truman lance la Tennessy Valley Authority, en Allemagne Adenauer et en France le Général de Gaulle lancent la construction des autoroutes, en Chine, les gouvernants activent la construction d'un immense parc immobilier, etc.).

Les nouvelles orientations des populations accédant à un meilleur niveau de vie ne sont pas toujours semblables ni maîtrisées d'un pays à un autre, tant sur le plan économique de leur équipement que sur le plan de la démographie.

Dans les pays qui connaissent un récent processus d'émergence, si le taux se maintient au-dessus de 8%, les programmes de relance par l'intéressement des classes moyennes peuvent réussir, même si les choix effectués par les autorités ne sont pas unanimement suivis par la population.

En Chine, par exemple, malgré les forts taux de croissance répétés et une politique de relance de ceux-ci lorsqu'ils menaçaient de ralentir, par l'activation du secteur des bâtiments et des travaux publics, les habitants, même devenus relativement aisés, n'achètent pas les immeubles construits et préfèrent se tourner vers les investissements boursiers pour gagner davantage d'argent en prenant des risques. Certains deviennent plus riches ; d'autres font faillite.

Décollage économique et freins démographiques

Souvent, pour l'Occident, mais aussi pour la Chine, la baisse tendancielle du taux de natalité va de pair avec celle du taux de croissance économique.

L'élément de développement démographique peut être parfois un facteur de croissance si l'économie du pays peut l'assumer en nourrissant, en soignant, en éduquant, en formant et en donnant à terme des emplois aux *nouveaux venus*.

En revanche, des taux de fertilité trop élevés sont incontestablement des freins directs au processus de décollage économique et laissent les pays qui ne les maîtrisent pas dans un état de pauvreté inextricable et durable.

Les Africains (Mali : taux de fécondité 6,5 enfants par femme) et certains pays arabes ont fait à ce sujet des calculs ambigus. Le Niger est le pays au monde où le taux de fertilité est le plus élevé, de 7,6. Dix femmes nigériennes y ont, en moyenne, 76 enfants ! Au Nigeria, au Congo, etc. où le taux de fertilité est proche de 6, le pays ne parvient pas non plus à prendre en charge correctement l'éducation des nouveaux enfants.

D'autres pays, comme l'Algérie, ont ramené leur taux de fertilité de 7,68 à 2,9 en quelques années.

L'Inde (t > 2,6) connaît également une croissance de sa population trop élevée. Elle en fait un élément de concurrence pour rattraper la Chine (t = 1,6). Signalons également en Asie des taux de fécondité extrêmement bas à Singapour (t < 1), à Taiwan (t=1,12) et en Corée du Sud (t = 1,25) [72].

En Amérique Latine, le Brésil, en maintenant à 1,8 le taux de fertilité, a pu s'acheminer sans ambiguïté vers la phase de décollage économique depuis plus de dix ans. Le Mexique, en ramenant le sien de t = 6,83 en 1970 à 2,24 en 2014 s'est également donné toutes les chances de s'acheminer vers un processus de développement, puis d'une probable émergence dans les années à venir.

En Europe, les évolutions sociales et le développement accru du rôle des femmes dans la vie professionnelle ont entraîné un fort ralentissement des taux de fécondité : France, (t = 1,44), Allemagne, (t = 1,39), mais les statistiques ethniques étant interdites, elles rendent impossibles les approches interculturelles de la procréation.

3- Les nouvelles normes de la croissance chinoise.

En réalité, les moteurs de la croissance chinoise sont de deux ordres : économique et humain.

L'évolution de l'économie chinoise au cours des trois dernières décennies a été spectaculaire par les taux élevés et répétés qu'elle a atteints. Elle concerne, de surcroît, des populations et des marchés d'une dimension considérable (environ 1,4 milliard d'habitants), et ces marchés sont par ailleurs très évolutifs.

Comme nous l'avons évoqué précédemment, à partir de 1978, sous l'impulsion de Deng XIAOPING jusqu'à la fin des années 1980, la Chine s'est orientée vers la mise en œuvre d'un modèle atypique de *Socialisme aux caractéristiques chinoises*, devenu peu à peu un modèle efficace d'*économie socialiste de marché*.

Par la suite, avec Zhao ZIYANG et Jiang ZEMIN[73], la Chine s'est ouverte sur le reste du monde : ce fut le début de son *internationalisation.*

---

[72] https://fr.wikipedia.org/wiki/Liste_des_pays_par_taux_de_fécondité

[73] Zhao ZIYANG, Premier ministre de 1980 à 1987, fut Secrétaire général du Parti Communiste Chinois de 1987 à 1989. Après les manifestations de la place Tian'anmen de 1989, il est écarté du pouvoir par les conservateurs du Parti. Jiang ZEMIN fut Secré-

Sur ces nouvelles bases, elle a commencé à *acheter à l'extérieur* les matières premières, les biens et les services que son industrialisation exigeaient, et à y vendre ce qu'elle produisait en quantités supérieures à ce qu'il fallait pour fournir sa propre demande nationale encore peu solvable.

Puis la Chine a emboîté le pas à *l'ouverture et à la mondialisation.* Elle entre dans ***l'OMC*** sous Jiang ZEMIN en décembre 2001.

Durant cette même époque, les capitaux étrangers (IDE) ont été accueillis très favorablement dans le pays, surtout dans des zones créées et aménagées pour favoriser, tout en les maîtrisant, les flux entre la Chine et l'Occident. Le fonctionnement des banques chinoises s'est alors progressivement harmonisé avec celui des systèmes bancaires et des marchés financiers des pays occidentaux d'Europe, des Etats-Unis, mais aussi d'autres pays d'Asie au fonctionnement économique et financier capitaliste (Japon, Singapour, Séoul, Hong-Kong, etc.).

De manière intensive, sous la direction du Président Hu JINTAO en 2003[74], puis du Président Xi JINPING depuis mars 2013, la sphère productive de la Chine, en particulier les secteurs de l'industrie et des services, devenant de plus en plus internationale, s'est résolument adaptée aux nouvelles orientations de la mondialisation.

Cette adaptation a été facilitée par la circulation des hommes (travailleurs, techniciens, ingénieurs, commerciaux, économistes, étudiants), des technologies, des connaissances, des techniques, mais aussi des capitaux (investissements directs étrangers) et des marchandises. Les goûts comme les pratiques des consommateurs étrangers potentiels ont été connus et analysés par les producteurs chinois.

Les Zones Économiques Spéciales

Les Chinois ont multiplié ces dernières années sur leur territoire des Zones Economiques Spéciales, de nature à permettre le fonctionnement « à l'occidentale » des rapports économiques internationaux, tout en tentant de les circonscrire, en fonction de leurs critères politiques nationaux, éminemment liés aux volontés du Parti Communiste Chinois. Ces « ZES » sont des espaces géographiques du territoire chinois, initiés en

---

taire général du Parti Communiste Chinois entre 1989 et 2002 et président de la République Populaire de Chine entre 1993 et 2003.

[74] Hu JINTAO est devenu Secrétaire Général du Parti Communiste Chinois en 2002 et Président de la République Populaire de Chine en 2003. Xi JINPING le remplacera de mars 2013 à mars 2023.

1979, qui sont soumis à un régime juridique, administratif et fiscal spécifique, de façon à être plus attractifs pour les capitaux des investisseurs étrangers.

Ces zones proposent aux entreprises étrangères des conditions préférentielles de manière à ce que les capitaux qui y seront destinés favorisent, non seulement les activités économiques et industrielles des régions qui les accueillent (en général de grands centres industriels et urbains), mais également constituent un élément de transmission du savoir-faire et des technologies étrangères, tout en favorisant le développement des provinces reculées de la Chine.

Le système économique des zones économiques spéciales est fondé sur quatre principes :

- l'activité doit attirer le capital étranger ;

- les entités économiques avant tout concernées sont les *joint-ventures* établies entre entrepreneurs chinois et étrangers ;

- la production des ZES doit avant tout être orientée vers le développement des secteurs d'exportation ;

- les caractéristiques des activités économiques sont déterminées selon les lois et les besoins des marchés.

En 1979, quatre zones économiques spéciales chinoises ont tout d'abord été créées dans les provinces du Guangdong et du Fujian alors que les fonctionnaires, les producteurs et les consommateurs étaient habitués aux normes d'un système communiste impératif, planifié et centralisé. En 2014, outre les 14 villes côtières ouvertes aux investissements étrangers,[75] les ZES chinoises incluaient les villes de Shenzen, Zhuhaï, Shantou, Xiamen, Kashgar et la province de Hainan.

Toutes ces zones sont, d'une manière différente et à des degrés variés, parvenues à attirer les investissements directs étrangers et ont aidé la Chine à moderniser et à développer sa production industrielle. Dès 2002, elle est devenue la première destination des IDE dans le monde. Mais inversement, les investisseurs chinois étant ces dernières années bridés par une croissance qui ralentit, alors qu'ils avaient reçu de l'étranger 136 milliards de dollars d'IDE en 2015, ce qui montait leur stock total à 1 221

[75] 14 villes côtières étaient ouvertes aux investissements étrangers: Dalian, Qinhuangdao, Tianjin, Yantaï, Qingdao, Lianyungang, Nantong, Shanghaï, Ningbo, Wenzhou, Fuzhou, Guangzhou, Zhanjiang et Beïha.

milliards de dollars, ils ont eux-mêmes placé en 2016, 160 milliards de dollars à l'étranger[76].

En réalité, les moteurs de la croissance chinoise sont tout à la fois d'ordre humain, d'ordre économique mais aussi d'ordre financier.

L'aspect humain des moteurs de la croissance chinoise doit cependant être analysé, autant dans ses aspects qualitatifs (formation) que dans une optique de quantité (1.380 millions de Chinois). A ce titre, les progrès réalisés par la Chine depuis trois décennies au niveau de l'alphabétisation, de la scolarisation et de la formation de sa population doivent être reconnus comme l'un des atouts majeurs de son fulgurant essor et de sa croissance actuelle.

Le taux d'alphabétisation est de plus en plus élevé, y compris chez les filles et dans les campagnes : il dépasse désormais 91 %. Les Chinois ont, au demeurant, obtenu un prix d'alphabétisation de la part de l'UNESCO[77] en 2007.

A côté des progrès concernant l'alphabétisation, les Chinois ont amélioré considérablement leur politique de formation de haut niveau, en particulier au sein des centres de technologie et des universités d'excellence, comme celles de la CEIBS[78], de l'Université Fudan à Shanghaï, de Tianjin ou de Pékin. A l'issue de leur formation de base, les étudiants chinois intègrent régulièrement les meilleures formations existant au sein des meilleures universités étrangères (Etats-Unis, Grande-Bretagne, France, etc.) et un système adéquat de bourses permet des échanges et des formations au plus haut niveau mondial.

Il n'est pas rare, entre autres, que dans les MBA ou dans les doctorats des meilleures universités étrangères américaines ou dans les Masters français ou britanniques, les étudiants chinois figurent parmi les meilleurs candidats de leur promotion.

---

[76] https://www.tradesolutions.bnpparibas.com/fr, décembre 2016.

[77] Le prix d'alphabétisation de l'UNESCO a été décerné au Centre d'Administration de l'Education Communautaire de Longsheng (région autonome du Guangxi Zhuang).

[78] China Europe International Business School, classée 11ème MBA du monde par le Financial Times en 2008.

II- DE LA CROISSANCE AU DEVELOPPEMENT

L'amélioration de la situation économique d'un pays, du niveau de vie de ses travailleurs et des possibilités d'épanouissement de sa population peut faire l'objet d'approches à la fois quantitatives (le pays en a davantage) et qualitatives (le pays fait mieux).

1- La croissance

Ayant défini la croissance[79] comme l'augmentation régulière et continue, pour une période durable dans le moyen et le long terme, des grandeurs significatives de l'économie d'un pays, il s'agit d'un concept *quantitatif.* Et le taux de croissance économique d'un pays pendant une période donnée, généralement l'année, est le pourcentage d'augmentation de son PIB :

$$c = (PIB_{t+1} - PIB_t) / PIB_t \ ; \ c = \Delta Y/Y$$

La croissance a permis aux pays occidentaux européens, depuis le XIXème siècle, d'effectuer leur industrialisation et de prospérer (25 pays ont aujourd'hui un revenu *per capita* annuel supérieur à 35 000 dollars). Une industrialisation importante, soutenue par une agriculture suffisante et un secteur des services de plus en plus adapté aux besoins de leurs populations, a permis aux pays concernés de se doter de conditions de vie matérielles très correctes.

2- Le développement

Le développement est quant à lui une amélioration *qualitative* obtenue grâce à un processus de croissance régulier et renouvelé au cours d'une longue période.

La nature profonde du développement est d'être le passage de la *prégnance des structures* (puissance, stabilité, répétition de dynamiques humaines et de combinaisons matérielles) à leur enchaînement progressif.

[79] Nous détaillerons les aspects théoriques de ce thème à la fin du présent chapitre, dans « le Coin des Etudiants ».

Les pays en développement sont :

- d'une part les pays généralement pauvres, parfois évoqués sous l'appellation —de moins en moins utilisée— de « pays sous-développés » (PSD),

- et d'autre part les pays en voie de développement souvent appelés, d'une manière peu précise il est vrai, « pays nouvellement industrialisés » (PNI).

Les « pays sous-développés », (PSD), sont caractérisés par des économies très pauvres et généralement stagnantes, qui ne leur permettent pas d'organiser une dynamique évolutive et répétitive qui puisse laisser envisager —à court terme au moins— un *décollage économique*, qui mènerait progressivement ces pays vers un processus de croissance auto-entretenu et renouvelé d'année en année.
C'est hélas le cas de beaucoup de pays africains actuellement, qui sont au demeurant souvent harcelés par des crises sécuritaires et pas des affaires de corruption. Le concept de « pays faillis » (décrit au chapitre précédent) concerne au demeurant certains d'entre eux.

En revanche, les Pays en Voie de Développement (PVD) ou pays nouvellement industrialisés (PNI) sont des pays qui se trouvent encore dans une situation économique difficile d'insuffisance de développement, voire de sous-développement (faible PIB, structures productives et infrastructures insuffisantes), mais qui accumulent depuis plusieurs années —grâce à des politiques modernes de restructuration, d'ouverture et de libéralisation— suffisamment d'éléments dynamiques moteurs pour pouvoir laisser augurer, dans le court ou moyen terme, la promotion d'un processus de croissance non ambigu.

Un tel processus s'oriente en général vers un PIB plus élevé, des populations mieux soignées, des étudiants de mieux en mieux formés, une accumulation régulière de capital, une confiance suffisante à l'égard des agents économiques étrangers permettant de passer des accords de partenariat économique mais aussi financiers avec d'autres pays plus riches ou avec des organismes régionaux, une réduction des déficits publics et surtout une diminution radicale de la corruption).

3- L'Indice Ibrahim : l'amélioration des gouvernances.

Les dynamiques de croissance, comme de développement, sont étroitement liées à la qualité de la gouvernance des Etats.

Il s'agit en fait de mettre en place de nouveaux modes de pilotage ou de régulation plus souples et plus éthiques, fondés sur un partenariat ouvert et éclairé entre différents acteurs et parties prenantes, tant aux niveaux local, régional que mondial[80].

Il existe désormais un indice IBRAHIM, créé par un homme d'affaires soudanais, Mo IBRAHIM, qui tente de mesurer chaque année le niveau de gouvernance des pays africains

Établi depuis 2007, l'IIAG (l'Indice Ibrahim de Gouvernance africaine) fournit une évaluation annuelle de la qualité de la gouvernance dans les pays africains.

Cet indice est calculé en combinant plus de 100 variables émanant de plus de 30 institutions africaines et mondiales indépendantes. Il est souvent controversé, tant pour ce qui concerne son mode de calcul et son interprétation, que parce qu'il peut jeter l'anathème sur des pays africains qui rencontrent des difficultés de politique intérieure, voire de sécurité du territoire.

L'évolution de cet indice, pays par pays ou région par région, témoigne, selon le sens de sa variation dans le temps, d'une amélioration —ou à l'inverse d'une détérioration— de la gouvernance sur le continent africain, dont les effets sont à la fois économiques et humanitaires.

Or il s'est avéré entre 2011 et 2015 un ralentissement inquiétant de cet indice pour plusieurs pays, en particulier en Afrique de l'Est (Ind. Ibr. = 44,3) et en Afrique Centrale (Ind. Ibr. = 40,9). Mo IBRAHIM constate en effet, en octobre 2015, que « *la progression de la gouvernance en Afrique s'est essoufflée et révèle un paysage en transition*[81] ». La moyenne de l'Afrique était en 2016 de < Ind. Ibr. = 50,1 >.

---

[80] Richard FALK, *Human Governance: Toward a New Global Politics*, Ed. Lavoisier, 304 p., mai 1995.

[81] < http://www.afrikipresse.fr/international/indice-mo-ibrahim-2015> et http:// afriqueinside.com.

III- CONCEPT ET REALITES DE L'EMERGENCE

1- Les dynamiques d'émergence

On parle de manière souvent imprécise des « pays émergents » ou des « marchés émergents » pour évoquer des *économies dotées d'infrastructures insuffisamment développées, encadrées par des systèmes politiques et sociaux parfois peu transparents et problématiques, mais qui se trouvent en phase de sortie du sous-développement.*

Les experts autant que les institutions internationales divergent non seulement sur la définition des critères d'émergence, mais aussi sur la liste des pays qui y répondent : La Banque mondiale et le Fonds Monétaire International évoquent généralement 10 pays comme Etats Emergents, qui sont associés conceptuellement aux pays nouvellement industrialisés.

L'OCDE en propose une liste plus large avec des critères plus souples et plus ouverts. La République fédérale allemande, qui s'est dotée d'un Ministère pour la Collaboration Economique et le Développement, dans le sillage de l'Union européenne, définit parmi les critères de l'émergence des indicateurs sociaux et politiques qui ne correspondent pas aux positions de *« stricte non ingérence dans les affaires internes »* des pays étudiés comme le voudraient les Chinois.

Les approches de l'Union européenne et de l'Allemagne —ni plus ni moins scientifiques que celles de la Banque Mondiale—, qui auraient volontiers inclus également l'Equateur et le Nicaragua parmi les pays émergents, n'ont pas été reprises au niveau international.

En réalité, si ce concept est de plus en plus souvent utilisé, sa définition, son réel contenu, les spécificités des orientations impératives qu'il implique ne sont encore que rarement homogènes.

Les pays émergents sont des pays dont le PIB par habitant est —pour certains d'entre eux— notablement inférieur à celui des pays dits développés (au moins en PIB nominal), mais qui connaissent depuis peu un rythme de croissance économique rapide, et dont le niveau de vie des populations ainsi que les structures économiques, convergent progressivement vers ceux des pays développés[82]. L'approche en termes de *« parité de pouvoir d'achat »*

---

[82] le lecteur pourra se référer à divers sites internet, tels que http://www.asmp.fr (Jacques de LAROSIERE), mais aussi http://wikipedia.org/wiki/pay-emergents. Voir également C. JAFFRELOT, *L'enjeu mondial - Les pays émergents*, Paris, Presses de Science Po, 2008.

diminue considérablement les écarts des revenus par habitant entre pays riches et pays émergents.

a) Les économies émergentes sont des économies *à revenu intermédiaire* (entre 10.000 et 20.000 dollars par habitant annuellement), nettement supérieur à celui des pays les moins avancés (moins de 1.000 $/h) et sensiblement inférieur aux revenus des économies de l'OCDE (plus de 40.000 $/hab.).

b) Ces économies sont par ailleurs concernées par un *fort potentiel de croissance humain et matériel* : richesses du sous-sol, nombreux étudiants, enseignants et ingénieurs qui sont en formation, souvent dans des centres internationaux de haute réputation, infrastructures économiques et financières de mieux en mieux organisées, infrastructures de transport, routes, ponts, voies ferrées, télécommunications, BTP, etc.

c) Au demeurant, ces économies émergentes *s'ouvrent à l'économie mondiale* avec des performances de plus en plus concurrentielles concernant tant leur commerce extérieur que leur capacité d'accueil d'investissements directs étrangers, leur participation accrue aux instances économiques et politiques internationales, aux congrès scientifiques internationaux, aux foires, et leur entrée à l'OMC, etc.

La Chine est devenue, pour sa part, l'un des cinq membres permanents du Conseil de Sécurité de l'ONU avec droit de veto[83] et a intégré l'OMC en 2001.

d) Par ailleurs, ces économies connaissent des *transformations institutionnelles*, juridiques et structurelles importantes : *gouvernance* améliorée, démocratisation progressive, santé, éducation, etc. en progrès.

e) Enfin, les pays émergents développent leur industrialisation de manière accélérée par un accès de plus en plus direct aux technologies étrangères de pointe, qu'ils tentent d'adapter et de combiner à leurs propres cultures industrielles et à leurs méthodes et infrastructures nationales de formations techniques et universitaires. Dans cette perspective, ils s'emploient à comprendre, à apprendre, à appliquer les technologies et les savoirs amenés ou transmis par les partenaires étrangers.

On considère souvent, de manière imprécise, que les pays émergents sont *de nouveaux pays industrialisés*. Mais des pays comme les quatre Dragons asiatiques *(la Corée du Sud, Singapour, Taïwan, Hong Kong)*, ne

---

[83] Avec les Etats-Unis, la France, la Grande-Bretagne et la Russie.

sont plus véritablement *émergents,* car ils ont *émergé* les uns après les autres dès la fin des années 1980.

La liste (dont nous dénonçons souvent l'imprécision) des pays auxquels s'applique le concept d'émergence[84] n'est donc pas une liste fermée.

On évoque également de plus en plus les Tigres Asiatiques ou pays nouvellement exportateurs (la Thaïlande, la Malaisie, l'Indonésie, le Vietnam et les Philippines). En réalité, ces pays ont des revenus *per capita* trop bas pour faire partie de la liste des pays émergents, même si certains d'entre eux, comme le Vietnam, évoluent très rapidement.

Le cas de *l'Afrique du Sud* fait encore plus débat, pour d'autres raisons il est vrai, dans la mesure où ce pays, bien que devenu le plus riche d'Afrique, cumule sur ce continent, ainsi que nous l'avons rappelé précédemment, les plus forts taux de criminalité et de SIDA, qui sont parmi les plus élevés du monde.

En réalité, les économies émergentes se trouvent sur tous les continents et se caractérisent surtout par leur hétérogénéité économique et par leur diversité politique, culturelle et religieuse.

2- De fortes inégalités entre pays émergents

Il demeure que la prise en considération des rapports de forces mondiaux montre de fortes inégalités économiques, politiques et sociales entre les pays des différents continents :

- 6 pays, dits industrialisés, possédaient en 2015 un produit intérieur brut (PIB) supérieur à 2 200 milliards de dollars et en même temps un revenu par habitant (R/hab.) supérieur à 40.000 dollars ; ils produisent à eux seuls 46 % de la richesse mondiale, pour une population cumulée de 10,3 % de la population de la planète.

- 54 pays ont obtenu un PIB inférieur à 10 milliards de dollars (300 milliards $ tous ensemble), soit moins de 0,4 % du PIB mondial pour une population de 250 millions d'habitants (3 % de la population du globe) qui perçoit en moyenne 960 dollars par habitant et par an (soit 2,75 Euros par jour). Des pays comme la Guinée, la République Centrafricaine, Ma-

[84] Le concept de pays émergent a été proposé par Antoine Van AGTMAEL, économiste néerlandais de la Société Financière Internationale, qui entendait *« évoquer des pays en développement susceptibles d'offrir de réelles opportunités d'Investissements Directs Etrangers (IDE) ».*

dagascar, le Niger, le Malawi, le Liberia, la Sierra Leone ou le Burundi créent pour leur population moins de 500 $/hab. et par an.

- 4 pays, que l'on appelle traditionnellement les BRIC : (Brésil, Russie, Inde, Chine) connaissent, depuis une dizaine d'années, une réelle dynamique d'émergence.

On ajoute désormais l'Afrique du Sud, qui entretient une dynamique économique intense, observe une *gouvernance* très améliorée et possède des infrastructures en réel développement.

Le Mexique s'est également rapproché de ces économies par ses performances (114 millions d'habitants et 14e PIB mondial) ; on cite souvent également l'Indonésie (16e PIB mondial) et bien d'autres pays encore.

Les pays émergents sortent, pour la plupart d'entre eux, d'une situation incontestable de longue sclérose économique après avoir été dans le passé, pour certains d'entre eux (comme la Chine, la Russie ou l'Inde), de très grands pays sur les plans économique, politique, culturel, voire militaire.

Au total, ils concernent près de 3 milliards d'habitants générant 15 milliards de dollars de PIB cumulé, soit 5.000 $/hab. pour l'ensemble de ces pays.

3- Où en sont les pays émergents ?

Les pays émergents sont certes parvenus, en quelques années, à rattraper leur retard de croissance et de développement économique et social. Ce rattrapage ne doit pas masquer les incontestables inégalités qui les distinguent. Par ailleurs, ces économies, qui ont évolué très rapidement, demeurent vulnérables et sensibles aux turbulences économiques et financières qui les frappent souvent davantage que leurs partenaires occidentaux.

Rattrapage, mais inégalités

Les pays émergents, dans leur ensemble, connaissent un accroissement de leur revenu par habitant. Ils se sont progressivement, et avec succès, intégrés à l'économie mondiale aux points de vue commercial (exportations importantes) et financier (ouverture de leurs marchés financiers aux capitaux extérieurs).

Grâce à leurs ouvertures économique et financière sur le reste du monde, ces pays investissent de plus en plus à l'étranger ; inversement, ils sont, pour leur part, bénéficiaires de très nombreux flux de capitaux, sous forme d'investissements, en provenance des pays occidentaux, des autres BRICS et des institutions internationales .

Si les processus d'émergence engendrent un rattrapage progressif des PIB et des niveaux de vie des populations de ces pays vis-à-vis de ceux des pays industrialisés occidentaux, les écarts entre les pays concernés, tout comme les inégalités sociales, régionales et locales qui demeurent entre leurs populations, mais aussi les situations sécuritaires, restent souvent considérables.

La vulnérabilité des émergences

Les crises économiques et financières qui se sont déclarées dans différentes régions du monde depuis 1997 (crise asiatique de 1997, argentine de 2001, américaine des crédits hypothécaires de 2007, etc.) ont diversement, mais parfois sévèrement, concerné, puis affecté les économies émergentes.

Certaines d'entre elles ont été plus vulnérables en raison de leur forte dépendance à l'égard des mouvements internationaux de capitaux mais également vis-à-vis des variations souvent erratiques concernant les cours des matières premières qu'elles exportent.

La Chine, par exemple, doit encore gérer sa dépendance, qui peut à terme s'avérer handicapante, à l'égard des matières premières africaines.

4- Dynamiques économiques et impulsions de l'Etat

Le FMI recommande aux pays en développement, en particulier à ceux qui sont nouvellement industrialisés, une réelle autonomie de fonctionnement, y compris financière, souhaitant que l'Etat se mette en retrait, pour laisser le secteur privé et les sociétés civiles se développer davantage même si la définition et les formes juridiques autorisées de leur action peuvent être très variables d'un pays à un autre.

La compétition et la concurrence contraindraient les entreprises à davantage d'innovations et les rendraient ainsi plus présentes sur les marchés mondiaux.

La Chine depuis Deng Xiaoping, y compris Taïwan et la Corée du Sud, auraient mis en œuvre d'efficaces réformes agraires et auraient mieux affecté leurs terres rendant ainsi possible une réduction de leurs importations de produits alimentaires. Mais ils ont parallèlement introduit des contrôles financiers beaucoup plus stricts et engendré une forme de protectionnisme incompatible avec les conditions d'appartenance à l'OMC. Le FMI critique l'activité des fonds d'Etat (comme ceux de Malaisie) généralement de nature à soutenir la compétitivité des entreprises aidées.

La Chine n'est, quant à elle, pas réellement parvenue à relayer ses activités exportatrices par un développement suffisant de sa consommation intérieure.

IV- LE COIN DES ETUDIANTS

1- Vocabulaire

le produit national brut (PNB)	*Le Produit National Brut mesure la richesse créée dans un pays par les unités productives d'une même nationalité, pendant une période donnée (l'année civile). Il est égal à la somme des valeurs ajoutées créée par les agents économiques nationaux, principalement par les entreprises, que celles-ci soient situées sur le territoire national ou à l'étranger, à l'exclusion des entreprises étrangères implantées sur le territoire national.*
le produit intérieur brut (PIB)	*Le Produit Intérieur Brut est calculé à partir des valeurs ajoutées créées par l'ensemble des agents en activité sur un territoire donné, pendant une période donnée, en général l'année civile. Il s'agit là d'un concept de territorialité, les activités des étrangers dans le pays étant toutes prises en considération, alors que celles des nationaux qui sont actifs à l'étranger ne le sont pas.*
le revenu par habitant	*Le revenu national est égal à l'ensemble des revenus perçus par les agents économiques d'un pays durant une période déterminée, en général l'année (salaires du travail, rentes foncières concernant le travail du sol, profits du capital). Le revenu par habitant (revenu per capita) est le quotient effectué entre le revenu national et la population du pays.*
la parité de pouvoir d'achat (PPA ou PPP)	*Le PPA ou PPP (Purshasing Power Parity) est une approche qui corrige les chiffres courants des PIB ou des revenus per capita en fonction du niveau des prix des pays que l'on souhaite comparer.*

	On peut se demander, lorsqu'une personne fait ses courses dans un supermarché de sa ville, combien coûterait un panier ou un « cady » contenant exactement les mêmes achats dans un magasin à Pékin, à Paris, à Mexico ou à New York. On peut aussi comparer le prix du panier moyen acheté chaque semaine par une famille française de 2 adultes, 2 enfants, à celui du caddie d'une famille composée du même nombre de personnes au Vietnam, au Niger, en Chine ou aux Etats-Unis. *Si le panier des mêmes produits revient 2,83 fois moins cher à Hanoï qu'à New York, on pourra multiplier le revenu par habitant du Vietnamien par 2,83 et comparer dès lors des revenus en « parité de pouvoir d'achat ». On notera ainsi, que le revenu annuel en dollars courant du Vietnamien (1.890 $ en 2014) correspond à un revenu en PPA de 5.350 $ la même année.* *Pour la Chine, le revenu par habitant, par rapport aux consommateurs américains, serait à multiplier par 1,78 en PPA. De 7.400 en dollars courants, le R/hab. chinois en PPA devient alors (en 2014) 13.170 $.*
l'indice de développement humain (IDH)	*L'indice de développement humain (IDH) est un indice statistique composite, créé par le Programme des Nations Unies pour le Développement (PNUD) en 1990 pour évaluer le niveau de développement humain des pays du monde. L'IDH se fonde sur trois critères majeurs : l'espérance de vie à la naissance, le niveau d'éducation et le niveau de vie[85]. L'IDH varie de 0,943 pour la Norvège à 0,246 pour la République Démocratique du Congo. (Etats-Unis, 0,910; France, 0,884; Chine, 0,700; Vietnam, 0,600.*
l'espérance de vie à la naissance	*L'espérance de vie à la naissance est une donnée statistique exprimant le nombre moyen d'années que peut espérer vivre un nouveau-né.* *Cette donnée statistique moyenne est calculée sur la base des conditions de mortalité existant au moment de sa naissance. L'espérance de vie à la naissance est liée au niveau de santé général d'une population. En France, pour les femmes,* Ev_f = *83,5 ans ; pour les hommes* Ev_h = *75,9 ans.*

[85] L'indice a été développé en 1990 par l'économiste indien Amartya Sen et l'économiste pakistanais Mahbub ul Haq.

le taux de fécondité	*Le taux ou l'indice de fécondité est le rapport entre le nombre de naissances vivantes durant une année et le nombre de femmes en âge de procréer (15 à 49 ans). Dans le monde, f=2,47 ; en Afrique, f=4,64 (Mali, 6,35) ; en Europe, f=1,53 (France, 20,8) ; en Asie orientale, f=1,61 etc.*[86]
le taux de croissance moyen de la population	*le taux de croissance moyen de la population représente la variation moyenne de la population en un an. Elle est exprimée par le taux d'évolution du nombre d'individus au sein d'une population par unité de temps. Le taux se compose de l'accroissement naturel et de l'accroissement migratoire sur un territoire donné.*

2- Exercice pratique

Complétez le texte suivant à partir des mots qui vous sont proposés par ordre alphabétique dans la grille ci-après.

La dynamisation des échanges concerne non seulement les .... produites, mais aussi leur valeur et les prix auxquels les biens et les services sont vendus sur les .... Au niveau national, les différentes sortes de monnaies qui composent la masse monétaire permettent aux agents économiques d'acquérir les biens qu'ils souhaitent consommer ou utiliser. De même, l'importance de la .... monétaire et de ses différentes composantes, tout comme la valeur des devises étrangères exprimées en monnaie nationale, doivent être connues et maîtrisées par l'ensemble des décideurs et des acteurs économiques d'un pays.

La comparaison du .... général des prix des produits et du revenu moyen par habitant fournit l'un des principaux critères d'appréciation du bien-être des populations. Des outils de mesure de l'évolution des prix et de leur augmentation dans le temps sont élaborés et proposés aux économistes et aux statisticiens. Leur comparaison au niveau international conduit à l'évaluation des niveaux de vie en .... de pouvoir d'achat.

Les hommes ressentent des besoins. Ils vont mettre en œuvre toute leur énergie, toute leur force de travail, pour fabriquer ou s'approprier les biens ou les .... qui permettront de satisfaire, de couvrir ces besoins.

Les premières activités des hommes organisés en société les ont conduits à échanger leurs produits contre les produits qui étaient fabriqués par les

[86] http://www.statistiques-mondiales.com/taux_de_fecondite.htm

autres. L'échange d'un produit contre un autre, s'appelle le .... En réalité, le troc entre marchandises de nature très différente a toujours été difficile à .... et à pratiquer entre certains produits. Combien de poissons ou de salades contre une planche ? de légumes contre un cheval ? Au fur et à mesure que les activités se développaient, que les sociétés s'organisaient, le troc posait des problèmes complexes, dus à la .... des produits, très variable d'une marchandise à une autre, mais aussi à leur mobilité ou à leur altérabilité.

Pour toutes ces .... , les Etats ont cherché à mettre à la disposition de leurs citoyens des marchandises particulières, largement divisibles, facilement mobiles, inaltérables, et surtout .... d'une période à une autre et d'un individu à un autre, afin de servir d'étalon dans les échanges, mais pouvant également permettre à celui qui .... cette marchandise, après avoir procédé à un certain nombre d'échanges de son propre bien, de différer le moment où il allait lui-même décider de pratiquer d'autres échanges.

Cette marchandise particulière, qui possédait toutes les qualités précédemment .... , voyait au demeurant sa valeur conférée autoritairement et garantie par .... Elle a peu à peu servi d'intermédiaire dans tous les échanges. On l'a appelée la monnaie. Il n'était plus nécessaire d'échanger en une seule et même .... , le bien A contre le bien B ; le bien A s'échangeait contre x unités de monnaie, le bien B contre y unités de monnaie, cet échange pouvant s'effectuer à deux moments différents du ....

1	*divisibilité*	5	*l'Etat*	9	*opération*	13	*raisons*
2	*énumérées*	6	*marchés*	10	*parité*	14	*services*
3	*étalonner*	7	*masse*	11	*possédait*	15	*temps*
4	*homogènes*	8	*niveau*	12	*quantités*	16	*troc*

3- Compréhension du thème

1- Le mode de croissance est-il le même dans tous les pays ?

2- Est-il possible et logique de parler d'une économie socialiste de marché ?

3- Les difficultés de la croissance des pays occidentaux sont-elles liées à la croissance des pays en développement et des pays émergents ?

4- La régionalisation est-elle un moyen de juguler les crises économiques nationales ?

5- Quel est le rôle des facteurs humains dans un processus de croissance et de développement ?

4- Les aspects théoriques de la croissance

Rappelons que la croissance est l'augmentation régulière et continue, pour une période durable dans le moyen et le long terme, des grandeurs significatives de l'économie d'un pays. Il s'agit d'un concept *quantitatif* ; le taux de croissance économique d'un pays pendant une période donnée, généralement l'année, est le pourcentage d'augmentation de son PIB :

$$c = (PIB_{t+1} - PIB_t) / PIB_t \; ; \; c = \Delta Y/Y$$

La valeur du PIB (Y) étant ramenée à la somme de tous les produits et services élaborés sur le territoire d'un pays donné, que les acteurs économiques concernés aient ou non la nationalité du pays, elle est considérée comme le résultat productif de la combinaison entre tous les facteurs de production présents dans le pays (capital, travail et terre).

Par simplification, on peut estimer que la terre est une forme aménagée de capital et qu'en conséquence la combinaison fondamentale porte sur le facteur travail *(L)* et le facteur capital *(K)*. On appellera *« fonction de production »* $f(K, L)$ toute combinaison factorielle conduisant à un processus de production. La somme des valeurs créées par l'ensemble des processus de production de la nation, pendant une période donnée, sera, par extension, assimilée au PIB.

a) La fonction globale de production

La fonction de production, qui analyse la combinaison entre le capital *(K)* et le travail *(L)* (mais également avec le facteur terre) pour aboutir à un produit *(Q)*, peut s'appliquer non seulement aux agents économiques individuels (entrepreneurs) mais aussi, d'une manière globale, à l'activité économique du pays dans son ensemble, $\boldsymbol{Y = f(K, L)}$ où K constitue le stock de capital national et L le nombre d'actifs qui exercent effectivement un emploi.

b) La fonction de production de Cobb-Douglas

La fonction de production de Cobb-Douglas est une fonction de production néoclassique du type

$$\boldsymbol{Y = f(K, L) = A \,.\, K^a \,.\, L^b}$$

présentée en 1928 par l'économiste Paul DOUGLAS et le mathématicien Richard COBB.

Si, à titre d'exemple, les coefficients A, a et b sont tels que la fonction s'écrit $Y = 3{,}5 \,.\, K^{0,7} \,.\, L^{0,5}$, on voit que pour $K_1 = 100$ et $L_1 = 80$, Y_1 sera de 786,3. Lorsque a + b = 1, la fonction de production est dite *homogène* et de degré 1, ce qui signifie que les variations de Y sont en pourcentage égales à celles de K et de L, par exemple, $Y_2 = 3{,}5 \,.\, K^{0,7}.\, L^{0,3}$.

Avec les valeurs précédentes des coefficients, Y_2 prend la valeur de 327,3. Un réajustement factoriel qui permettrait de conserver la valeur de Y_1 imposerait que soit augmentée, par exemple, la quantité de capital de telle sorte, que $Y_2 = Y_1 = 786{,}3 = 3{,}5 \,.\, K^{0,7} \,.\, 80^{0,3}$, c'est-à-dire que K soit égal à 349,75. L'étude des dérivées secondes $(\delta^2 Y / \delta K^2)$ et $(\delta^2 Y / \delta L^2)$ montre qu'elles sont du signe de a . (a – 1), c'est-à-dire négatives. Elles témoignent donc de rendements factoriels décroissants.

Le taux marginal de substitution technique du capital au travail est la quantité supplémentaire de capital intégrée dans le processus de production en remplacement de la dernière unité de travail substituée, tout en maintenant inchangé le niveau de la production :

$$T_{mst} = \delta K / \delta L \text{ (avec } \delta Y = 0 \text{ et } \delta L \dashrightarrow 0)$$

c) Les facteurs non substituables

Certains facteurs peuvent ne pas être facilement remplaçables par d'autres facteurs.

Un concepteur, un chercheur, un ingénieur, un interprète, un architecte d'intérieur, etc., peuvent être aidés dans leur tâche par l'utilisation d'outillages, de moyens de communication ou d'édition plus sophistiqués, mais ils peuvent difficilement être totalement substitués par des machines, malgré les progrès considérables —y compris et surtout en Chine— de la robotisation.

d) Les fonctions de production à coefficients fixes

Ce type de fonction de production est compatible avec une utilisation variable des facteurs qu'il prend en considération ; le rapport entre la quantité de main-d'œuvre employée et le nombre d'éléments capitalistiques investis peut être évolutif, sans remettre en cause la fonction de production de base.

Une fonction de production croissante

Les résultats d'une fonction de production croissante peuvent s'avérer plus que proportionnels par rapport aux nouveaux facteurs intégrés dans le processus productif.

Si nous reprenons la fonction de production $Y_1 = 3{,}5 \,.\, K^{0,7} \,.\, L^{0,5}$ initialement présentée, nous voyons que si (K) et (L) augmentent de 10 % (K = 110 ; L = 88), alors Y_2 passe de 786,34 à 881,63, augmentant donc de 12,12 %. L'augmentation du produit est dans ce cas plus que proportionnelle par rapport à celle des facteurs utilisés pour sa fabrication.

CHAPITRE V- LA CRISE DE CROISSANCE DES PAYS NOUVELLEMENT INDUSTRIALISES

D'importantes variations ont affecté les marchés mondiaux des matières premières dès 2013-2014 ainsi que les exportations de beaucoup de pays en développement qui faisaient reposer leurs processus économiques de croissance et de développement, de manière parfois trop exclusive, sur les évolutions erratiques et non toujours prévisibles de la demande de ces produits et donc de leurs cours par les pays industrialisés comme par les pays émergents. La dégradation des cours des matières premières, mais aussi, et surtout, celle du pétrole en 2014 a engendré d'importantes récessions dans certains pays à partir de 2015.

Mais la plupart des pays nouvellement industrialisés qui ont réussi durant plusieurs années consécutives à renouveler et à entretenir des taux de croissance économique nettement positifs aspirent désormais à rejoindre, grâce à leurs efforts et leur organisation économique, commerciale et financière, le groupe des pays émergents.

Cette évolution procède d'une ouverture, puis d'une internationalisation de toutes les économies, d'une mondialisation et d'un rapprochement avec les autres pays plus avancés, qui deviennent de manière spécifique les *« pays locomotives »* du monde moderne *en perpétuelle mutation*, mais aussi du développement de nouvelles alliances —ne serait-ce que commerciales, industrielles, économiques et financières— avec les pays voisins susceptibles de développer des projets communs et de faire naître une véritable dynamique de régionalisation.

Entre les pays en voie de développement, les pays nouvellement industrialisés et les pays émergents se construisent de nombreuses synergies dont les effets deviennent de plus en plus interactifs au fur et à mesure que ces pays intègrent les rouages de la mondialisation. Ces synergies ne s'opposent nullement, mais au contraire viennent compléter les liens commerciaux, monétaires, financiers et politiques établis depuis des décennies avec les pays industrialisés de l'Occident et de l'Asie.

Pour les BRICS et les MIST comme pour les autres pays nouvellement industrialisés, les voies de l'émergence relèvent de processus généralement complexes et différenciés, souvent liés aux systèmes politiques, aux approches culturelles et aux atouts économiques des pays concernés.

Le fait pour les pays en voie de développement de disposer ou non d'une grande quantité de matières premières, de produits énergétiques ou de *terres rares* dans leur sol et leur sous-sol constitue un atout incontestable pour activer leur processus d'industrialisation comme celui de leur émergence.

Par ailleurs, les phénomènes monétaires, parfois évolutifs et mal maîtrisés de ces pays, mais aussi ceux des pays clients, fournisseurs et partenaires, conduisent à une situation de leurs soldes extérieurs qui constitue également l'une des clés des évolutions de toutes les économies concernées.

Tous les pays du monde, qu'ils soient riches ou pauvres, sont désormais tributaires des processus de mondialisation liés à leur ouverture, voire de globalisation, où les normes techniques et environnementales s'internationalisent.

Mais le passage du stade d'économies fermées et intraverties à celui d'économies ouvertes, mondialisées, puis globalisées impose, dans certains cas, des changements systémiques importants, par exemple, le passage d'un régime communiste et strictement planifié à celui d'une économie libérale et capitaliste. La transition trop rapide d'un système à un autre peut entraîner des transformations et des chamboulements internes importants et perturbants pour les économies concernées, surtout si elles s'y sont insuffisamment préparées.

Au demeurant, des changements trop rapides peuvent être à l'origine de graves désordres économiques nationaux et engendrer d'importants déséquilibres dans les pays qui ont des économies fortement tributaires des matières premières et des produits énergétiques —qu'elles soient importées ou exportées— et dont les cours sont souvent liés à des circonstances économiques et politiques internationales qui échappent généralement aux pays qui les subissent.

I- INTERACTIVITE DES SYNERGIES ENTRE PVD, PNI ET PAYS EMERGENTS

L'économie chinoise connaît depuis 2007 une incontestable restructuration. La Chine, qui envisageait auparavant le développement de son économie sur la base de faibles salaires et sur une production exportable de grande série, a constitué un sérieux handicap pour les autres économies en développement qui ne pouvaient que difficilement la concurrencer sur les marchés mondiaux. Le développement de la consommation et des marchés intérieurs qu'elle s'est imposée par ailleurs envisageait de restructurer son économie trop tournée vers l'exportation. Le récent ralentissement des économies occidentales a parallèlement réduit les besoins de ses partenaires occidentaux et freiné, par là même, le rythme des industries chinoises ainsi que leurs besoins en matières premières, mais aussi en produits énergétiques. Les pays auxquels la Chine les achetait, en particulier en Afrique et en Amérique latine ont, par conséquent, vu diminuer parfois considérablement leurs ressources financières provenant de leurs exportations.

Des phénomènes monétaires et financiers ont été la conséquence directe, dans les pays nouvellement industrialisés, de ces différents mouvements économiques et ont concerné, en particulier d'importantes fuites de capitaux en 2014 et en 2015 ainsi que des tendances inflationnistes que les pays en développement ont eu généralement bien du mal à maîtriser, d'autant plus que les pays nouvellement industrialisés s'étaient souvent engagés, par le biais de l'endettement, dans des restructurations coûteuses.

1- Des processus d'émergence complexes et différenciés

Des gestions parfois maladroites ou malchanceuses vont être à l'origine de crises économiques et financières qui frapperont de nombreux pays de tous les continents, en 1997 comme en 2007. Par ailleurs, les fluctuations des cours des produits énergétiques et la difficulté d'accès aux terres rares attiseront des conflits internationaux.

a) De la crise asiatique de 1997 à la crise occidentale de 2007

Le cas de la Thaïlande doit être analysé avec attention, tant les décisions des autorités monétaires et financières ont été ambiguës et de nature à engendrer une très grave crise nationale, puis régionale, qui a connu un réel retentissement mondial. Cette crise est désormais connue sous le nom de *« crise financière asiatique de 1997 »*.

L'organisation et la fiabilité des autres appareils d'Etat de nombreux PNI et pays émergents se sont, au demeurant, révélées insuffisamment efficaces, de sorte que la crise, qui a éclaté en Thaïlande, s'est étendue rapidement aux autres économies de la région et du reste du monde. Cette grave crise économique s'est propagée à toute l'Asie du Sud-Est, mais également à la Russie et à l'Amérique latine (en particulier au Brésil et à l'Argentine).

Autant que les statistiques disponibles aient pu en attester, la Chine a été épargnée, au moins momentanément, par les effets de cette crise, dans la mesure où elle n'a pas été contrainte à une dévaluation drastique de sa monnaie, comme ont dû le faire la plupart des autres pays durement affectés.

En revanche, les tergiversations des autorités chinoises concernant avant tout les places financières, ainsi que les décisions qu'elles ont choisi de prendre, de relancer l'économie, frappée de ralentissement, par un développement sans doute mal calculé du secteur BTP (bâtiments - travaux publics), ont engendré une importante *« bulle immobilière »* et conduit les économistes du monde entier à craindre pour la Chine des effets similaires à ceux qui avaient frappé la Thaïlande plusieurs années auparavant.

La cause de cette crise thaïlandaise a été, semble-t-il, la politique économique maladroite du pays, qui a toléré un surinvestissement démesuré dans le secteur immobilier et fort mal géré les effets néfastes des *«banques de l'ombre»* et des créances douteuses qui s'y rapportaient. Les banques avaient octroyé des crédits trop massifs et accumulé d'innombrables créances qui ne présentaient en fait aucune garantie de solvabilité à terme de la part de leurs débiteurs.

La dette extérieure thaïlandaise, ainsi du reste que celle de la plupart des autres pays du Sud-Est asiatique, était beaucoup trop forte par rapport aux PIB régionaux, en dehors bien entendu de celui de la Chine, au moment de la crise asiatique de 1997.

Au demeurant, cette dette s'est nettement amplifiée durant les années qui suivirent, particulièrement à partir de 2008 : le dette extérieure chinoise atteignait 863 milliards de dollars en 2013, s'accroissant à un rythme annuel 3 fois supérieur à celui de sa croissance économique. Cela faisait dire à certains analystes que *« la prochaine crise de la dette serait chinoise »*[87].

A l'époque, la crise monétaire s'étant subitement aggravée en Thaïlande, elle a conduit à la fragilisation du *baht* (en juillet 1997), que les autorités monétaires ont imprudemment laissé fluctuer en fonction des cours des marchés. La tentation actuelle des pays émergents est souvent semblable face aux nouveaux défis du monde international de la finance, auxquels tous les pays sont désormais confrontés —mondialisation oblige !

---

[87] Fortuneo Banque, Zonebourse.com, mai 2015.

Les monnaies des autres pays ont généralement suivi le mouvement et vécu l'effondrement de leur propre devise au cours de l'année 1997. On a alors pensé qu'il faudrait sans doute de nombreuses années aux Asiatiques —mais également à beaucoup de leurs partenaires occidentaux— pour se rétablir des conséquences économiques de cette grave crise monétaire de 1997 et que les marchés financiers ne retrouveraient que peu à peu leur équilibre, sinon leur sérénité monétaire et financière.

Mais c'était sans compter sur un nouveau choc : la crise monétaire et financière venue de l'Occident dix ans après, marquée par la crise américaine des *subprimes* concernant les prêts hypothécaires à risque en juillet 2007 et par la faillite retentissante de la banque Lehman Brothers, quatrième banque américaine d'investissement, en septembre 2008.

Ce terrible choc financier, venu des Etats-Unis, a directement affecté toutes les places financières mondiales et brutalement relancé les tensions —mais également les spéculations— sur les décisions que chaque pays était prêt à prendre pour en juguler les effets.

Il apparaît cependant, que les pays nouvellement industrialisés et émergents, avant tout les BRICS, ont été relativement moins concernés par la crise financière de 2007-2008 qu'ils ne l'avaient été par la crise asiatique de 1997.

Peu après la crise financière, à partir de 2008-2009, d'importants investissements de la zone dollar et de la zone euro se sont fébrilement déplacés, dans l'attente d'un boom de la mondialisation et des échanges commerciaux à destination de tous les pays, PNI comme pays émergents mais aussi occidentaux. Certains investisseurs ont également entretenu l'espoir du prolongement de ce boom vers les pays en développement, surtout vers ceux qui étaient déjà correctement avancés sur la voie de l'industrialisation.

Mais peut-être a-t-on trop attendu en ce domaine de la part des échanges qui se feraient au profit de l'économie extractive des Etats concernés (production de pétrole, industrie minière, agriculture commerciale), sans toujours prendre les décisions convenables dans les pays bien dotés au niveau de leur sol et de leur sous-sol, pour éviter les affres du *« syndrome hollandais »* évoqués dans les chapitres précédents et pour préparer un financement adéquat concernant la sauvegarde de l'environnement (*hydro-fracturing*, déforestation, pollution, insécurité, conflits, etc.). D'aucuns évoquent même désormais le risque que des *« blood diamants »* (les diamants de sang) ne servent à financer des conflits armés dans certains pays africains…

L'on peut cependant comprendre l'intérêt que peuvent avoir des pays en développement et des pays émergents de booster leur économie nationale en soutenant la création de leurs industries les plus compétitives. Elles font partie des activités économiques qui sont de nature à ouvrir de nouvelles perspectives d'émergence.

Les **BRICS** dès 2001, puis plus tard aussi les **MIST** (Mexique – Indonésie - Corée du Sud -Turquie) ont, malgré les difficultés qu'ils rencontraient sur les marchés financiers mondiaux, mis en œuvre un fort développement de leurs industries compétitives. D'autres pays du Sud-Est asiatique tenteront, avec parfois davantage de difficultés, de les imiter Indonésie, Malaisie, Thaïlande, etc.). Les efforts de chacun de ces pays étaient généralement attisés par la conviction de l'arrivée de nouveaux investissements spéculatifs venus de pays plus riches, eux-mêmes encouragés par les nouvelles dynamiques internationales issues de la mondialisation.

b) matières premières, produits énergétiques et « terres rares »

La Chine, la Russie, le Brésil et l'Afrique du Sud mais aussi l'Inde, tous cinq considérés comme pays émergents, sont les producteurs les plus intensifs de produits énergétiques dans le monde. Leur dynamisme productif, leurs achats intérieurs, leurs exportations, comme leurs importations, ont incontestablement renforcé la demande d'énergie à la fois nationale et mondiale et ont conduit par voie de conséquence à l'augmentation progressive —parfois chaotique ou hasardeuse— des cours du pétrole.

Il en va de même des marchés des *« terres rares »,* (groupe de métaux tels la bastnäzite, la monazite, le scandium, l'yttrium, le cérium, etc.), aux propriétés électromagnétiques et luminescentes particulièrement valorisantes pour l'industrie, dont la Chine est le premier producteur, mais aussi et surtout le premier consommateur du monde, ses besoins dépassant désormais nettement les disponibilités permises par ses propres gisements nationaux.

Les Etats-Unis, mais aussi le Vietnam et le Japon, ont critiqué devant l'OMC le protectionnisme des Chinois en la matière. Mais ils se sont également inquiétés, auprès d'autres instances, des tensions politiques et territoriales en mer de Chine Méridionale, que l'exploitation de ces produits pouvait accompagner : conflits sino-vietnamiens et conflits régionaux préoccupants concernant les îles Spratleys et les îles Paracels, très riches en ressources halieutiques, en pétrole, en gaz, en terres rares et autres produits.

Le ralentissement économique de la Chine, lui-même lié à la diminution du rythme des importations de ses partenaires commerciaux en particulier des Etats-Unis et de l'Union Européenne, ainsi que les inquiétantes tensions géopolitiques internationales entre la Russie et les pays occidentaux lors de la crise entre la Russie et l'Ukraine, ont entraîné provisoirement une diminution des cours du pétrole entre 2014 et 2016.

D'importants flux de capitaux de tous pays ont alors souhaité s'investir dans des pays produisant, exploitant ou exportant des produits agricoles ou des matières premières comme l'or, le cuivre, le nickel, le charbon, l'huile de palme, le caoutchouc, le soja, le café etc. L'une des conséquences de la crise des *subprimes,* à partir de 2007-2008, mais aussi du ralentissement de l'économie chinoise à partir de 2010-2011, fut que ces mouvements de capitaux, souvent erratiques et incontrôlés, se sont développés dans de nombreuses directions.

La forte baisse des taux d'intérêt américains et européens (parfois proches de zéro) a entraîné un afflux de capitaux en direction de certains pays industrialisés et émergents s'appuyant sur la conviction que d'importants profits, à la fois financiers et commerciaux, seraient rapidement réalisables.

Ces espérances étaient, au demeurant, entretenues par les rebonds des marchés de nombreuses matières premières permis par le décollage effectif ou imminent ainsi que par l'industrialisation avancée de certaines économies en développement et de celles des BRICS. L'arrivée de flux capitalistiques de l'étranger ou de crédits émis en dollars, en eurocrédits ou en francs suisses laissait augurer de nouveaux investissements hautement productifs[88].

---

[88] Soulignons à ce sujet les intéressantes approches d'auteurs allemands tels Hermann Sebastian DEHNEN, *Markteintritt in Emerging Market Economies: Entwicklung eines Internationalisierungsprozessmodells,* (en fr. Pénétration des marchés des économies émergentes : Développement d'un modèle d'internationalisation), Wiesbaden 2012, de Martin LESCHKE, *Ökonomik der Entwicklung: Eine Einführung aus institutionenökonomischer Sicht*, (en fr. L'économie du développement : Une introduction dans l'optique des institutions économiques), Bayreuth, 2. Auflage 2015, et Franz NUSCHELER, *Lern- und Arbeitsbuch Entwicklungspolitik*, (en fr. Manuel de Politique du Développement), (Bonn 2004).

Mais ce faisant, de nombreux Etats, tout comme certains consortiums miniers internationaux, se sont trop fortement endettés, augmentant également l'endettement des ménages, comme ce fut le cas dans plusieurs pays de l'ASEAN.

L'Inde, qui connaît régulièrement de fortes turbulences monétaires et financières, mais aussi des tensions concernant la circulation mal maîtrisée d'importantes quantités d'or, a pour sa part entrepris de développer, comme le tente également la Chine, un réel essor de la consommation des ménages et des classes moyennes, affectant très fortement l'équilibre de la balance de ses paiements courants (–1,1 milliards de dollars en 2015). La même année, la Chine maintiendra pour sa part un excédent de 3 milliards de dollars.

c) la dégradation des cours et les soldes extérieurs

Suite à la dégradation des cours des produits primaires qui s'est souvent manifestée depuis 1997, l'endettement des Etats exportateurs de matières premières, mais aussi des entreprises les extrayant, a fortement augmenté, profitant de taux d'intérêts très faibles aux Etats-Unis et en Europe.

Certains pays comme l'Inde ont aussi connu un déficit croissant de leur commerce extérieur, qui s'est parfois manifesté par des achats d'or qui ont fortement augmenté à partir de l'automne 2014. Les acteurs du secteur privé possèdent, dans ce pays, plus de 20.000 tonnes d'or, ce métal étant dans la tradition indienne lié à une conception éminemment culturelle de la réussite et de l'enrichissement.

Au niveau purement financier, il faut souligner, non sans une certaine inquiétude, qu'entre 2006 et 2014 les dettes envers l'étranger des MIST ont plus que doublé.

Le cas de la Turquie (pays apparenté au groupe des MIST) peut, dès l'été 2016, s'avérer particulièrement préoccupant. En effet, après la tentative ratée de coup d'Etat, les nombreuses arrestations et purges qui lui ont succédé (environ 50.000 personnes ayant de hautes responsabilités et souvent une solide formation) ont fortement ébranlé l'économie turque, ce choc politico-économique menaçant, au demeurant, d'affecter les résultats économiques du pays, ainsi que ses relations politiques internationales. Mais au cours du dernier trimestre 2016, de très sérieuses tensions politiques se sont développées entre la Turquie et certains pays européens, dont on veut espérer qu'elles ne s'aggraveront pas en 2017.

La production de ce pays a chuté dans tous les domaines en 2016, les recettes liées au tourisme se sont considérablement réduites, l'inflation (7%), comme le chômage (12%), a augmenté de manière drastique, la livre turque ne cessant de se déprécier.

Des observateurs soulignent de manière opportune le cas de la Malaisie, qui est intéressant à analyser, en ce qu'il s'oppose, sur le plan de l'économie, qui est en grande partie contrôlée par les fonds d'Etat, aux propositions de libéralisation, voire de privatisation du FMI. Ce pays montrait d'ailleurs en 2014 un bilan positif de son commerce extérieur, même si l'endettement d'Etat augmentait parallèlement.

L'évolution prometteuse des différents PVD, des PNI et des pays émergents a cependant, d'une manière générale, été fortement réduite en raison de la baisse inquiétante de leurs recettes d'exportation. L'inflation a par exemple nettement augmenté au Brésil (9,9% fin 2015) et en Russie (10,1% fin 2015[89]).

L'endettement de l'Asie qui portait sur les dettes de l'Etat, sur celles des entreprises et du secteur privé — parfois attisées par des mentalités profondément culturelles concernant le jeu et la spéculation— atteignait en 2014 plus de 200% du PIB en comparaison avec les 150% de 2007. En Asie, plusieurs nations sont endettées à plus du double de leur PIB.

Malgré ces difficultés, il faut souligner que la part des BRICS en termes de PIB mondial mesuré sur la base du PPA *(purshasing power parity = parité de pouvoir d'achat)* a doublé en à peine 15 ans.

d) les industries compétitives

Sur la base de cet essor, qui a été incontestablement profitable aux pays concernés, les pays nouvellement industrialisés et émergents ont généralement fortement développé leur productivité industrielle laissant entrevoir la possibilité d'une émergence concevable à brève échéance. Ces pays ont d'ailleurs, dans le même temps, le plus souvent amélioré l'excédent de leurs balances commerciales. A l'inverse, les déficits des balances courantes des Etats-Unis (- 2,2% du PIB), du Canada (- 3%) et de beaucoup d'Etats de l'Union Européenne (Royaume-Uni - 4,5%), France (- 1,1%) se sont souvent accrus et ont dû parfois être financés par les monnaies bon marché des banques centrales des pays concernés.

[89] Inflation en Russie 2015 : http://www.lefigaro.fr/flash-eco/2014/12/26>; pour l'inflation au Brésil : < http://fr.global-rates.com/statistiques-economiques/inflation >.

Mais il va de soi que, pour les Etats affichant des balances des opérations courantes déficitaires (balance des marchandises, balance des services, balance des revenus, dons et transactions unilatérales), la possibilité et l'incitation à développer des industries compétitives demeuraient restreintes, faute d'avoir su réaliser des équilibres globaux nationaux, simultanément dans leurs secteurs économiques les plus porteurs : secteurs réels (liaison entre épargnes et investissements), secteurs monétaires et financiers (liaisons entre masses monétaires, niveaux généraux des prix, besoins en pouvoirs d'achat et moyens financiers des populations) et secteurs extérieurs (flux nets d'investissements directs étrangers, niveaux parfois défavorables des taux d'intérêt nationaux attisant des fuites de capitaux).

Des analyses, en termes d'interaction des PIB des taux d'intérêt nationaux et des taux d'intérêts étrangers moyens —bien que souvent dénoncées comme étant par trop théoriques *(courbes IS-LM-BB)—,* attestent des déséquilibres qui s'instaurent entre les secteurs de l'activité des Etats. L'équilibre global d'une économie est ainsi obtenu par la concordance des monnaies, des épargnes, des investissements et du secteur extérieur : IS (Investissement-Epargne) ; LM (liquidités-monnaies) ; BB (balance de base –qui est une partie de la balance des paiements (qui regroupe les transactions courantes et les mouvements de capitaux à long terme) [90].

2- Les options risquées d'une globalisation trop rapide

Les perpétuelles mutations concernant à la fois la géopolitique et la géoéconomie mondiales ont développé, dès les années 2010 et suivantes, une véritable *« euphorie de la mondialisation»,* dont chaque pays attendait souvent de manière illusoire une réponse à tous ses problèmes économiques et politiques, nationaux et internationaux.

Pour les pays à régime communiste et à économies fortement planifiées, s'imposait de manière impérative la nécessité d'adapter la mutation de leur système aux normes des économies capitalistes de marché, devenues des partenaires incontournables, dans le choix qu'ils faisaient de la mondialisation, donc de la libéralisation de leurs marchés.

---

[90] Ces études ont été menées par les économistes John R. HICKS (prix Nobel britannique en 1972) et Alin H. HANSEN, (Professeur d'économie à Harvard). Voir les aspects théoriques en fin de chapitre « Le coin des étudiants ».

Les risque était alors de passer, non pas du socialisme au capitalisme, mais du communisme au *« turbo-capitalisme »,* avec tous les effets de cassures inhérents aux transformations systémiques précipitées ou mal préparées.

Les effets négatifs de la *« malédiction des ressources », elle-même* liée au fameux *« Dutch disease »* découlaient en fait de la forte dépendance des modèles commerciaux des pays qui exportaient avant tout des matières premières, surtout lorsqu'ils ne les transformaient pas.

La *« malédiction des ressources naturelles »* (en anglais *resource curse*), parfois appelée malédiction des matières premières, dénoncée par Richard AUTY[91], est une difficulté que rencontrent les nations qui ont une abondance de ressources naturelles, en particulier de pétrole. Se référant avant tout aux cas de l'Algérie, du Nigeria, du Congo et de l'Angola que nous avons évoqués précédemment, cet auteur estime, en effet, que *« la croissance économique des pays pétroliers est inférieure à celle d'autres pays moins favorisés par la nature »* .

On objectera que le Brésil est parvenu à atteindre en 2011 un excédent de son commerce extérieur de presque 30 milliards de dollars par l'exportation de son minerai de fer, de ses farines de soja, du sucre et du pétrole brut. Mais cet excédent s'est fortement réduit en 2013 à un niveau d'à peine 2,6 milliards de dollars. Sa balance commerciale est désormais négative depuis plus de deux ans (déjà en 2014 : exportations 225 milliards de dollars, importations 231, d'où un déficit de 6 milliards de dollars).

Les anticipations longtemps optimistes des investisseurs étaient souvent basées sur des processus de croissance nationaux mal structurés et échafaudaient le renforcement de leur processus d'industrialisation sur des bases purement spéculatives, considérant que les taux d'intérêts bas, probablement pour une longue période aux Etats-Unis et en Europe, comme nous l'avons évoqué précédemment, permettraient un afflux supplémentaire de nouveaux capitaux. Au demeurant, les investisseurs spéculatifs pouvaient aussi parfois se révéler mal informés ou être des acteurs plus ou moins corrompus, sans réelle connaissance des économies dans lesquelles ils investissaient.

Les investisseurs financiers professionnels s'intéressaient au devenir de pays bénéficiant de sérieux atouts pour réussir un processus d'émergence

---

91 Richard AUTY, *Resource-Based Industrialization: Sowing the Oil in Eight Developing Countries,* Clarendon Press, Oxford, 1990.

à brève échéance, comme l'Angola (population de 26 millions d'habitants, PIB de 110 milliards de dollars, producteur de matières premières, notamment d'hydrocarbures et de pierres précieuses).

Mais en 2016, comme beaucoup d'autres pays africains et latino-américains, l'Angola est frappée de plein fouet par l'effondrement des cours du pétrole qui chute à 39 dollars le baril. La diminution des liquidités en devises et le ralentissement économique pèsent de plus en plus sur le système bancaire, très dépendant du secteur pétrolier. Les faillites, notamment dans le secteur énergétique, se multiplient.

Le Brésil, pays longtemps spécialisé dans la production de bois, de café et de canne à sucre, est désormais devenu un puissant producteur de pétrole. Malgré l'effondrement de sa balance commerciale depuis 2011, le Brésil était encore le 7ème pays du monde en termes de PIB avec 2.400 milliards de dollars en 2014, mais il est entré dans une période extrêmement complexe depuis 2015, avec un taux de croissance négatif en 2015 (-2,16% du PIB) et sans doute également négatif en 2016, alors qu'il était très nettement positif (+7,6%) en 2010. Le Brésil est par ailleurs affecté par de nombreux scandales politico-financiers qui ont conduit à une grave crise gouvernementale à l'été 2016[92].

La forte affluence du capital venant de l'étranger favorisait par ailleurs la corruption dans certains BRICS comme dans les MIST, où le fonctionnement de l'économie dépendait fortement de la participation de l'Etat, essentielle dans des pays comme la Malaisie, l'Indonésie ou le Brésil (le cas de PETROBRAS). Mais cette forte affluence de capital étranger retardait la fermeture ou l'assainissement des entreprises d'Etat non rentables et surendettées dans beaucoup de pays et encourageait simultanément l'élargissement de l'économie souterraine. A ces difficultés d'ordre financier s'ajoutaient une faible efficacité des investissements liée à des réformes structurelles et à une bureaucratie souvent maladroites.

L'Indonésie (255 millions d'habitants, 950 milliards de dollars de PIB en 2014, balance commerciale positive à +7 milliards de dollars) a ainsi connu depuis le début de la décennie une croissance économique régu-

---

92 Le Brésil est touché par un choc politico-économique aux proportions inédites, qui implique les géants pétroliers, des entreprises du BTP et des membres des partis au pouvoir ; la présidente Dilma ROUSSEFF est destituée par le Sénat en août 2016. Petrobras est une entreprise d'État brésilienne de recherche, d'extraction, de raffinage, de transport et de vente de pétrole. Elle est la première entreprise du pays. Pour les données statistiques, voir l'Atlas Socio-Economique des pays du monde ; Larousse, 2017.

lière à 5%, répartie de manière efficace, qui a augmenté le bien-être des populations moyennes et modestes dans les villes. Cette croissance, qui portait auparavant sur ses matières premières et énergétiques (caoutchouc, pétrole, gaz) a fortement permis le développement de ses activités d'industrie de transformation (textiles, produits électroniques) et de ses infrastructures routières et portuaires.

L'Indonésie a par ailleurs étendu ses partenariats de la Chine vers l'ensemble des autres pays de la zone Asie-Pacifique. Sa croissance rapide et régulière ne s'est pas véritablement exercée dans le sens du développement l'humain. La répartition géographique de sa population demeure tout à fait atypique, dans la mesure ou les deux tiers des Indonésiens se trouvent concentrés sur 7% de sa superficie totale.

Dans la plupart des BRICS et des MIST, les facteurs politiques jouent un rôle souvent important, comme en attestent, en Afrique du Sud, les mouvements de grève en 2013 et les relations extrêmement perturbées sur le marché du travail, ou dans le cas du Brésil de 2016 suite à la destitution de la Présidente Dilma ROUSSEFF et de la Corée du Sud avec la suspension des pouvoirs de la Présidente PARK GEUN-HYE par l'Assemblée nationale en décembre 2016.

Ces facteurs politiques freinent aussi, par la nature des options imposées par le pouvoir, l'amélioration de l'enseignement et de la santé publique (au Brésil comme en l'Indonésie), trop lente en comparaison de la croissance des populations et surtout totalement injustifiée par rapport à la régularité d'une croissance économique que bien des partenaires, y compris occidentaux, leur envieraient.

En Inde, dont la population rattrape désormais celle de la Chine avec plus d'1,3 milliard d'habitants, l'économie se développe à un rythme soutenu (4,8% en 2014, 6,6% en 2015, 6,8% en 2016[93]), mais la démographie s'accroît de manière mal maîtrisée (21‰ de taux de natalité en 2015). Le pays connaît, par ailleurs, de graves problèmes d'infrastructures mais aussi humains, même si ceux-ci peuvent être parfois expliqués par des données culturelles (problèmes des castes, du travail des enfants, etc.). A l'inverse, et contrairement à la plupart des PVD et PNI, la Thaïlande (comme la Chine) souffre d'un taux de fécondité très faible (t_f = 1,6 en-

[93] Evaluation du Monde.fr, *Inde : une croissance à la chinoise ?*, Claire GUELAUD, novembre 2014.

fant par femme, Chine $t_f = 1,7$), ce qui rend actuellement difficile le renouvellement de ses générations.

3- Les déséquilibres des Etats tributaires du pétrole et des matières premières

De nombreux PVD, PNI et pays émergents ont été fortement impactés par les variations récentes des cours du pétrole, tels la Russie et le Nigeria.

Il est certain, que l'économie de la Russie a été brutalement freinée par les sanctions prises à son égard par les pays de l'Union Européenne et par les Etats-Unis à la suite des événements liés à la crise de l'Ukraine. Le taux de croissance de la Russie entre 2015 et 2016 était sans doute en dessous de -5%[94] (même si les statistiques n'ont pas encore été officiellement confirmées par les autorités russes).

Il est certain que ce pays de 145 millions d'habitants, redescendu en 2016 au 15ème rang des PIB mondiaux (1.179 milliards de dollars), avec un taux de croissance en chute libre, a eu du mal à compenser le ralentissement de son économie, dans la mesure où les cours du pétrole, sa ressource principale et celui du gaz se sont simultanément effondrés.

Par ailleurs, la détérioration de ses liens avec les pays occidentaux a poussé la Russie à se rapprocher des pays asiatiques, en particulier de la Chine. Les orientations politiques nouvelles des Etats-Unis à l'égard de la Russie depuis l'élection de Donald TRUMP pourraient assouplir les relations politiques entre les deux pays.

Le Nigeria est, quant à lui, perçu comme un pays nouvellement industrialisé, très près de répondre aux critères économiques de l'émergence malgré ses mauvaises infrastructures et surtout le clientélisme qui le caractérise, qui freinent considérablement son développement. Dans ce pays, la production pétrolière joue un rôle moteur dans l'économie nationale. Le pays comptait en 2015, 180 millions d'habitants qui ont engendré, par leurs activités très diversifiées, un PIB de 500 milliards de dollars, entretenu par une croissance qui a rapidement décliné (-2% entre 2015 et 2016). Son taux de natalité élevé, de 39‰, s'accompagne d'un taux de mortalité infantile très préoccupant de 69‰. Depuis des décennies, des tensions ethniques et religieuses, mais aussi le terrorisme (Boko Haram,

[94] <http://www.journaldunet.com/ economie/magazine/1171985-classement-pib/>

rébellion dans le delta du Niger) engendrent une forte insécurité, surtout dans le Nord du pays et à la frontière du Cameroun.

Dans les pays en développement, comme dans les pays émergents, les dynamiques économiques se réalisent souvent sur fond de fortes inégalités sociales. Aux effets négatifs de la chute mondiale des cours du pétrole et autres matières premières, s'ajoutent souvent de fortes inégalités entre les classes riches et les classes pauvres des pays, entre les ethnies ou castes différentes, qui ont engendré des effets clairement défavorables sur les dynamiques économiques et socioculturelles.

Mais il va de soi, que la cause principale de l'effondrement actuel des recettes d'exportation des PVD devenus Pays Nouvellement Industrialisés a été avant tout la dégradation des cours du pétrole, qui avaient atteint un haut niveau depuis mai-juin 2014 (100 dollars le baril) pour s'effondrer à 30 $/baril fin 2015. Le cours a bénéficié d'une timide amélioration à 50 $/baril en août 2016.

Deux des BRICS, Russie (c = -5% en 2016) et Brésil (c = - 7%), mais également des Etats pétroliers moins riches (Venezuela (c = 1,9%), Nigeria (c = -2%), Algérie (c = 2,9%), ont ralenti fortement leurs dynamiques d'émergence et de développement avec des taux de croissance du PIB, sinon négatifs, au moins inférieurs à 3%. Cet effondrement a été occasionné par la forte expansion préalable de l'extraction qui a progressivement conduit à des surcapacités, alors que des reconversions énergétiques ralentissaient la demande extérieure.

Pour sa part, l'exploitation américaine par fracture hydraulique a contribué de manière décisive à la montée des Etats-Unis comme pays exportateur de pétrole, en doublant ses capacités en quatre ans, de 2011 à 2015.

La fracture hydraulique est une technique de production de gaz naturel et de pétrole, souvent décriée par les mouvements écologiques, qui implique l'injection de milliers de tonnes d'eau dans le sol, à très haute pression, ainsi que des produits chimiques et du sable afin de créer des fracturations dans la roche sous-jacente pour permettre au gaz naturel de s'échapper et d'être ainsi récupéré, conditionné et exporté (on parle également d'*hydrofracturing,* d'*hydrofracking* ou plus généralement de fracturation).

Selon le rapport mondial de l'énergie en 2015[95], la production américaine a augmenté et dépassé celle de la Russie. La Russie a intensifié ces der-

[95] Publié par l'Agence Internationale de l'Energie (AIE), dont le siège est à Paris, Edition annuelle de son World Energy Outlook.

nières années la production dans ses vieux champs pétrolifères. Seul le consortium LUKOIL[96], qui semble obéir à des critères de gestion privée, très engagé au niveau international, a connu une réduction de ses bénéfices au premier semestre 2015.

Les 11 membres de l'OPEP, confrontés conjointement à des évolutions erratiques de la production et de la consommation de pétrole dans le monde, donc de son cours, mais aussi à des problèmes environnementaux de plus en plus préoccupants (Chine, Inde) ont programmé, lors de la réunion de novembre 2016 à Vienne, une réduction historiquement importante de la production d'or noir —de 558.000 barils par jour, dont 300.000 pour la seule Russie—. Mécaniquement, les cours ont monté, pour atteindre 54,16 dollars le baril le 9 décembre 2016[97].

En août 2015, les prix pour un baril de pétrole américain, avec 39 dollars, et celui de la mer du Nord ont considérablement chuté jusqu'en janvier 2016, par moments à moins de 30 dollars.

En même temps que la chute des cours du pétrole[98], celui du prix du gaz a également baissé. D'autres domaines des secteurs miniers et agroalimentaires ont par ailleurs été affectés : à cause, sans doute, de la forte baisse de la demande de la Chine, le prix du minerai de fer, mais aussi celui de l'acier laminé, ont pratiquement diminué de moitié du début de 2014 jusqu'au début de 2015 passant de 135 à 67 dollars pour le minerai de fer. Les cours du charbon, du zinc, du plomb, du platine, du nickel, du cuivre et de d'aluminium ont pour leur part connu une baisse moyenne d'environ 20% de leur valeur entre 2014 et 2015. Les activités d'extraction ont été, en conséquence, provisoirement ralenties.

---

[96] LUKOIL est le plus grand producteur russe de pétrole. En 2005 il a produit 90,16 millions de tonnes de pétrole et 7,57 milliards de m^3 de gaz naturel.

[97] Informations diffusées en Afrique, en particulier par <DirectInfos-Gabon> le 11 décembre 2016.

[98] Rabah Arezki et Olivier Blanchard, *Sept questions sur la chute récente des cours du pétrole*, décembre 2014.

II- LES EFFETS ECONOMIQUES ET FINANCIERS DE L'EMERGENCE

1- Développement, émergence et endettement

La suite des événements politiques, économiques, nationaux comme internationaux qui se sont déroulés depuis 2015 ainsi que leurs effets à terme sur le développement ne sont pas encore exactement prévisibles en 2017, au moins dans le cas des pays émergents. Leurs exactes retombées de nature politique sur les résultats et les relations économiques futures le sont encore moins (élection américaine de Donald TRUMP, élections en France, en Allemagne, situation politique en Italie, au Brésil, en Corée du Sud, BREXIT, etc.)

L'incontournable liaison économique entre ces pays et les pays en voie de développement et/ou d'industrialisation découle de l'endettement et des créances et des dettes que celui-ci engendre. Dans de nombreux PNI et pays émergents, il est devenu difficile de gérer l'endettement national, privé ou public, dans la mesure où les monnaies ont progressivement perdu de leur fermeté. Un rapport s'est mécaniquement établi entre le montant de l'endettement et le commerce mondial, surtout celui des produits de base.

Les processus accélérés d'industrialisation sont par ailleurs soumis de manière de plus en plus impérative à de nouvelles conditions liées à la protection de l'environnement. Les mesures qui en découlent ont un coût substantiel que certains pays ne considèrent pas toujours comme prioritaire, ou ont parfois du mal à assumer. D'autres estiment que c'est aux pays riches d'indemniser les pays (qu'ils se trouvent ou non en situation de difficulté économique) qui ont massivement, parfois récemment, investi dans une industrialisation polluante, par exemple à base de charbon.

Dans le passé, les conditions d'exigence longtemps imposées aux pays emprunteurs par les instances financières internationales pour leur délivrer des prêts essentiels à leur croissance et à leur développement, ont conduit à la mise en place de *« programmes d'ajustement structurels »*, dont l'efficacité et le bien-fondé ont très souvent fait l'objet de critiques sévères de la part des pays en voie de développement, d'autant plus que leur application se heurtait parfois à des incompréhensions de nature interculturelle.

- L'endettement et la dégradation des monnaies

L'endettement excessif des nations engendre généralement un double risque :

- celui de la dégradation progressive des monnaies nationales,

- celui d'un fort impact sur le volume du commerce extérieur, au niveau national, puis par effet de ricochet, au niveau mondial.

Au sein de l'économie chinoise comme de la plupart des autres pays émergents et nouvellement industrialisés, des préjudices concernant la consommation et les investissements sont toujours à craindre si les monnaies sont malmenées sur l'ensemble des marchés financiers mondiaux, en particulier sur ceux des investisseurs étrangers potentiels.

L'endettement privé dans l'ensemble des pays qui construisent un processus d'industrialisation et dans les pays émergents a fortement augmenté pour devenir supérieur à celui d'avant le début de la crise asiatique démarrée en 1997 et durement ressentie par la suite dés 1998.

Par ailleurs, l'endettement privé en dollars et les euro-dettes ne peuvent plus être octroyés dans beaucoup de ces pays à cause de la dégradation effective de leurs monnaies.

En revanche, l'endettement d'Etat des principaux pays émergents, exprimé en pourcentage des PIB, demeurait encore bien modeste en 2014 en comparaison de celui des pays industrialisés (Japon 246%). Il n'a que très faiblement évolué depuis lors.

Cependant, la conjonction d'endettements libellés en devises fortes et d'une chute simultanée des recettes d'exportation, voire d'un ralentissement de la croissance nationale, conduit immanquablement à une dégradation monétaire, à des crises budgétaires et à des tensions inflationnistes.

Le développement des dettes comme des créances des pays en développement, en particulier des pays émergents, s'est régulièrement effectué en même temps que le commerce mondial s'est généralisé.

Les importations des PVD et des pays émergents ont généralement augmenté dans le secteur de l'équipement. Quant aux exportations de matières premières et de produits agricoles de l'Afrique, elles ont été particulièrement concernées par la baisse de la demande de la Chine.

- L'industrialisation et l'émergence ont un coût

Les processus de croissance, de développement, d'industrialisation, comme d'émergence ont un coût qu'aucune équipe dirigeante ne saurait ignorer et que les partenaires, clients et fournisseurs ne pourraient sous-estimer.

La mise en œuvre de ces processus nécessite généralement des dépenses et des investissements que les nations pauvres n'ont que rarement les moyens de financer par leurs seules ressources immédiates disponibles.

Elles doivent donc emprunter auprès de nations plus riches ou d'organismes internationaux comme la Banque Mondiale, ou sur la base de programmes minutieusement analysés et entérinés par le Fonds Monétaire International.

L'endettement pour le développement paraît donc être une nécessité. Mais l'on comprend qu'il présente deux aspects âprement discutés, tant par les pays emprunteurs que par les économistes :

- l'endettement auprès de l'extérieur peut conduire à hypothéquer sur le plan économique l'avenir des pays emprunteurs ;
- l'endettement établit incontestablement, sur le plan géopolitique, une perte d'indépendance des nations emprunteuses (relation créancier-débiteur).

Certes, les organismes tels que le FMI et la Banque Mondiale admettent la nécessité pour les pays en quête de développement et d'émergence d'effectuer des emprunts qui vont alourdir leur endettement. Mais, après avoir analysé de près la situation économique et financière, mais aussi l'existence d'une dotation des pays emprunteurs en richesses naturelles et humaines, de nature à permettre un remboursement à terme des dettes contractées, ces organismes imposent des conditions d'aménagement, de fonctionnement et souvent d'assainissement de leur économie de nature à rendre concevable une utilisation efficace des fonds empruntés, qui confirmeront le réalisme d'un remboursement à terme.

Au demeurant, depuis que se réunissent annuellement les *Conferences of the Parties* (les COP) des liens parfois coûteux, mais souvent contraignants, doit être établis entre un processus d'industrialisation rapide, la mise en œuvre d'une dynamique d'émergence et la protection de l'environnement.

Les exploitations très rapides de leur sol et de leur sous-sol par les pays en voie de développement se sont d'ailleurs souvent effectuées au détriment des normes élémentaires de protection de la nature et de l'environnement, ainsi que le dénoncent les Conferences of the Parties qui en seront à leur 23ème réunion annuelle en 2017.

Une asymétrie imprévue entre l'évolution des cours des matières premières exportées par les pays emprunteurs et celle des prix des produits industrialisés qu'ils devaient acquérir pour leur croissance et leur développement a conduit à la chute de leurs termes d'échange, *« terms of trade »*.

L'on comprend, dès lors, pourquoi les *Programmes d'Ajustement Structurel* ont fait jadis l'objet d'un accueil si mitigé, jetant parfois le doute, voire l'opprobre, sur les politiques économiques de libéralisation des marchés mondiaux de la part des pays emprunteurs, contraints par les pays prêteurs de réduire leurs dépenses nationales pour limiter leur déficit budgétaire, leur déficit extérieur et rapidement, de manière paradoxale, leur endettement.

Dans la réalité des faits, les pays en développement puis nouvellement industrialisés qui ont su et pu surmonter ce qui était si souvent dénoncé comme des contradictions sont des pays émergents, comme la Chine, l'Inde ou le Brésil (au moins jusqu'au choc mondial déclenché à partir de 2007 par la crise américaine des *subprimes*).

En effet, cette crise a été suivie d'un réel enchaînement de problèmes économiques et financiers qui ont contaminé toutes les places mondiales importantes et conduit également à la réduction de la croissance —puis par effet de boomerang au ralentissement des importations par la Chine de matières premières et de produits énergétiques dont ses industries n'avaient plus le même besoin.

Le Brésil, comme les fournisseurs africains de matières premières de la Chine, a été très affecté par ce ralentissement, auquel sont venus s'ajouter les graves problèmes de corruption à forts retentissements politiques de PETROBRAS et de la Présidence brésilienne.

- Les Programmes d'Ajustement Structurel

C'est ainsi qu'ont été longtemps imposés par le FMI aux pays emprunteurs, comme condition *sine qua non* pour l'attribution de prêts, dans les années 80-90, les célèbres *« Programmes d'Ajustement Structurel »* (les

PAS)[99], contraignant les pays emprunteurs à prendre un certain nombre d'engagements et de mesures :

- législatives, afin de favoriser l'initiative économique privée et le fonctionnement du marché ;

- financières et fiscales internes, permettant l'accueil des investissements étrangers propices au développement ;

- de bonne gouvernance, de nature à prohiber, ou au moins à limiter la corruption, le clientélisme, les subventions, ainsi que les formes lourdes et étouffantes de la bureaucratie ;

- d'ouverture, visant à libéraliser le commerce international en abolissant les barrières protectionnistes et les contrôles des prix ;

- monétaires, de nature à réduire les déficits budgétaires et parfois à laisser flotter leur devise, quand les pays emprunteurs en détenaient la maîtrise.

En réalité, les Programmes d'Ajustement Structurel de la période 1980-1990 ont été à l'époque violemment critiqués et n'ont en fait que rarement obtenu les résultats escomptés, ni par les Etats, ni par le FMI. La relation incontournable qui s'est imposée entre croissance, développement, émergence et endettement des Etats s'est révélée beaucoup plus complexe que ne l'avaient prévu les experts du FMI et de la Banque Mondiale.

Cependant, à la fin de l'année 2016, devant les difficultés à la fois économiques et financières qu'ils rencontraient, les six pays de la CEMAC (Communauté Economique et Monétaire d'Afrique Centrale, regroupant le Cameroun, la République Centrafricaine, la République du Congo, le Gabon, la Guinée Equatoriale et le Tchad), qui ont rejeté l'éventualité d'une dévaluation du Franc CFA, n'ont pas exclu de recourir à des accords avec le FMI —forme nouvelle et adaptée des programmes d'ajustement structurel d'antan— pour que l'institution les aide à assainir leurs comptes publics, sans devoir pour cela réduire les indispensables aménagements sociaux en cours dans chacun des pays concernés.

D'une manière plus générale, si la croissance économique des pays nouvellement industrialisés s'est effectivement développée et que des processus d'émergence en ont incontestablement constitué un prolongement positif, il demeure que dans la plupart des pays l'augmentation des besoins d'importation s'est accrue dans des proportions encore plus importantes.

---

[99] Pascal ARNAUD, *La dette du tiers monde*, Repères, Ed. La Découverte, avr. 1988.

- Le frein des différences interculturelles

Pour des raisons tenant, au demeurant, tant aux différences interculturelles, dont pouvaient dépendre les besoins des populations, qu'à la formation des travailleurs et aux infrastructures des pays d'accueil, l'arrivée des capitaux étrangers, des savoir-faire et des techniques modernes des industriels des pays riches et expérimentés dans les pays en phase de développement ne présentait pas toujours les capacités d'adéquation, voire d'adaptation réciproques nécessaires.

Certains observateurs[100] rappellent, à juste titre, que la coopération transnationale des entreprises, des organisations, des techniciens et dirigeants de haut niveau, est caractérisée par la complexité, mais aussi par des problèmes en tous genres, où se manifestent souvent des malentendus de nature interculturelle.

Par ailleurs, ce mode de croissance et de développement, orienté vers l'industrialisation des pays emprunteurs, entraînait un processus accéléré d'importation, auquel les pays emprunteurs étaient assujettis.

Au niveau des capacités de remboursement de leurs emprunts, les pays du Sud ont dû compter sur une exploitation organisée —voire sur une réduction— de leurs dotations en richesses naturelles, en matières premières et en ressources énergétiques.

2- Le recul des investissements dans la production de pétrole

Des circonstances économiques défavorables ont contraint de nombreux pays à diminuer leur production de pétrole ou à repousser leurs programmes d'extension de leurs investissements nouveaux dans ce secteur. Les investissements concernant la mise en valeur de nouveaux puits de pétrole, en particulier dans les techniques de fragmentation (*fracking*) ont généralement diminué. SHELL a provisoirement stoppé la mise en œuvre d'un forage de grands fonds dans l'Arctique en septembre 2015.

L'industrie de fragmentation aux Etats-Unis —souvent dénoncée au demeurant par les mouvements écologistes— a réduit de nombreuses instal-

---

100 La BBC News expliquait déjà pour sa part en décembre 2012, *Africa and China : workers face clash of cultures,* <www.bbc.com>. On consultera également sur ce sujet l'ouvrage en allemand de Hakim AL-NAGAH, *Globalisierung und Transnationale Kompetenzentwicklung,* (en fr. La globalisation et le développement transnational des compétences), Editions Peter Lang, Europäische Hochschulschriften, Frankfurt am Main, 2002.

lations comme l'a également fait le Canada. Plusieurs entreprises pétrolières russes se sont retirées en 2015 de la Bourse de Londres, puisque aucun capital ne pouvait plus être recueilli sur cette place.

Au début de l'année 2016, WELLS FARGO et JP MORGAN CHASE considéraient que les crédits alloués à l'industrie pétrolière et à l'industrie du gaz, d'un montant de plus que 50 milliards de dollars, risquaient d'être menacés. Et dès avril 2016, la production de pétrole américaine est retombée à son niveau le plus bas depuis l'automne 2014.

En 2008, la célèbre entreprise brésilienne PETROBRAS, cinquième plus grande entreprise pétrolière au monde, ne parvenait plus à honorer ses emprunts et s'est trouvée, à partir de 2015, dans une position financière critique, rendue encore plus compliquée par des imbroglios politiques graves sur fond de corruption.

A cause en partie de la réduction continue du taux de croissance de la Chine depuis 2014, la plus grande entreprise pétrolière chinoise, la CNOOC, a du réduire partiellement son exploitation dès janvier 2016.

Dans le même temps, et pour les mêmes raisons de réduction des demandes de matières premières dues au ralentissement économique, tant des pays occidentaux que des BRICS, d'autres domaines de l'industrie minière ont été contraints de réduire la voilure et de diminuer leurs investissements ou même parfois de se défaire de quelques-unes de leurs mines.

Selon *Standard and Poors*, les investissements des entreprises de matières premières ont baissé de 10% sur la seule année 2015. Certaines de ces entreprises se sont malgré tout trouvées en difficulté à cause du service de leurs dettes, qui portait sur des devises fortes. Leur endettement, à hauteur de plusieurs centaines de milliards de dollars, a conduit, depuis le début de 2016, à une dégradation des cours des actions de quelques-unes des grandes banques internationales qui s'étaient trop fortement engagées dans le secteur des matières premières.

3- La fuite des capitaux des pays émergents

Les deux leviers les plus sensibles dans les dynamiques de croissance, d'industrialisation et d'émergence sont incontestablement :

- *les flux entrants* de capitaux directs étrangers, permettant les investissements en même temps que l'entrée et la transmission des techniques modernes des nouveaux partenaires,

- mais aussi *les flux sortants* de capitaux nationaux qu'il convient de surveiller, de canaliser, voire d'interdire (fuite des capitaux). Or, ceux-ci sont incontestablement favorisés par les ouvertures, la libéralisation et l'internationalisation des systèmes économiques modernes.

- La volatilité des taux d'intérêt et des taux de change

Par ailleurs, les manipulations parfois maladroites des taux d'intérêt, mais surtout l'insuffisante maîtrise des marchés monétaires comme la prolifération des *« banques de l'ombre »* et des créances douteuses dans certains pays ont conduit à l'effondrement des taux de change des monnaies de nombreux Etats, y compris des pays émergents sur tous les continents[101].

Alors que les augmentations des taux d'intérêt en été 2015 étaient annoncées aux Etats-Unis pour l'automne, une évasion massive des capitaux des PNI a débuté, ce qui a conduit à un réel ralentissement des cours de la Bourse.

Les cours du change des monnaies des pays émergents à l'égard du dollar et de l'euro se sont ainsi effondrés ou ont été dévalués comme ce fut le cas pour la Chine en 2015, de manière plus ou moins bien calculée, afin —pensaient les autorités— de stimuler la conjoncture. Ainsi rien que sur l'année 2015, de nombreuses monnaies ont fortement chuté : le tenge kazakh, le rand sud-africain, le manat azerbaïdjanais, la lire turque, le real brésilien, le rouble russe, la roupie indonésienne, le ringgit malaysien, ainsi que les monnaies de la Colombie, du Mexique et du Chili qui ont également perdu de leur valeur, en comparaison avec le dollar et l'Euro.

En décembre 2016, le Président du Venezuela, dont l'économie traversait une crise difficile, a décidé de fermer provisoirement les frontières avec la Colombie pour éviter une circulation des monnaies en provenance de ce pays. Comme en Inde récemment, le Venezuela envisagerait de changer les grosses coupures pour mieux surveiller la circulation de sa monnaie fiduciaire.

---

[101] D'excellentes approches ont été proposées fin 2014 par le journal économique Handelsblatt, SCHWELLENLÄNDER : *Währungen unter Druck*, (en fr. Pays émergents : des monnaies sous pression), Handelsblatt, 25.12.2014. Des analyses de fond concernant l'ensemble de ces problèmes ont également été proposées par Martin LESCHKE, *Ökonomik der Entwicklung: Eine Einführung aus institutionenökonomischer Sicht* (en fr. L'économie du développement : Une introduction dans l'optique des institutions économiques). Bayreuth, 2015, (auteur déjà cité dans les notes précédentes).

L'inflation a augmenté dans tous ces pays, sans que la baisse des cours des produits d'exportation augmente mécaniquement et de manière notable leurs exportations.

- Moins de flux entrants ?

Or, suite aux difficultés d'ordre international précédemment évoquées, concernant simultanément et de manière concomitante les cours des matières premières, les taux de croissance économique, les investissements et les marchés financiers, on pouvait donc logiquement s'attendre à ce qu'à l'avenir moins de capital européen ne s'oriente vers les pays émergents et autres PNI africains, latino-américains et asiatiques, qui se trouvaient désormais confrontés à de très délicates opérations de consolidation de leurs propres systèmes bancaires.

Certaines banques européennes se sont même retirées des places bancaires asiatiques, comme de celle de Singapour, où elles étaient pourtant solidement implantées depuis longtemps. Il faut dire que cette place financière était devenue, depuis 2013, un sujet de préoccupation,

- tant pour les places occidentales, dont elle attirait de nombreux capitaux et autres *hedge funds,* avant tout désireux d'échapper aux différents projets de taxes et de régulations financières de leurs places d'origine *(recherche de paradis fiscal ?),*

- que pour la Chine, qui craignait, dès 2013, que sa stabilité économique et monétaire soit menacée par une volatilité croissante des mouvements de capitaux : *« Dans son viseur: la place financière de Singapour, son laxisme réglementaire ainsi que les hedge funds qu'elle abrite*[102] *».* Depuis lors, comme nous le décrirons plus loin, les véritables préoccupations des autorités financières et bancaires de la Chine viennent sans doute moins de ses voisins que de son propre système.

En raison du dollar élevé et de taux d'intérêts plus élevés aux Etats-Unis que dans certains autres pays partenaires, clients et fournisseurs, le FMI a mis en garde en janvier 2016 le monde de la finance contre une insolvabilité menaçante des pays débiteurs en dollars.

La création de l'AIIB, la nouvelle Banque Asiatique de Développement en Infrastructures des BRICS, (l'Asian Infrastructure Investment Bank), dont la création a été proposée par la Chine en 2014 et dont l'objectif officiel consistait à *« soutenir le processus d'interconnexion et d'intégra-*

---

[102] https://www.mediapart.fr, 28 mai 2013.

tion du développement économique de la région asiatique, en apportant à ses partenaires un soutien financier au développement d'infrastructures dans les pays en développement de la région », n'est pas encore parvenue à jouer un rôle efficace dans la lutte des PNI et des pays émergents contre la crise ambiante depuis plus de 6 ans.

Les classes moyennes se sont fortement développées au cours de la dernière décennie dans nombre de ces pays et surtout en Chine, beaucoup moins, cependant, dans les autres pays en plus grande difficulté de développement. Mais ces classes moyennes doivent toutes affronter les réalités économiques de leur pays : l'inflation, les bulles immobilières et les Bourses éclatées, ainsi que la crise de l'emploi.

- Trop de flux sortants ?

C'est sans doute la vélocité avec laquelle ces investissements directs à l'étranger se développent qui inquièterait le Gouvernement de Pékin. La même remarque pourrait d'ailleurs être formulée pour le Brésil et pour la Turquie.

Concernant la Chine, il semblerait qu'en un an, entre janvier et décembre 2016, plus de 150 milliards de dollars se soient expatriés pour effectuer des investissements dans les pays occidentaux, mais aussi en Afrique. Les autorités chinoises ont décidé de réagir en décembre 2016 pour limiter les flux financiers vers l'étranger aux investissements inférieurs à 1 milliard de dollars. Les Chinois voulaient en réalité garder leurs capitaux pour qu'ils s'investissent en Chine et permettent ainsi la modernisation de l'économie et des infrastructures nationales, l'industrialisation et le développement de leurs provinces.

Ainsi que nous l'avons précédemment évoqué, le Brésil, qui est le pays émergent phare de l'Amérique Latine, rencontre des difficultés économiques et politiques qui demeurent très préoccupantes et rendent incertain le devenir économique de toute la région. *Ce pays d'environ 210 millions d'habitants, dont le PNB était en 2015 de 1.800 milliards de dollars, aurait connu un taux de croissance négatif en 2016 ; ce taux restera sans doute en-deçà de 1% en 2017* (Reuters, 26 novembre 2016).

- Libéralisation et globalisation mises en cause ?

Dans beaucoup de pays, on remet en question l'opportunité du passage à une économie libérale, mondialisée et globalisée (la globalisation orientant les appareils économiques et industriels vers l'observation des mêmes technologies, des mêmes normes, des mêmes critères de respect de l'environnement et des droits humains, interdisant par exemple le travail des enfants).

Dans le même temps sont remis en cause l'ouverture ainsi que l'optimisme de la croissance. La crise a sapé le moral des populations et de leurs dirigeants dans beaucoup de pays, y compris et surtout dans les BRICS, en particulier en Russie et au Brésil ; elle a considérablement réduit la crédibilité des concepts économiques occidentaux et le souhait de s'y conformer.

C'est le cas également du monde arabe et de l'Afrique, où les avantages du boom des matières premières n'ont pas apporté l'essor espéré, car ils n'ont parfois pas été utilisés ou orientés efficacement (corruption, mais aussi syndrome du *« dutch disease »)* par des systèmes qui orientent de manière trop dépendante leur économie uniquement vers l'exploitation et l'exportation de leurs richesses minières, négligeant par trop les autres secteurs nationaux de leur économie (agriculture, industrialisation, services).

Par ailleurs, les troubles de l'insécurité et parfois de la guerre civile ont conduit à l'émigration de nombreux membres aisés et bien formés des classes moyennes du monde arabe dès 2014. Les distorsions politiques ont été tout à la fois la cause mais aussi la conséquence de ces événements.

En Chine, en Russie et en Turquie, mais aussi en Inde, les tendances nationalistes et contestataires se sont renforcées depuis 2014, même si les médias locaux n'en font que très rarement officiellement état. En Chine, l'Etat est très strict envers ses opposants ; mais c'est surtout en Turquie, depuis le coup d'Etat raté de l'été 2016, que la répression de l'opposition a connu un niveau non atteint depuis fort longtemps, entraînant un inévitable impact économique.

Avec la détérioration et la crise des finances publiques, l'instabilité politique de la région du Golfe s'est encore aggravée. A cause du cours dégradé du pétrole, nombre de travailleurs immigrés venus de l'Inde, du Népal ou du Bangladesh sont repartis dans leur pays d'origine. Ainsi les virements qu'ils faisaient au bénéfice de leurs proches se sont considérablement réduits —rien que pour l'Inde, il s'agissait d'un montant d'environ 35 milliards de dollars chaque année.

Au demeurant, dans de nombreux PVD, les positions de hautes responsabilités, dans l'économie privée, ne peuvent pas être occupées pour l'instant par des ressortissants nationaux, insuffisamment qualifiés. Les efforts de la formation locale ne sont pas encore assez soutenus pour permettre une évolution proche en ce domaine.

- Des réformes s'imposent en urgence

Les observateurs et économistes de tous pays reconnaissent, qu'une montée du chômage des jeunes menace directement les habitants des pays concernés par les tergiversations économiques récentes au niveau mondial. Cela pourrait déclencher des désordres sociaux dans les pays en développement, mais aussi industrialisés de tous les continents.

Dans de nombreux pays en développement et émergents, en particulier en Amérique du Sud, les mesures adéquates n'ont généralement pas été prises par les responsables politiques lorsque les marchés des matières premières ont ralenti leur progression. Ce fut le cas au Venezuela, au Brésil et en Argentine. Les grands consortiums d'Etat sud-américains se trouvent désormais devant la nécessité d'élaborer des réformes urgentes et fondamentales.

Dans son World Economic Outlook d'avril 2016, le FMI craint *« un nouvel accroissement des tendances nationalistes et protectionnistes, qui va souvent de pair avec des déceptions socio-culturelles ».*

Incontestablement, la crise a fait subir un revers à la tendance pourtant porteuse, sur le plan économique et commercial, des différents pays émergents et en développement à s'orienter vers une politique d'ouverture, de libéralisation, de mondialisation et de coopération au sein de l'économie mondiale.

III- L'EFFET D'ENTRAINEMENT DE LA CHINE DANS LA DYNAMISATION DU MONDE

L'internationalisation des marchés a rendu les économies du monde de plus en plus dépendantes les unes des autres, tant sur le plan économique et commercial que sur le plan financier.

Depuis les réformes systémiques totalement restructurantes opérées par Deng XIAOPING, la Chine s'est ouverte au monde et elle a connu des taux de croissance économique élevés et redondants pendant plus de deux décennies. Elle est devenue depuis 2015 la seconde puissance mondiale en termes de PIB, après les Etats-Unis et joue désormais un rôle incontournable sur tous les marchés mondiaux, y compris financiers. Son influence en tant que partenaire commercial est fondamentale au sein des processus de croissance, de développement et d'émergence des pays africains et d'Amérique Latine.

La Chine est désormais omniprésente ; mais après une période de rattrapage accéléré lancé par Deng Xiaoping, son dynamisme ralentit pour prendre *« une vitesse de croisière »* adaptée à ses besoins et à ses possibilités. Mais ses marchés financiers, parfois malmenés par des bulles financières et immobilières récentes, sont désormais sous tension.

1- La Chine est omniprésente

La Chine, par le volume de sa production, par la quantité des biens qu'elle peut exporter à bas prix et par l'importance du marché que sa population d'environ 1,4 milliard d'habitants représente en tant que clientèle potentielle pour les autres pays, exerce un rôle réellement *« locomoteur »* dans la dynamisation des économies développées, comme de celles qui consolident leur processus régulier de développement ou qui cherchent à avancer leur industrialisation et à s'acheminer progressivement vers la voie de l'émergence.

Au niveau statistique, les flux commerciaux de la Chine sont réellement impressionnants et montrent des balances commerciales positives, sauf avec l'Afrique, d'où elle importe avant tout des matières premières.

Mais en revanche, aggravé par « l'effet masse », tout ralentissement de l'économie chinoise diffuse des effets très négatifs sur les économies (africaines comme latino-américaines) qui lui fournissent des matières premières. Les interconnexions économiques mondiales ont connu de tels effets, tant lors de la crise asiatique de 1997 que lors de celle qui a été déclenchée aux Etats-Unis et en Europe à partir de 2007-2008. Qu'en est-il depuis lors ?

	Amérique du Nord	Europe	Afrique	Amérique latine	Asie + Océanie
Exportations ***vers***	397	405	92	133	1228
Importations ***de***	177	324	117	127	1197
solde	+220	+81	-25	+6	+29

Tableau 16- Echanges commerciaux de la Chine en 2015 (en mds $)[103]

[103] A partir des données de l'Express, 17 septembre 2015.

Plusieurs circonstances difficiles viennent caractériser l'économie chinoise depuis le début de l'année 2013 :

- en premier lieu, le ralentissement de son taux de croissance économique, qui est en grande partie lié au redressement difficile auquel la Chine a dû faire face depuis 2007, pour ne pas être une victime collatérale de la crise américaine des *subprimes* ;

- mais aussi et surtout parce que le processus de croissance de la Chine est en passe de franchir la quatrième étape en entrant dans une *« ère de consommation de masse »,* assortie d'une stagnation, voire d'un fléchissement de sa courbe de croissance pour adopter une *« vitesse de croisière »* régulière, telle que la décrivait W.W. ROSTOW dans ses *Stages of Economic Growth,*

- enfin, la Chine a eu du mal, ces dernières années, à stabiliser ses marchés financiers et ses places boursières, malmenées par des poussées spéculatives que les autorités ont eu de grandes difficultés à maîtriser rapidement.

2- La Chine ralentit son rythme

La Chine a encore réalisé en 2016 une croissance officielle de plus de 6,5% (même si les statistiques sont, à ce niveau, très difficiles à vérifier), qui pourrait passer pour considérable en comparaison des taux de croissance fort modestes des pays de l'Union Européenne. Mais celle-ci a malgré tout nettement baissé à partir de 2014 —atteignant son taux le plus bas depuis plus de 25 ans.

Le ralentissement de la dynamique économique chinoise, en pleine phase d'émergence, a certainement été causé par les difficultés des pays occidentaux, clients fournisseurs et partenaires, eux-mêmes provisoirement accablés par des difficultés que chacun souhaitait éphémères. Mais ce ralentissement a de plus été difficile à circonscrire, en raison des mesures complexes prises par les autorités de Pékin.

L'on doit admettre, que cette baisse de la croissance chinoise a bien été, pour partie, causée et aggravée par les ralentissements de ses clients américains et européens qui achetaient en moindres quantités les produits de son industrie *low cost,* fabriqués sur la base de salaires très bas mais aussi grâce à une certaine forme de sous-évaluation du yuan. Inversement, cette baisse de la croissance chinoise a directement engendré, par un effet boomerang, une action déstructurante qui a affecté le rythme de croissance économique des pays industrialisés, des pays en développement et des autres pays émergents.

En effet, ainsi que nous l'avons évoqué précédemment, la baisse des exportations de la Chine vers l'Occident l'amenait à moins importer de matières premières et de produits énergétiques pour fabriquer des produits qu'elle vendait en moindres quantités à ses clients habituels. Elle a dû réduire ainsi, d'une manière souvent fort préoccupante, les recettes d'exportation des pays partenaires de l'Afrique, des Caraïbes et de l'Amérique latine, devenant ainsi un véritable catalyseur pour la crise de croissance qui a contaminé de nombreux autres pays.

La Chine a voulu réagir aux conséquences de la crise financière en 2009 en développant fortement ses nouveaux investissements, surtout dans le secteur des BTP, ce qui a engendré d'importantes surcapacités productives dans la plupart de ses provinces. Ces surcapacités ont conduit, en particulier, aux fameuses *« usines fantômes »* où de très grandes quantités de facteurs de production (travailleurs et capitaux, voire espaces agricoles) ont été sous-utilisés. De nombreux observateurs ont évoqué des maladresses de la part des décideurs.

D'autres dynamiques impulsées par l'Etat chinois laissent encore les observateurs dubitatifs :

- en particulier l'intention du gouvernement chinois de changer l'orientation de son industrie, pour ne plus en faire *« l'établi du monde »*,

- la promotion graduelle par l'Etat des réformes de nature à impulser une stimulation de son système bancaire dans le sens d'une meilleure maîtrise de ses marchés financiers, pendant que les banques d'Etat, en particulier la Banque de Développement Chinoise (la China Development Bank) s'emploient à financer avant tout les grands consortiums publics ou semi-publics proches de l'Etat,

- mais aussi un élargissement extrêmement ambitieux de l'infrastructure d'Etat.

Les investissements de la Chine correspondent à environ la moitié de son PIB. Ils sont avant tout dûs au démarrage récent de *« la nouvelle route de la soie »*, où une politique industrielle très active a multiplié les infrastructures (aéroports, ports, rues, agglomérations de gratte-ciel conduisant parfois à l'élaboration de réelles *« villes fantômes »*, sans habitants désireux de s'y implanter, même si l'émigration urbaine, en particulier dans les villes de la zone côtière, s'est accélérée avec l'accroissement des investissements et l'amélioration incontestable du bien-être de la population chinoise. Le développement des villes nouvelles ne s'est pas encore accompagné d'un aménagement adéquat du marché du travail. Le degré d'urbanisation atteignait 26% en Chine en 1990, il est aujourd'hui d'environ 55%. Mais à cause de la mévente des biens immobiliers, la construction de logements a très fortement ralenti à partir de 2014.

3- Les marchés financiers chinois sous tension

L'endettement chinois avait augmenté grâce au boom de l'investissement. Il a doublé de 2007 à 2014 et dépassé en cela l'endettement des Etats-Unis. L'inquiétude ne vient pas véritablement du niveau atteint par la dette chinoise, mais plutôt du rythme extrêmement rapide auquel elle a augmenté sur une courte période. Des analyses de la banque Standard Chartered reprises par de nombreux analystes, ont été très inquiétantes à ce sujet[104].

Maîtriser l'endettement

Il convient cependant de relativiser l'appréciation que l'on peut faire du niveau d'endettement des Etats. L'endettement est considéré comme l'apanage des pays riches, car ils investissent leurs emprunts et les font efficacement fructifier. Au demeurant, la relance de la croissance augmente mécaniquement le niveau de l'endettement.

Ainsi, (selon la même source que précédemment), le Japon avait en 2014 un endettement qui correspondait à plus de 400% de son PIB, celui des Etats-Unis et de la France, à 260%, de l'Espagne à 300%, de la Chine à 251% en juin 2014, celui de l'Inde (seulement) à 150% etc.

Le problème qui se pose aux autorités —tout particulièrement aux autorités chinoises, mais aussi indiennes— est que toute tentative qui voudrait réduire l'endettement de manière efficace conduirait immanquablement à une réduction de l'activité économique. Parallèlement, le développement du *shadow banking* (banques de l'ombre), qui émet des créances douteuses, est toujours lié aux restrictions de crédits que voudraient imposer, au moins temporairement, les systèmes bancaires officiels.

La Chine comme l'Inde sont très attentives à la réduction de ce phénomène. Mais il faut bien admettre que de nombreuses tolérances ont pu

---

[104] Standard Chartered est une banque britannique qui exerce la plus grande partie de ses activités en Asie. Voir également l'analyse d'Anne CHEYVIALLE, *La dette chinoise progresse avec une rapidité inquiétante*, juillet 2014.

laisser s'effectuer des opérations parfois considérées comme complémentaires des opérations bancaires officielles et que les interventions des Etats admettent parfois une souplesse qui les rend moins efficaces.

Par ailleurs, les gouvernements provinciaux ont un toujours tenté de jouer un rôle stimulant dans l'équilibre entre l'endettement et l'investissement ; ils se financent en partie par la vente des droits d'usage des terres et favorisent, par là même, directement et imprudemment, la bulle immobilière, venant alimenter les effets déjà très difficiles à maîtriser de la relance de l'économie nationale par la construction immobilière parfois démesurée, sans lien avec les capacités d'achat des populations locales, surtout de celles d'origine rurale, récemment urbanisées.

A cause des prix à la production qui baissaient, beaucoup d'entreprises n'ont pas été —et ne sont toujours pas— en mesure de rembourser leurs crédits. Des millions de petits épargnants — on compte 5% de la population— sous l'influence de la propagande, mais aussi du goût très culturel en Chine pour les jeux de hasard, ont placé une grande partie de leurs épargnes en Bourse. L'indice composite de la Bourse de Shanghaï a augmenté pendant un an, de 2014 à 2015, de plus que 150%.

En deux mois, de juin à août 2015, l'indice composite a chuté de plus de 40%. Cette baisse a entraîné l'été suivant des retraits massifs et des transferts vers des pays occidentaux (Etats-Unis, Union Européenne), paraissant relever d'une meilleure stabilité financière, et considérablement diminué les excédents chinois d'exportation de la Chine ainsi que ses réserves de devises.

Les tensions entre la Chine et le Reste du Monde

La certitude évoquée dans notre approche repose sur le fait que le monde est en perpétuelle mutation, que les pays en développement essayent de devenir émergents, que les pays émergents entendent occuper une place importante, à égalité avec les pays occidentaux, dans toutes les instances politiques mondiales mais aussi jouer un rôle dominant sur tous les marchés mondiaux.

Le ralentissement provisoire des uns peut parfois entrer en friction avec la domination affichée ou recherchée des autres. Le thème d'un « *choc économique, commercial et financier entre la Chine et les Etats-Unis* », désormais les deux pays les plus riches du monde en termes de PIB, est très souvent évoqué. D'aucuns y voient, au demeurant, une opportunité pour l'Union Européenne, qui pourrait jouer un rôle intermédiaire et s'attirer les faveurs des Chinois en acceptant de reconnaître à leur économie le statut d'économie de marché[105].

Les manipulations réciproques du cours de leurs monnaies et de leurs taux d'intérêt attisent parfois les tensions entre la Chine et les Etats-Unis. Les options que prendra le gouvernement américain, désormais présidé par Donald TRUMP, ne sont pas encore véritablement connues ni des économistes, ni des géopoliticiens.

Les turbulences indiennes

L'Inde, qui abrite la seconde population mondiale (1,34 milliard d'habitants en 2016) et se présente comme la plus grande démocratie «libérale», a atteint la même année un PIB de 2.384 milliards de dollars, soutenu par une croissance économique effective de 7,5%[106].

Mais comme le taux d'inflation indien, bien que relativement maîtrisé, reste notoirement élevé (5,5%) et que le taux d'endettement du pays atteint 1.526 milliards de dollars (65% du PIB), le gouvernement indien a énergiquement entrepris, début décembre 2016, de lutter contre l'économie souterraine, la corruption et la fraude fiscale en surveillant la circulation de sa monnaie fiduciaire comme celle des quantités d'or en qui s'échangent de manière souvent informelle dans le pays.

Le Premier ministre indien, a pris la décision subite de « *démonétiser* » plus de 24 milliards de billets correspondant à une valeur faciale de 500 et de 1.000 roupies et de demander aux consommateurs de venir les échanger contre de nouvelles coupures. Le change des anciens contre les nouveaux billets se faisant auprès des banques, celles-ci sont alors en mesure de demander à chaque citoyen d'indiquer la provenance de ses liquidités, surtout si elles sont importantes[107]. En théorie, les billets possédés de manière illégale, évalués au nombre de 15 milliards, ne devaient pas être échangeables.

De la même manière, l'or acquis de manière douteuse, généralement par le truchement de l'économie souterraine, ou non déclaré, devait, pensait-on, faire l'objet d'une même opération de contrôle. En réalité, jusqu'à la

---

105 Thème évoqué par Jean-François DUFOUR dans Le Monde Economie, 9 décembre 2016.

106 Selon le World Economic Outlook Data base, 2016 du FMI. Les statistiques concernant les pays émergents peuvent cependant sensiblement varier selon les sources consultées.

107 <lefigaro.fr> , AFP, AP, Reuters Agences, 09/11/2016.

fin 2016 au moins, des amendes pour fraude fiscale ou pour détention d'or illégale ou non déclarée ont pu être appliquées, mais la confiscation de l'or n'a pas véritablement eu lieu, dans un pays où la possession de petites quantités d'or est un élément ancré dans la culture de toutes les castes et de toutes les couches sociales.

IV- LE COIN DES ETUDIANTS

1- Vocabulaire

le coefficient (ou indice) de Gini	*Le coefficient de Gini est une mesure statistique de la dispersion des données relatives à une population*[108]*. Ce coefficient ou indice de Gini est un écart moyen relatif, c'est-à-dire un nombre variant de 0 à 1, où 0 signifie l'égalité parfaite et 1, une inégalité totale des éléments de la dispersion étudiée. On l'utilise communément pour mesurer l'inégalité de la répartition des revenus dans un pays. C'est donc un élément de mesure de l'inégalité économique entre les nationaux.* *Le coefficient de Gini témoigne d'une faible inégalité de la répartition des revenus*[109] *dans des pays comme le Japon, la Suède (0,23), le Danemark (0,2 < g < 0,25) et à l'inverse d'une forte inégalité en Namibie (0,71), en Afrique du Sud (0,65), au Honduras, au Guatemala, au Brésil, en Indonésie et au Mexique (0,55<g<0,65). En Chine, ce coefficient est de 0,415, en France de 0,327, en moyenne des pays de l'Union Européenne de 0,3.*
OCDE	*L'Organisation de Coopération et de Développement Economique est une organisation internationale qui a été créée en 1960 entre des pays qui possèdent tous un système de gestion démocratique et une économie de marché.* *L'OCDE a succédé à l'Organisation Européenne de Coopération Economique (OECE) issue du Plan*

108 indice de Gini <www.insee.fr>.

109 <www.donnees.banquemondiale.org/indicateur>.

	Marshall. Elle compte 34 pays membres. Ses experts réalisent des études économiques et formulent des recommandations de politique économique. Les pays qui la composent sont généralement des pays riches, dont la somme des PIB correspond à plus des trois quarts du PIB mondial.
OMC	*L'Organisation Mondiale du Commerce coordonne et harmonise les règles qui président au bon fonctionnement du commerce international. Cette organisation de 152 membres a pris le relais, le 1er janvier 1995, de l'Accord Général sur les Tarifs Douaniers et le Commerce (en anglais General Agreement on Tariffs and Trade, GATT), qui avait été créé en 1947.*
FMI	*Le Fonds Monétaire International (FMI), issu, comme la Banque Mondiale, des Accords de Bretton Woods en 1944, est une institution regroupant 189 pays, dont le but est de promouvoir la coopération monétaire internationale et de garantir la stabilité financière. Il a pour tâche essentielle de distribuer des crédits à des pays qui ont de très faibles réserves de change et des balances des paiements très déséquilibrées. Le FMI essaye de promouvoir une collaboration internationale au niveau des politiques monétaires, permettant, en particulier, l'élargissement du commerce mondial et la santé des politiques monétaires nationales.*
Infrastructures	*Les infrastructures sont les installations fixes nécessaires au bon fonctionnement d'un ensemble, ou qui le facilitent.*
Shell	*SHELL (également appelée Royal Dutch Petroleum), est une compagnie pétrolière anglo-néerlandaise, l'une des plus importantes sociétés multinationales. Pour l'année 2015, elle est classée au 2e rang des entreprises mondiales en termes de chiffre d'affaires avec un chiffre d'affaires de 470 milliards de dollars. En conséquence, SHELL est aussi le 1er groupe mondial dans le secteur pétrolier.*
Petrobras	*PETROBRAS est une entreprise d'État brésilienne de recherche, d'extraction, de raffinage, de transport et de vente de pétrole. Elle est la première entreprise du pays*

	et la cinquième plus grande entreprise pétrolière du monde. *En mars 2014, PETROBRAS, qui ne parvenait plus à honorer ses emprunts et s'est trouvée dans une position financière critique, a été mêlée, par ailleurs, avec les géants brésiliens du BTP, à une grave affaire de corruption politique (surfacturation et pots de vin versés en partie aux instances politiques pour financer les campagnes électorales.* *La Présidente Delma ROUSSEFF a été poussée à la démission et a perdu progressivement ses principaux alliés.*
l'Arctique	*L'Arctique est la région entourant le pôle Nord de la Terre, à l'intérieur et aux abords du cercle polaire arctique. Il s'oppose à l'Antarctique, au sud. L'Arctique comprend huit pays, ceux dont les côtes sont au contact de l'océan Arctique, soit : le Canada, les États-Unis (avec l'Alaska), le Danemark (par le Groenland), la Russie, la Norvège, la Suède, la Finlande et l'Islande.*
CNOOC	*La CNOOC (China National Offshore Oil Corporation) est une compagnie pétrolière chinoise créée en 1982, dont le capital est contrôlé en totalité par l'État chinois. Elle compte plusieurs filiales, certaines cotées à Hong Kong et à New York.* *La CNOOC est la troisième compagnie pétrolière chinoise derrière SINOPEC et PETROCHINA. Son rôle est surtout orienté vers l'exploitation de ressources pétrolières et gazières extérieures à la Chine (également en Afrique), en coopération avec des entreprises étrangères.*
Glencore	*GLENCORE PLC est une importante entreprise suisse de négoce, de courtage et d'extraction de matières premières. Elle résulte de la fusion en mai 2013 de GLENCORE, société de négoce, et de Xstrata, multinationale active dans l'extraction minière et basée en Suisse.*
BHP Billiton	*BHP Billiton est un producteur de fer, de diamants, d'uranium, de charbon, de pétrole et de bauxite.*

	En 2006, c'est la plus grande entreprise minière du monde et elle est considérée, avec ANGLO-AMERICAN et RIO TINTO, comme une entreprise minière intégrée verticalement. *Elle possède des installations minières et de traitement dans 25 pays, qui emploient 36 000 personnes.*
Vale	*VALE est une très grande entreprise minière multinationale du Brésil.* *VALE est l'un des plus grands producteurs et exportateurs mondiaux de minerai de fer, mais également un très grand producteur mondial de nickel, de manganèse, de cuivre, de bauxite, de potasse, de kaolin et d'aluminium.*
Codelco	*CODELCO est une entreprise détenue à 100 % par l'État chilien. C'est le plus grand producteur de cuivre au monde avec des réserves pour 200 ans. CODELCO a produit en 2015, 11 % du volume annuel mondial de minerai, avec une production de 910 000 tonnes.*
Rio Tinto	*RIO TINTO est un groupe minier multinational anglo-australien, surtout implanté en Australie où se trouve l'un de ses deux sièges sociaux (à Melbourne, l'autre étant à Londres) et en Amérique du Nord. Le groupe est néanmoins présent dans de nombreux pays, sur les cinq continents, mais ses actifs miniers se concentrent principalement en Australie et au Canada.*
Standars & Poor's	*STANDARD & POOR'S (S&P) est une société d'analyse des marchés financiers mondiaux. C'est également l'une des trois principales sociétés de notation financière, en concurrence avec Moody's, Fitch Ratings et Dagong.* *Cette entreprise américaine est connue pour son indice boursier S&P. Standard & Poor's publie 48 fois par an une lettre d'information hebdomadaire, The Outlook, relative à l'analyse des marchés boursiers.*
Hedge funds	*Les hedge funds sont des fonds d'investissement non cotés à vocation spéculative, recherchant des rentabilités élevées, et qui utilisent beaucoup les produits dérivés. (instrument financier dont la valeur fluctue en fonction*

	de l'évolution du taux ou du prix d'un autre produit appelé sous-jacent , qui ne requiert aucun placement net initial et dont le règlement s'effectue à une date future). voir <http://www.lesechos.fr/finance-marches>.
AIIB	L'AIIB (Asian Infrastucture Investment Bank, en fr. Banque Asiatique d'Investissement en Infrastructures) est une banque de développement proposée par Xi JINPING, en concurrence avec la Banque Mondiale, le FMI et la Banque Asiatique de Développement, où l'influence des pays occidentaux paraissait trop importante. Les Chinois proposent, par cette banque, de «soutenir le processus d'interconnexion et d'intégration du développement économique de la région». La Chine propose, en créant cette banque, de « fournir un soutien financier au développement d'infrastructures dans les pays en développement de la région», de manière à créer «une nouvelle route de la soie». La banque, officialisée le 24 octobre 2014 à Pékin, a regroupé 21 membres fondateurs et prévu une capitalisation comprise entre 50 et 100 mds $, l'essentiel étant fourni par la Chine. Elle comptait déjà 57 membres associés, dont de nombreux pays occidentaux, en avril 2015.
Zones de libre-échange, AELE	Entrée en vigueur le 4 janvier 1960, l'Association Européenne de Libre-Echange regroupait 7, puis plus tard 10 pays européens (Royaume-Uni, Autriche, Suède, Finlande, Danemark, Norvège, Portugal, Suisse, Islande, Liechtenstein) qui refusaient leur intégration au sein de l'Union Européenne, qu'ils jugeaient trop contraignante. La plupart de ces pays adhèreront pourtant à l'AELE, à l'exception de la Norvège, de la Suisse, de l'Islande et du Liechtenstein.
TTIP (TAFTA)	Le TTIP « Transatlantic Trade and Investment Partnership » ou TAFTA « Transatlantic Free Trade Agreement » est prévu pour être une très grande zone de libre-échange à l'échelle transatlantique. L'Europe a entamé en 2013 des négociations avec les États-Unis en vue d'aboutir à cet accord TAFTA, dont le but serait de

	créer le plus vaste marché commun du monde, concernant 820 millions de consommateurs, en allégeant les tarifs douaniers et les réglementations de part et d'autre de l'Atlantique. *Le TAFTA prendrait la forme d'un accord de libre-échange et d'investissement de nature à libéraliser encore davantage les échanges commerciaux entre les États-Unis et l'Union européenne, en démantelant les droits de douane et en s'attaquant aux normes et régulations.* *De nombreuses manifestations d'hostilité et de refus ont bloqué le développement de ce projet, « aucune véritable consultation des peuples n'ayant eu lieu sur l'opportunité de commencer ces négociations ».* *Le TAFTA prévoit, au demeurant, la mise en place d'un mécanisme de règlement des différends entre entreprises et Etats (un dispositif très polémique). Si le projet aboutit, il instituera la zone de libre-échange la plus importante de l'Histoire, couvrant 45,5 % du PIB mondial.*
OPEP	*L'Organisation des pays exportateurs de pétrole (OPEP) est une organisation intergouvernementale (un cartel) de pays visant à négocier avec les sociétés pétrolières pour tout ce qui touche à la production de pétrole, à son prix et aux futurs droits de concession. Depuis le 1er août 2016, le secrétaire général de l'OPEP est l'ancien patron de la compagnie nationale des hydrocarbures du Nigeria (NNPC) Mohammed Barkindo.*
Reuters	*L'agence britannique Reuters est une des plus grandes agences de presse mondiales.*

2- Exercice pratique

***Complétez le texte suivant à partir des mots qui vous sont proposés par ordre alphabétique dans la grille ci-après*[110]**

L'investissement est une opération de renouvellement ou d'augmentation du stock de ……… dont dispose une entreprise, dans le but d'acquérir de nouveaux biens ……… qui serviront à améliorer, à étendre ou à stimuler le processus de production.

La formation brute de capital ……… (FBCF) correspond à l'achat de biens durables (par exemple des machines ou des outillages) qui sont utilisés par l'entreprise au cours de ses nombreuses opérations de production successives. Elle correspond en réalité au capital fixe, qui varie en fonction de l'importance réciproque d'une part de l'investissement brut et d'autre part de la destruction, de l'usure ou de l'……… des machines, outillages, hangars et autres bâtiments ou parties de bâtiments de l'entreprise, que l'on appelle l'……… L'investissement net mesure la variation réelle de la capacité ……… de l'entreprise. La concurrence de plus en plus forte sur les marchés mondiaux, tout comme l'ouverture des activités des entreprises aux marchés étrangers, impose à celles-ci d'importantes et coûteuses activités de recherche et ……… (R&D), ainsi que des dépenses de perfectionnement et de formation, voire de reconversion, pour leurs ………. L'ensemble de ces dépenses, auxquelles s'ajoutent les frais de publicité, d'acquisition de progiciels et de brevets, constitue des investissements ……….

Cependant, les investissements ont un coût que l'entreprise doit savoir mesurer et qui affecte structurellement les résultats de la production (diminution des coûts moyens, augmentation nette du chiffre d'affaires, valeur actuelle nette, taux de ……… interne, etc.). L'augmentation du capital par rapport au travail dans l'entreprise améliore le coefficient de capital, le rapport capital/travail, ainsi que le taux de ……… marginale de capital.

La décision d'investir sera prise par l'entreprise en fonction d'un certain nombre de ……… internes ou externes : 1) de la situation économique et politique globale dans laquelle se trouvent le pays ou les marchés réels et financiers; 2) de l'augmentation ou de la diminution tendancielle de la demande ……… ainsi que de la quantité et des conditions de l'offre des principaux concurrents sur les marchés ; 3) de la capacité de ……… de l'entreprise (autofinancement, nouveaux emprunts auprès des banques ou des marchés financiers).

---

[110] Ce texte est extrait de notre *Communication Economique pour les Chinois Francophones*, Guy SCHULDERS, Ed. L'Harmattan, Paris 2008.

Par ailleurs, l'internationalisation des marchés et le coût moindre des salaires dans certains pays (en particulier asiatiques) conduisent les entrepreneurs occidentaux à ……… leur production ou à créer des filiales à l'étranger, soit en créant de nouvelles entreprises dont le capital est « à 100 % étranger », lorsque la législation locale le permet (cas de la Chine), soit en s'associant à des entrepreneurs locaux pour créer de nouvelles unités de production, soit en consolidant des filiales déjà existantes. Ils effectuent, dans ce cas, des investissements ……… à l'étranger (IDE) ou, symétriquement, perçoivent des investissements étrangers.

1	amortissement	5	développement	9	fixe	13	personnels
2	capital	6	directs	10	globale	14	productive
3	critères	7	durables	11	immatériels	15	productivité
4	délocaliser	8	financement	12	obsolescence	16	rentabilité

3- Compréhension du thème

1. *Les grandes entreprises pétrolières doivent-elles être des entreprises d'Etat ou être étroitement liées aux orientations gouvernementales ?*
2. *Les zones de libre-échange ou les grandes institutions financières ou bancaires à échelle intercontinentale sont-elles de nature à favoriser les dynamiques de croissance économique nationales, régionales ou mondiales ?*
3. *L'endettement d'Etat est-il propice, à terme, à des poussées inflationnistes ou à des dégradations monétaires ?*
4. *Les investissements directs étrangers doivent-ils être interprétés comme des fuites de capitaux et donc des éléments négatifs pour la croissance nationale ?*
5. *Qu'attendent les Chinois de la création d'une « nouvelle route de la soie » ?*

CHAPITRE VI- DES CRITERES MIEUX CIBLES POUR LE DEVELOPPEMENT ET L'EMERGENCE

Afin de mettre en œuvre et de soutenir leurs processus de croissance, de développement, d'industrialisation comme d'émergence, les pays doivent s'appuyer sur les richesses que leur fournissent leur dotation factorielle, leur sol et leur sous-sol, leurs populations plus ou moins nombreuses, qu'il convient impérativement d'alphabétiser, de scolariser et de former. Ils pourront également solliciter des aides et des crédits qui seront octroyés par des organisations internationales d'aide au développement, mais aussi par des pays partenaires plus riches et par des investisseurs étrangers.

I- AMENAGER JUDICIEUSEMENT LES RESSOURCES

Parmi les ressources indispensables sur lesquelles les pays peuvent compter pour effectuer leur décollage, ou pour en promouvoir les effets auprès de tous les secteurs de leurs économies, les Etats doivent pouvoir également s'appuyer sur les revenus que leur procurera la vente de leurs produits de base, en particulier de leurs matières premières, voire de leurs ressources énergétiques, et autres richesses agricoles, forestières ou naturelles.

Or les ressources qui devraient découler des exportations de ces produits sont régulièrement remises en cause par les décisions ou par les options industrielles, financières ou géopolitiques de leurs partenaires et des consommateurs du monde entier, conduisant à la baisse des cours comme à celle des investissements qui en résultent.

Le cas le plus significatif pour les économies concernées est celui que nous avons développé dans nos chapitres précédents, des variations erratiques, toujours perturbantes, des cours du pétrole, parfois à la hausse, parfois à la baisse, mais aussi celles des cours des différents métaux étroitement liés aux modifications du rythme des productions industrielles de certains pays occidentaux ou émergents, qui feront varier leurs importations de ces produits, récoltés, pompés ou extraits du sous-sol des pays en développement ou émergents en fonction de leurs propres dynamiques productrices ou exportatrices, elles-mêmes dépendantes du niveau de croissance des pays, y compris et surtout de la Chine et des pays occidentaux qui leur achètent leurs produits de base.

Les réalités du processus accéléré de mondialisation telles que nous les avons vécues à partir de 2008, et des incontournables effets d'interdépendance qu'elles ont sécrétées, en ont attesté : si la croissance vient à ralentir aux Etats-Unis ou dans les pays de l'Union Européenne, les importations de ces pays en provenance de la Chine et de l'Inde, mais aussi du Brésil, se contracteront ; vendant moins de leurs produits à ses partenaires habituels, la Chine aura moins besoin des matières premières qu'elle importe habituellement d'Afrique ou des pays asiatiques ou latino-américains.

Ces pays en voie de développement ou d'industrialisation, voire d'émergence pour le Brésil, la Russie et l'Afrique du Sud, se sont retrouvés directement impactés par un complexe, mais inévitable effet de ricochet.

Concernant la baisse des cours de certains produits (aluminium, cuivre, fer, cacao, argent, or, zinc, etc.), l'euphorie que pouvaient auparavant susciter grâce à eux les perspectives d'un enrichissement futur et peut-être rapide n'a été que rarement confirmée par des mouvements de hausse, même modérément soutenus, quelques semaines ou quelques mois plus tard (pétrole, caoutchouc, acier) —la hausse attendue ne s'étant d'ailleurs pas toujours confirmée sur tous les marchés, loin s'en faut.

Cette succession de baisses des cours et de légères hausses, généralement passagères, a engendré dans l'ensemble une baisse des investissements dans la production de pétrole. Mais elle a aussi, pour des raisons parfois liées à des considérations tenant au respect de l'environnement, comme la réduction des activités de fracturation hydraulique (*hydro fracturing*) impacté la production des Etats-Unis.

Fin décembre 2016, le Président OBAMA a annoncé des mesures de protection des écosystèmes, environnementales et géo-climatiques, concernant certaines zones de l'Arctique, dans la partie américaine de la mer des Tchouktches, qui borde en partie l'Alaska, et de l'Atlantique, en interdisant de nouveaux forages pétroliers sur des zones qui, au total, dépassent 50 millions d'hectares. Pour sa part, il apparaît que le Canada souhaite également interdire tout nouveau forage de pétrole ou de gaz dans ses eaux de l'Arctique.

Mais lorsqu'elle s'est manifestée, la baisse des cours du pétrole a surtout été accompagnée, pour des raisons qui pouvaient être parfois de nature politique, par des résultats très médiocres concernant la production et la commercialisation de pétrole et de gaz dans des pays comme la Russie, le Venezuela ou le Nigeria, auxquels se sont ajoutés des incendies de forêt au Canada, le tout parfois combiné à des turbulences politiques graves, sur fond de détournements, de corruption, de faillites et de scandales d'Etat (Brésil, été 2016).

Que les cours montent modérément ou qu'ils chutent momentanément, les craintes des investisseurs et de leurs banquiers restent généralement un frein à leur action, plus important que leur souhait d'investir à nouveau dans un secteur qui pourrait redémarrer dans un proche avenir.

Pour ce qui concerne le seul pétrole, l'ensemble de ces facteurs a conduit à la baisse universelle des disponibilités dès le printemps 2016.

En quelques années, la tendance s'est alors inversée et les problèmes précédemment évoqués ont amené le prix par baril à remonter jusqu'en décembre 2016 (de nouveau à plus de 55 $), sans jamais cependant retrouver son niveau supérieur de 60 $, deux ans auparavant, en décembre 2014.

Plus épisodiquement, on évoque également depuis deux ans le fait que la consommation d'essence aurait été caractérisée par une forte augmentation des besoins des automobilistes américains, ce qui devrait également affecter positivement les quantités demandées en même temps que les cours du marché du pétrole.

Les cours du cuivre et du zinc, qui se sont littéralement effondrés (de 10.000 dollars par tonne en janvier 2011 à 4 100 en juin 2016 pour le cuivre et de 4 500 dollars par tonne à 2 400 de janvier 2007 à juin 2016 pour le zinc) ont vraisemblablement expliqué le désintérêt des investisseurs pour ces secteurs et conduit, entre autres causes, à la fermeture de mines de cuivre et de zinc dans les pays traditionnellement producteurs.

En revanche, la demande croissante sur l'or ainsi que les pertes subies par les ventes des planteurs de produits agricoles, comme le café ou le cacao, n'ont pas connu pour l'instant de remontées décisives concernant les cours hésitants de ces produits, dont peu d'entre eux ont véritablement retrouvé leur niveau supérieur d'avant 2015.

Le prix du zinc a légèrement augmenté à 1 515 dollars par tonne en janvier, puis à 2 400 $ en décembre 2016, même si cette amélioration le situe encore à un niveau très éloigné de son pic historique de 4 387 dollars par tonne en décembre 2006.

Pétrole (Brent)[111] ($ /baril)	44,52	novembre 2016	55	décembre 2016
Caoutchouc ($ / t)	147	juin 2016	240	décembre 2016
Acier ($ / t)	488	juin 2010	570	décembre 2016
Aluminium ($ / t)	3.000	juillet 2008	1.500	juin 2016
Cuivre ($ / t)	10.000	janvier 2011	4.100	juin 2016
Fer ($ / t)	180	janvier 2011	52	juin 2011
Cacao ($ / t)	2.899	avril 2016	2.262	décembre 2016
Argent ($/once)	43	juillet 2011	17	juin 2016
Or ($/once)	1.600	février 2013	1.220	juillet 2016
Zinc ($ / t)	4.500	janvier 2007	2.400	juin 2016

Tableau 20- Evolutions récentes des cours des matières premières

Malgré les turbulences et les hésitations des processus de croissance et des marchés des pays en développement et émergents, si l'on effectue une comparaison avec l'économie européenne, dont les faibles taux de croissance laissent les économies presque stagnantes, les pays en développement —comme cela semble être le cas des pays émergents depuis une dizaine d'années— apparaissent à nouveau en fin d'année 2016, à beaucoup d'investisseurs, comme des lieux d'implantation possiblement intéressants, en particulier après les incertitudes qui se sont manifestées lors du référendum britannique voté en juin 2016, confirmant le « BREXIT » et programmant la sortie, dans le court terme, de la Grande-Bretagne de l'Union Européenne.

Les inquiétudes portant sur l'avenir d'autres échéances électorales proches, concernant l'Italie à l'automne 2016, les Etats-Unis après les élections présidentielles mal pronostiquées par les instituts de sondage du monde entier, ou les élections françaises et allemandes de 2017, laissent les acteurs économiques souvent dubitatifs et les orientent vers des analyses de perspectives de profits plus faciles à prévoir dans d'autres parties du monde qu'en Occident.

[111] BRENT: acronyme pour Broom, Rannoch, Etive, Ness et Tarbert, principales formations géologiques pétrolifères en mer du Nord. Techniquement, le BRENT est un mélange de la production de 19 champs de pétrole situés en mer du Nord, par opposition au "light sweet crude" (WTI), qui est la référence américaine du pétrole brut.

L'afflux d'argent, qui est lié aux conséquences des politiques menées par les principales banques centrales, a stimulé auprès de beaucoup d'hommes d'affaires occidentaux la propension à investir. Mais ceux-ci ont parfois réagi de manière improvisée ou précipitée, faute d'avoir su analyser avec suffisamment de perspicacité les interactions interculturelles ou administratives complexes des pays d'accueil— dans les pays en développement et dans les pays émergents.

Parmi ces pays, il est certain que la Chine, par sa population, ses besoins, ses richesses, ses revenus (second PIB mondial) suscite, en particulier en Occident, l'intérêt des hommes d'affaires et des marchés, y compris financiers, alors qu'en même temps des financiers et entrepreneurs chinois font sortir leurs propres capitaux (investissements dans les zones viticoles françaises, par exemple, mais également prises de participations dans des activités industrielles importantes en Europe).

Chaque investisseur à l'international soupèse, à sa manière, les avantages et les inconvénients de l'ouverture de nouveaux partenariats avec la Chine. Mais chacun sait également que, dans ce pays, une colossale bulle financière, relevant d'une bulle de crédit —dans laquelle a été incontestablement imbriquée, par effet de ricochet, une lourde et coûteuse bulle immobilière— constitue un grave facteur d'incertitude et de risque pour le futur.

Le cas de l'Inde avec la décision brutale de la part du Premier ministre, de démonétiser les grosses coupures des billets de banques afin de mieux filtrer les opérations d'économies informelles et les détournements liés à la corruption, mais aussi de contrôler les mouvements portant sur les transactions d'or, rend également les investisseurs (historiquement britanniques) très prudents dans leurs prises de décisions nouvelles concernant les investissements dans ce pays qui reste au demeurant un marché colossal de plus d'1,3 milliards d'habitants. Il est vrai que la soudaineté de la décision d'assainissement des pratiques monétaires de Narendra MODI a créé dans le pays, fin 2016, trouble et incertitude.

Quant à la Russie, où de fortes tensions économiques ont succédé aux problèmes de sa politique vis-à-vis de l'Ukraine, les perspectives d'y faire fructifier les investissements directs étrangers restent pour l'heure encore très problématiques.

Les cas du Brésil, évoqué dans les chapitres précédents, comme de la Corée du Sud où les présidentes ont été concernées par des accusations de malversations graves, pas toujours claires, ni strictement avérées, laissent également les industriels étrangers hésitants et les poussent à reporter à plus tard leurs décisions d'investissements dans ces pays.

Parmi les pays émergents évoqués, la Chine demeure en 2017, malgré les incertitudes évoquées précédemment, la destination préférée des investisseurs projetant de nouvelles opérations à l'international. Pendant encore longtemps, pourtant, les conséquences politiques et sociales de la diminution de la croissance chinoise de 2014 et de 2015 pourraient s'avérer inquiétantes, surtout si les résultats de 2016 et les prévisions pour 2017 n'apportent pas l'effet de rattrapage attendu, tant par les populations chinoises concernées, dont les classes moyennes veulent enfin percevoir les fruits de leurs efforts passés, que par les acteurs, clients et fournisseurs, des économies partenaires d'Asie comme d'Occident.

Bien entendu, les dotations factorielles des économies, en développement, émergentes ou déjà industrialisées, sont très différentes d'un pays à un autre, et la fabrication des biens ou la mise en œuvre d'activités économiques (agriculture, industries comme services) requiert une utilisation et une combinaison, dans des proportions très variables, des différents facteurs de production (terre, capital et travail).

Des pays comme la Suisse ou le Luxembourg, dont les superficies sont très petites (respectivement 41.370 et 2.586 km^2) et qui sont faiblement peuplés (8,1 millions et 556.000 habitants), ne vont certes pas se spécialiser dans la culture ou l'élevage extensif. En revanche, leur revenu par habitant très élevé (92 et 78.000 dollars en 2016) en fait des clients potentiels aisés, permettant à leurs banques d'allouer d'importants prêts et de promouvoir la diffusion de nombreux produits financiers au profit des industriels qui sauront montrer l'efficacité et la rentabilité de leurs projets d'investissements, dans quelque pays que ce soit.

Si deux produits (A) et (B) exigent des combinaisons factorielles différentes, l'un sera avant tout utilisateur de facteur capital *(capital using),* l'autre de facteur travail *(labour using).* Il va de soi que les blocs de possibilités de productions, qui sont les ensembles des combinaisons de production de (A) et de (B) qui assurent le plein emploi des facteurs du pays, n'auront bien entendu pas la même morphologie dans un pays très peuplé et démuni de capital et dans un pays très riche mais peu peuplé comme la Suisse ou le Luxembourg.

II- FORMATION ET DEVELOPPEMENT

Certaines études, en particulier celles de Theodore W. SCHULTZ, célèbre économiste américain de l'Université de Chicago, comme ultérieurement celles de Gary BECKER, ont insisté sur *« les fondements du capital humain »* et posé les bases d'une corrélation entre l'éducation et la scolarité des enfants et la productivité économique qui en découlait à terme.

En élargissant les constatations au monde du développement et de l'industrialisation, les démonstrations de ces auteurs démontrent *« qu'un agriculteur qui sait lire et écrire est généralement plus productif dans les pays en développement qu'un analphabète*[112] *»*.

Les propositions de T.W.SCHULTZ ont des implications incontestables dans tous les domaines liés aux processus successifs économiques et socioculturels qui mènent à la croissance, mais aussi de la croissance, à l'industrialisation, au développement et à l'émergence.

Car ces propositions attestent les rôles indissociables du facteur capital et du facteur travail. Contrairement aux affirmations de certains auteurs keynésiens ou d'analystes néoclassiques qui associaient de manière quasi exclusive, sur la base sans doute de l'observation des économies riches des pays occidentaux, la croissance à l'accumulation et à la productivité du seul facteur capital, $\Delta Y = f(\Delta K)$, il s'avère que la création et la modernisation d'infrastructures permettant le développement du capital humain (hygiène, santé, scolarisation, alphabétisation, formation, etc.) imposent incontestablement la complémentarité des facteurs capital et travail, tant sur le plan quantitatif que qualitatif, dans la création et la dynamisation de tous processus évolutifs de l'économie :

$$\Delta Y = g(\Delta K, \Delta L)$$

Les pays, selon la célèbre *« loi de proportion des facteurs »* (ou théorème H-O-S, évoqué par Heckscher, Ohlin et Samuelson), ne se spécialiseront bien sûr pas dans le même type de production et échangeront leurs produits selon des *« triangles d'échange internationaux »* qui leur seront spécifiques, chaque pays trouvant un avantage dans l'achat à l'étranger de produits que sa propre dotation factorielle ne lui permet pas de fabriquer

---

[112] Theodore W. SCHULTZ, *Investment in man : an Economist's view*, Social Service Review, 1959 ; Gary BECKER, *Human Capital, A Theoretical and Empirical Analysis*, Columbia University Press, New York, 1964.

facilement, et inversement[113]. Wassily LEONTIEFF, par l'énoncé de son célèbre paradoxe, prendra plus tard le contrepied de ces propositions[114].

Mais quelles que soient les dotations factorielles des pays, qu'ils soient amplement fournis en capital ou en travail, le développement du capital humain, dans le sens où l'expliquent T.W. SCHULTZ et G. BECKER, reste une priorité dans tout processus de développement et d'émergence. Il est impératif de développer l'investissement dans les infrastructures permettant l'amélioration, voire l'organisation de l'éducation, de la formation, de la santé, etc., car elles constituent l'un des moyens les plus efficaces pour mettre en œuvre et réussir, à terme, toute politique de développement économique, politique et social, mais aussi d'émergence dans un pays bénéficiant d'une irréprochable gouvernance et, si possible, durablement sécurisé.

D'autres auteurs comme Mohammed TAMIM, sans contester les priorités évoquées précédemment, expliquent que les pays en développement se situent, depuis la révolution industrielle occidentale du XIX° siècle, dans une longue phase historique et culturelle transitoire concernant les manières de vivre traditionnelles, vers une adaptation à des manières de vivre modernes. Pour cet auteur, le développement d'un pays serait mesurable à son seul niveau d'éducation moderne et « *le taux de scolarisation est proportionnel au taux de développement économique et inversement proportionnel au taux de croissance démographique*[115] ». Il y aurait selon lui, un *« transit culturel »* social, économique et démographique, dont le développement est mesurable au niveau de la formation, de l'école élémentaire jusqu'à l'université.

Une approche en terme de marginalisme

L'observation des divers processus évolutifs de nations qui ont progressivement développé la scolarisation puis la formation de leurs enfants atteste, sans conteste, l'exactitude des assertions des auteurs précédemment

---

[113] Dont les côtés représenteront les importations d'un bien et les exportations d'un autre, l'hypoténuse étant la tangente commune entre le bloc de possibilité de production national et la courbe d'indifférence à la consommation la plus haute, à laquelle l'ouverture au commerce international permettra d'accéder.

[114] Bertil OHLIN, *Interregional and International Trade*, Cambridge, Harvard University Press, 1933. Wassily LEONTIEFF, *Domestic Production and Foreign Trade: The American Capital Position Re-examined*, 1953.

[115] Mohammed TAMIM, *La théorie du développement pour le Millénaire*. Laâ-youne: Green Sahara, 2009 ; *Le Spectre du tiers-monde*, L'Harmattan, Paris, 2002.

cités. Celles-ci relèvent pratiquement de la tautologie : des populations scolarisées fournissent des éléments humains valorisés aptes à dynamiser tout processus de développement.

Les mesures en la matière pourraient être menées autrement qu'en exprimant des considérations moyennes ou globales concernant l'ensemble d'une population donnée. Les approches pourraient être, selon nous, organisées en reprenant les principes de base des auteurs marginalistes de l'Ecole de Vienne[116].

La réflexion ne consisterait pas à établir spécifiquement une quelconque corrélation entre le niveau des taux de croissance et ceux de la scolarisation ou de l'alphabétisation, mais à rapprocher, au cours d'une période donnée —par exemple une décennie—, le taux d'amélioration de la scolarisation ou de l'alphabétisation du taux d'amélioration des résultats de l'économie d'un pays donné.

On n'essayera pas de comparer un pays en développement P_1 qui possède un taux x_1% de scolarisation de sa jeunesse et connaît une croissance économique de y_1%, avec un pays P_2 qui possède un taux x_2% de scolarisation de sa jeunesse et connaît une croissance économique de y_2%, mais on essayera de décrire et d'analyser, pour chaque pays, le rapport d'amélioration de la scolarisation et de l'alphabétisation dans une période (t) et l'amélioration de la croissance économique en période (t+1) qui en a résulté.

Si un pays rend effective une augmentation de $(\Delta S_t = 20\%)$ de la scolarisation de sa jeunesse en une période donnée, quelles seront les améliorations économiques Δ *(PIB)* qui en résulteront ? Une expression reliant l'évolution du taux de scolarisation et d'alphabétisation (quelle nouvelle enveloppe budgétaire pendant les 10 dernières années ?) à l'évolution du $\Delta (PIB_{t+1})$ qu'elle permettra dans le futur pourrait prendre la forme :

$$\boldsymbol{\Delta (S_t) \rightarrow \gamma \Delta (PIB)_{t+1}}$$

Cette représentation aurait, au demeurant, l'avantage de déduire une sorte de coefficient multiplicateur —voire accélérateur— inhérent au processus de scolarisation et d'alphabétisation national.

Pareille réflexion peut, bien entendu, prendre en considération dans chaque pays les efforts de formation professionnelle comme les études universitaires des adolescents et jeunes adultes. L'attribution de bourses

[116] Eugen v. Böhm Bawerk, Ludwig v. Mieses, Carl Menger, etc.

aux étudiants qui feront leurs études à l'étranger, où ils pourront acquérir les techniques et le savoir-faire des pays hôtes, procèderait également de ce genre d'approche.

Bien entendu, la prudence s'impose dans les comparaisons que l'on pourrait être tenté de faire entre les multiples expériences nationales, principalement en raison des différences culturelles, voire parfois religieuses, qui sont manifestes entre les pays occidentaux, asiatiques comme africains, cette prudence s'imposant en particulier dans le contenu et dans la forme des différents enseignements proposés et des procédés pédagogiques utilisés pour transmettre les connaissances aux jeunes garçons et aux jeunes filles des différents pays, présentées par des équipes de professionnels nationaux ou étrangers.

La scolarisation en Grande-Bretagne n'est pas d'emblée comparable à celle de l'Inde, du Ghana ou du Nigeria, même si ces pays utilisent généralement l'anglais comme langue administrative ou comme moyen d'expression à côté des langues et dialectes des pays, des régions ou des ethnies, parfois très nombreuses dans ces pays. La scolarisation au Vietnam, au Cambodge et en Chine n'est pas strictement semblable entre ces pays asiatiques et encore moins directement comparable aux normes africaines, américaines ou canadiennes.

A titre personnel, ayant enseigné l'économie internationale durant 19 ans dans les universités de plusieurs pays africains au titre de la Coopération, puis en Allemagne, et pour des détachements de moindre durée en Chine, en Birmanie, en Thaïlande, au Vietnam, au Laos et au Cambodge, nous avons acquis la conviction que la présentation et le développement des sciences économiques ne pouvaient pas être rigoureusement les mêmes selon les cultures des étudiants qui nous écoutaient et le niveau de vie des pays dans lesquels ils vivaient.

La science économique, comme les sciences humaines, n'est pas en réalité une science unique, indépendante des cultures des pays qu'elle entend conseiller, orienter et aider dans leur quête de croissance, de développement, d'industrialisation ou d'émergence.

III- INTERCONNEXIONS ET RECIPROCITES

Si l'on admet que la science économique est la *« science de l'administration des ressources rares »*, encore faut-il que les différents pays établissent des processus précis et efficaces pour la gestion et l'administration des ressources fournies :

- par leur sol et leur sous-sol, tout en ménageant leur dotation et en protégeant leur environnement,

- par le travail, les aptitudes et le savoir-faire local de leurs populations, en organisant et en coordonnant leurs activités,

- mais également par leur capital —qu'il soit national ou qu'il provienne de l'endettement extérieur—, dans la mesure où ce capital constituera l'ensemble des moyens techniques et financiers des entreprises qui vont permettre, avec le facteur travail, la mise en œuvre des processus de production sous leurs diverses formes, selon les pays, les habitudes, les formations, les techniques, etc.

Les problèmes structurels agissent fondamentalement sur des périodes longues et se manifestent en interconnexion avec divers autres phénomènes plus ou moins bien déterminés.

Les liaisons fonctionnelles et opérationnelles entre les différentes sources de richesses nationales constituent les structures économiques, c'est-à-dire les éléments de base et les rapports d'efficacité qui imprègnent directement les processus internes et les interactions propres aux systèmes.

Dans tous les pays, qu'ils soient en développement, industrialisés, émergents ou développés, un grand nombre de facteurs différents vont constituer à la fois des atouts et des problèmes liés aux structures productives des pays. L'optique selon laquelle les analystes conçoivent leurs études concernant la véritable nature des problèmes liés aux structures de production conduira à la présentation de nombreuses explications et à des propositions concrètes qui essayeront d'orienter les pays vers une voie efficace de développement puis d'émergence.

Il va de soi que les approches explicatives ne sauraient être uniques ni définitives, car elles sont indissociablement liées au niveau éminemment évolutif de richesse ou de pauvreté, mais aussi à la superficie, à la population, à l'environnement géographique et climatologique des pays analysés.

Les théories le plus fréquemment proposées soulignent « *l'importance prédominante des facteurs endogènes, propres au pays concerné ; d'autres théories insistent sur les facteurs exogènes*[117] ».

---

[117] Eric BOETTCHER, *Entwicklungstheorie und Entwicklungspolitik*, 1964, *Kooperation und Demokratie in der Wirtschaft*, 1976 (en fr. Théorie et Politique du Développement).

L'une des caractéristiques les plus courantes des pays en développement est leur capacité souvent insuffisante à approvisionner leurs propres populations en infrastructures d'éducation, de formation, de santé, en marchandises vitales et en services, autrement dit : à leur permettre une vie humainement conforme à leur époque.

Concernant ce sujet, la Banque Mondiale a, par exemple, prouvé que la majorité des Etats latino-américains était en mesure, à partir d'une redistribution modeste de la richesse disponible qui y était, de surmonter la pauvreté de masse. A ce niveau, il ne s'agit pas seulement d'un problème de production nationale ou de PIB, mais d'un problème de structure politique de répartition.

Il faut admettre que les problèmes structurels ne sont pas toujours véritablement liés à des décisions critiquables de nature politico-économique, mais qu'ils peuvent aussi exister dans d'autres domaines profondément ancrés de l'économie, de la société, de l'environnement, de la culture, voire de l'histoire. Ainsi un approvisionnement insuffisant de la population mène à la pauvreté, n'élimine donc pas la faim et entretient ainsi une plus faible productivité. Un processus inévitable de cause à effet conduit alors le pays à une situation d'insuffisance croissante de l'approvisionnement, donc de carence auprès des populations, encore plus démunies, et par là même, encore moins impliquées dans l'efficacité des activités productives qui leur seront confiées.

En outre, la sous-alimentation chronique freine, avant tout chez les enfants, le développement intellectuel et physique. Il en découle donc pour eux et pour toute la communauté une capacité limitée d'améliorer leur propre situation par la créativité ou par la productivité, et donc de promouvoir à terme le développement de leur pays. L'on comprend donc l'importance de développer en urgence des structures adaptées.

Un autre problème structurel, mais d'origine éminemment culturelle, voire religieuse, est la discrimination des femmes ; cette réalité, désormais dénoncée par tous les observateurs et humanistes des pays économiquement avancés et des pays émergents, sous ses différentes formes, a été considérée, au cours des dernières années, comme l'un des problèmes essentiels du piétinement de certains pays en développement. Il s'agit à ce niveau d'un élément qualitatif de la démographie des nations, parfois lié aux croyances et à la religion.

Dans une optique éminemment quantitative, un autre élément important du développement doit être impérativement pris en considération : celui de la croissance souvent trop rapide de la population de certains pays, qui peut exercer un effet en chaîne très préoccupant sur les autres problèmes de développement ressentis par ailleurs au niveau national.

Dans la mesure, par exemple, où la croissance économique ne peut plus prendre en charge l'augmentation quantitative de la population, il peut se produire dans les grandes villes la formation inquiétante, mais hélas fort courante, de quartiers insalubres et de bidonvilles (*slums*), de favelas, avec un très fort taux de chômage (Brésil 7%, Argentine 8,2%, Chili 6,4%, Colombie 10,1%, etc.) et pouvant favoriser la formation d'une dangereuse délinquance. Outre les risques sécuritaires, dans ces espaces ruraux mal encadrés, subviennent simultanément des problèmes d'alimentation, d'épidémies et une utilisation maladroite des parcelles, avec parallèlement de lourds dégâts tant sanitaires qu'écologiques.

Les interconnexions économiques, structurelles et humaines précédemment évoquées concernent tous les secteurs économiques et sociaux propres à chaque pays en développement. Elles menacent aussi, mais dans une moindre mesure, les pays qui sont déjà parvenus à mettre en œuvre de réelles structures d'encadrement social et qui développent de solides processus d'industrialisation ou qui se sont déjà avancés sur la voie de l'émergence. Ces pays doivent impérativement poursuivre leurs efforts de vigilance.

Mais les difficultés socio-économiques que nous signalons peuvent également avoir des incidences indirectes, mais très conséquentes sur les échanges internationaux des pays qui se sont tous, peu ou prou, acheminés progressivement sur la voie de l'ouverture, de l'internationalisation et de la mondialisation.

Dans la mesure où le commerce extérieur devient à l'évidence l'élément fondamental du développement moderne de chaque pays, comme ce fut déjà le cas pour les pays occidentaux qui se sont industrialisés dés la fin du XIX° siècle, les tribulations évoquées précédemment provoquées par les dysfonctionnements structurels des domaines économiques, politiques et sociaux, y compris humanitaires et environnementaux, pourraient directement, et parfois durablement, inquiéter et affecter certains clients, et donc les marchés des produits qu'ils importent ou qu'ils exportent, ceux-ci pouvant provoquer des implications directes sur les résultats économiques et financiers de leurs fournisseurs.

Ces phénomènes d'interdépendance et d'interconnexion, à la fois entre les secteurs d'un même pays et entre les Etats marchands du monde entier, devenus incontournables à l'ère de la mondialisation, ont directement manifesté leurs implications négatives lors de la crise pétrolière de 1973, puis plus tard de la crise asiatique de 1997 et occidentale de 2007.

La crise du pétrole, qui a débuté en 1973, a impacté les économies en développement et émergentes, mais aussi les économies occidentales, durant plusieurs années. Elle a conduit, dans un premier temps, à une explosion des prix mondiaux du pétrole, dont les pays exportateurs, principalement ceux de l'OPEP, ont essayé, de manière très inégale il est vrai, de profiter.

Les pays industrialisés, importateurs de pétrole, en ont été à la fois les victimes mais aussi les bénéficiaires, en tant que fournisseurs des biens d'investissement et des biens de consommation de plus en plus demandés par les pays pétroliers eux-mêmes.

Malheureusement pour tous les pays partenaires concernés, les pays en développement importateurs de pétrole ne pouvaient généralement pas compenser les pertes qui leur incombaient et ont été conduits à ralentir leurs efforts de développement économique, mais aussi socioculturel.

Dans les années 80, tel un phénomène de balancier, en raison des évolutions très incertaines et surtout inégales de l'économie mondiale, la chute des prix du pétrole, comme celle d'autres matières premières, a eu parfois sur certains pays des effets dramatiques, car elle a entraîné une forte diminution des revenus par habitant des pays en développement : certains revenus *per capita* ont parfois été divisés par deux, dans des pays comme la Libye ou le Nigeria.

En règle générale les pays en développement, mais aussi certains pays émergents (Russie et Brésil) ont été concernés par les crises pétrolières plus fortement que les pays industrialisés occidentaux et l'on peut supposer, que les crises de l'énergie à venir représenteront encore, si elles ne sont pas stoppées à temps, un sérieux facteur de handicap pour le développement, l'industrialisation et pour l'accès à l'émergence des pays du Sud.

L'on doit admettre, comme nous l'avons évoqué précédemment, que d'importantes variations des cours mais aussi des quantités produites et échangées concernant le pétrole se sont répétées et prolongées tout au long de l'année 2016. Ces faits paraissent incontestables même si chacune des parties concernées a tenté d'en minimiser la diffusion médiatique.

Outre les difficultés économiques liées aux variations des cours des produits de base —qu'ils en produisent ou qu'ils en achètent— et aux réactions qu'elles ont pu susciter de la part des équipes dirigeantes, les principaux problèmes communs à tous les pays concernés relèvent généralement des insuffisances structurelles internes, mais aussi des erreurs de gouvernance ou des décisions tardives ou inappropriées des gouvernements.

Depuis les années 50, l'on étudie, l'on mentionne et l'on dénonce un certain nombre de critères caractéristiques —sinon directement responsables— des situations de blocage qui freinent ou rendent impossible la réussite des dynamiques de développement.

Ces critères communs à de nombreux pays en difficulté qui piétinent dans leurs préparatifs de décollage sont tout autant de nature humaine et socioculturelle, qu'économiques ou politiques. Ils sont parfois contestables, tout comme le sont toutes les listes de critères relatifs à une définition globale des pays émergents ou des pays industrialisés. En outre, d'innombrables interactions existent entre les spécificités des différentes catégories de pays, pays industrialisés, pays émergents, pays nouvellement industrialisés, pays en voie de développement, etc.

IV- LA NECESSAIRE MODERNISATION DES INFRASTRUCTURES NATIONALES

Il importe, en premier lieu, d'évoquer le nombre et la répartition des travailleurs dans les différents secteurs économiques des pays en quête de développement et d'émergence.

Une grande partie des caractéristiques économiques évoquant le non-développement apparaît généralement comme la conséquence directe d'une trop faible création d'emplois, mais surtout de sa mauvaise affectation auprès des divers secteurs d'activité des différents pays qui tentent de mettre en œuvre une réelle dynamique de croissance autoentretenue et cumulative et de développement.

Mais nous insisterons à nouveau sur la nécessaire modernisation des infrastructures nationales, qui concerne conjointement les structures économiques et politiques, mais aussi, d'une manière quantitative et surtout qualitative, les structures démographiques et socioculturelles.

- La modernisation économique et politique

Comme dans le cas des nations occidentales au XIX° siècle, c'est généralement en luttant contre ces insuffisances que certains pays en développement ont réussi une évolution progressive, puis se sont orientés avec succès sur la voie de l'émergence, généralement sur la base d'une industrialisation réussie (Chine, Inde, Brésil, Japon, Corée du Sud, Mexique).

Au sein des BRICS, le cas de l'émergence de l'Afrique du Sud, incontestablement affectée par de grandes difficultés économiques, sociales mais également raciales et sécuritaires, est difficilement comparable à celui des trois autres pays, et celui de la Russie relève plutôt d'un cheminement plus ambigu, fait de dynamiques économiques et politiques incertaines sur fond d'évolutions systémiques sans doute inachevées, rendues nécessaires par l'adaptation de l'économie russe à l'ouverture et à la mondialisation.

D'une manière quasi générale, une grande part de la population est affectée, sans qu'elle en ait le choix, le plus souvent dans le secteur primaire des pays en voie de développement, où économiquement aucune plus-value importante n'est véritablement obtenue, cette dernière étant avant tout réalisée par les secteurs industriels du pays ou par les activités initiées par des industriels ou des capitaux étrangers, qui en assurent la transformation.

Les responsables de l'économie chinoise l'ont fort bien compris. Alors que leur pays était avant tout doté d'une très forte population, la plus importante du monde avec plus de 1,4 milliard d'habitants, ils avaient tout lieu de s'orienter vers les productions *labour using,* ce qui aurait été conforme aux conseils des théoriciens occidentaux des économies classique et néoclassique.

En revanche, les efforts que la Chine a intensifiés depuis plus de vingt ans au niveau de la scolarisation de sa jeunesse, de la formation professionnelle et de l'acquisition de techniques de pointe auprès de l'étranger, mais aussi une incontestable dynamique d'urbanisation —parfois difficile à maîtriser—, ont permis la mise en place de nombreux centres industriels au sein desquels l'efficacité des travailleurs, associée à une mécanisation croissante des processus de fabrication, a considérablement permis et augmenté la production, puis l'exportation de marchandises à bas prix des produits chinois dans tous les pays du monde.

Dans le cas d'autres pays, en particulier du continent africain, mais aussi dans celui de l'Inde, les synergies économiques et commerciales, comme la nature des produits fabriqués et exportés ont reflété, dès le début des dynamiques d'industrialisation des différents pays, des liens historiques anciens, parfois perpétués par des pratiques linguistiques ou culturelles communes, avec les pays industrialisés, rappelant à certains d'entre eux l'existence d'un lointain passé colonial.

Plusieurs auteurs[118] ont établi des descriptions synthétiques des pays en développement ou en situation d'émergence, qui fournissent des repères intéressants, même si les listes de critères ne sont pas toujours acceptées par tous les observateurs.

Ils soulignent, en particulier, les circonstances liées aux bas revenus des populations des pays concernés, qui rendent très improbable la constitution d'épargnes sur lesquelles pourraient se baser d'éventuels investissements. Outre la faiblesse des revenus, les critères du non-développement évoquent également la mauvaise répartition et les inégalités considérables qui aggravent le ressenti de la pauvreté.

L'existence d'un secteur informel important relève d'une économie souterraine rarement répertoriée dans les statistiques locales et qui rend également très complexe, pour les équipes dirigeantes qui n'en connaissent souvent ni le montant ni la localisation, la possibilité d'améliorer l'efficacité des activités au niveau national.

Les problèmes politiques ainsi que la réflexion concernant les styles de gouvernance des pays en développement sont désormais régulièrement évoqués et fortement pris en considération par les organismes internationaux, par les partenaires politiques, mais aussi par les investisseurs étrangers potentiels dans ces pays qui raisonnent en termes de *« risque pays »*.

A ce niveau, les critères idéologiques et les oppositions politiques internes sont non seulement la conséquence de l'impuissance de la politique d'Etat ou du manque de formation de certaines élites politiques dans de nombreux pays en développement, mais aussi la cause d'un rendement économique souvent déficient, de l'instabilité des institutions politiques, de situations d'insécurité parfois alarmantes dans certains pays, ainsi que de la présence très insuffisante ou inadéquate de l'action de l'Etat dans les provinces.

Associer davantage les provinces et leurs populations aux affaires de l'Etat central est l'un des éléments qui permettraient (ou pour le moins faciliteraient) le déblocage des économies locales et le rapprochement,

---

[118] D'intéressantes classifications de ces critères ont été proposées par Hans-Rimbert HEMMER, *Wirtschaftsprobleme der Entwicklungsländer* (Problèmes économiques des PVD), Munich, 1978 et par Dieter NOHLEN, *Lexikon Dritte Welt* (Lexique du Tiers-Monde), Hamburg 2002.

dans certains pays, des intérêts des différentes ethnies ou castes qui, lorsqu'elles ne se connaissent pas ou ne se fréquentent pas, peuvent parfois s'opposer, voire se déchirer.

Le fonctionnement d'un système politique dépend aussi de la culture politique d'un pays et des composantes de sa population. Une culture politique de *« bonne gouvernance »* doit absolument éviter la corruption, mais aussi l'utilisation impropre ou mal orientée des avoirs ou des emprunts de l'Etat, où les moyens ne seraient pas utilisés pour des programmes de développement d'intérêt national, mais pour des objectifs d'enrichissement personnel, de clientélisme[119] ou d'activités informelles.

Le thème de la *« bonne gouvernance »,* évoqué plus haut, rappelle en effet la nécessité de tempérer les Etats autoritaires non démocratiques, qui se transforment parfois en dictatures militaires brutales, violant régulièrement les Droits de l'Homme.

Certes, le concept de *« démocratie »* peut ne pas être compris ou interprété de la même manière par les Etats de tous les continents ou par des populations de cultures différentes. Un pays occidental ne saurait critiquer une démocratie étrangère pour la seule raison qu'elle ne correspond pas strictement aux critères qu'il s'impose à lui-même.

Mais il demeure que l'autoritarisme dans la gestion de l'Etat, la violation régulière des Droits de l'Homme, la brutalité à l'égard des opposants, les conflits internes ou externes attisés et facilités par la circulation des armes dans le pays, comme toutes les formes d'instabilités politiques notoires et redondantes dans certaines régions, constituent des freins incontestables à l'établissement et à l'évolution des processus de croissance, de développement, d'industrialisation, voire d'émergence, dans quelque région que ce soit.

La catégorie d'*« Etat Failli*[120]*»* caractérise ce genre de pays. Quel organisme international s'engagera à soutenir financièrement un Etat autoritaire, corrompu, en perpétuelle situation de conflit ? Quel investisseur va souhaiter s'y installer ?

---

[119] Le clientélisme est une relation personnelle, réciproque et de dépendance entre plusieurs individus.

[120] concept présenté dans notre chapitre III.

- La maîtrise démographique et les critères socio-culturels

L'exemple des pyramides démographiques de certains pays africains, comme par exemple celle du Niger, reflète une morphologie de leur population souvent typique pour un pays en difficulté de développement. Dans ce pays d'Afrique Occidentale où vivent 17,5 millions d'habitants, l'accroissement naturel de la population est de 3,9%, l'indice moyen du taux de fécondité de 7,6 enfants par femme (le plus haut taux mondial), le taux de natalité est très élevé, de 46‰ ; le pays compte beaucoup de jeunes enfants (49,2% de la population a moins de 15 ans) qu'il conviendra de nourrir, d'éduquer, de soigner et de former ; le taux de mortalité moyen de la population est de 11,1‰ ; la mortalité infantile y est très forte (81‰) ; la population a une très basse espérance de vie à la naissance (58,4 ans), etc[121].

De manière localisée, certaines provinces de grands pays asiatiques présentent également des critères démographiques extrêmes, comme par exemple en Inde ou au Pakistan où d'importantes différences caractérisent les multiples castes ou ethnies du pays.

De nombreuses études[122] ont été élaborées concernant la structure des populations dans d'autres régions du monde. J. LAMBERT a étudié le cas du Brésil et des pays d'Amérique Latine.

Le dynamisme concernant la population des pays en développement latino-américains est le plus souvent, comme en Afrique, caractérisé par un fort taux de natalité, mais avec simultanément une forte dégressivité de la mortalité due à un meilleur accompagnement médical comme c'est par ailleurs le cas dans de plus en plus de pays du Sud-Est asiatique.

Mais ces caractéristiques mènent surtout à une forte croissance démographique, qui est souvent incontrôlable et qui conduit à un rajeunissement extrême de la structure de le population (47% de la population malienne ont moins de 15 ans, 45% en République Centrafricaine, 41% en Côte d'Ivoire, etc.). En revanche, les pays devenus émergents ont considérablement baissé ce taux (seuls 17% de la population chinoise ont moins de

[121] Données de l'Institut National de la Statistique du Niger : *Annuaire statistique des cinquante ans d'indépendance du Niger* (archives).

[122] Jacques LAMBERT, *Le Brésil, structures sociales et institutions politiques*, Paris, Armand Colin et *Le système politique de l'Amérique latine*, (en collaboration avec L.A.Costa Pinto), Paris, PUF, 1987.

15 ans et 29% en Inde, avec cependant une répartition très inégale selon les provinces, les ethnies et les castes.

Pour ce qui la concerne, la Chine, après une forte poussée démographique à l'époque de la Révolution Culturelle, a longtemps su maîtriser sa population (enfant unique par couple jusqu'en 2015), alors que l'Inde, sur la base d'options géopolitiques concurrentielles qui lui sont propres, en maintenant son taux de natalité à 21‰ (Chine 12‰) a volontairement souhaité rattraper l'effectif très élevé de la population chinoise, ce qui constitue aux yeux de ses dirigeants un élément important de concurrence régionale (Chine 1.382 et Inde 1.335 millions d'habitants en 2015[123]). Sur la base de tels rythmes évolutifs, la population de l'Inde devrait dépasser celle de la Chine en 2020. Rappelons que la Chine a récemment mis fin (en 2015) à l'obligation d'enfant unique par couple.

En comparaison avec l'évolution démographique dans les pays industrialisés d'aujourd'hui (en particulier de l'Europe occidentale), qui a caractérisé le démarrage de leurs processus d'industrialisation, une phase évolutive et transformatrice pourrait se manifester dans les pays en développement par une très nette réduction des décès. Cette réduction peut être attendue de l'accès, dont bénéficient désormais de nombreux pays du Sud, aux nouvelles technologies et pratiques médicales arrivant dans ces pays de l'Occident et des pays émergents (envoi d'équipes médicales ; allocation de bourses d'études aux étudiants en médecine africains, etc.).

Les pandémies de l'époque moderne (par exemple le SIDA, le choléra, — surtout en Haïti—, ou l'Ebola) qui se sont fortement répandues dans certains pays en développement ces dernières années (au Botswana, environ 40% des adultes sont contaminés par le HIV) peuvent venir contrarier localement les efforts d'un encadrement qui s'avère positif pour les populations et au contraire faire monter à nouveau les taux de mortalité. Des campagnes efficaces d'information concernant l'hygiène et la protection sanitaire, mais aussi la vaccination devraient, avec le temps, connaître également les résultats attendus et réduire progressivement la mortalité.

Il apparaît aussi que la partie économiquement la plus active de la population, entre autres les jeunes en âge de travailler et les plus jeunes en phase de formation, est particulièrement concernée par les pandémies (en particulier par le SIDA), si bien que de nouveau la capacité économique

[123] Sources : Département des affaires économiques et sociales des Nations Unies, <http://www.countrymeters.info/fr>.

des pays atteints par celles-ci devrait se trouver en forte corrélation avec l'efficacité des mesures prises —ou qu'il convient de prendre d'urgence— pour préserver la santé des populations.

Ces mesures permettraient, par effet de ricochet, d'améliorer l'espérance de vie encore très basse dans de nombreux pays (moins de 51 ans en Angola). Et par là même seraient prises en considération les mortalités maternelle et néo-natale très élevées, surtout dans certains pays en développement difficile d'Afrique. Elles accompagneraient, au demeurant, les efforts de nombreux pays dans la réalisation d'infrastructures de nature à lutter contre l'insalubrité de certains quartiers trop rapidement urbanisés (nous avons évoqué précédemment le cas des favelas et des bidonvilles), où le manque d'eau potable, les évacuations mauvaises, et l'épuration problématique des eaux usée ainsi que toutes les autres formes de défaillances de l'hygiène, l'inexistence de vaccination, viennent aggraver la propagation des pandémies comme des maladies infantiles (rougeole, amibiases, dysenteries, déshydratations, etc.).

Les critères socioculturels sont, en tout état de cause, des éléments déterminants de la manière dont un pays (qui correspond à la présence d'une population sur un territoire) et une nation (qui représente une volonté de cohabitation et de coexistence sociale partagée entre tous les membres, les clans, les castes, les ethnies d'une population) construisent leurs dynamiques de développement et d'émergence.

L'ensemble de ces critères socioculturels correspond dans tous les pays, qu'ils soient en développement, émergents ou industrialisés depuis le XIX° siècle, à la conjonction des données et à la coordination des lignes de conduite sociales, culturelles, ethno-centrées et religieuses (problème des castes en Inde, des conflits ethniques, voire des rebellions ou des guérillas actuellement en Afrique, dans un passé récent en Amérique Latine).

L'un des critères socioculturels concernant les pays en développement, comme ce fut très longtemps le cas dans les pays émergents ou occidentaux, relève par ailleurs du désavantage concernant les femmes et du mépris affiché à l'égard de leurs valeurs créatrices, de leur efficacité dans le travail, des différences notoires concernant leurs salaires comparativement à celui des hommes, etc. Ces différences sexistes, de nature idéologique ou culturelle, contribuent potentiellement, ainsi que nous l'avons dénoncé précédemment, au blocage des nombreux atouts et potentiels de développement que les femmes pourraient représenter pour le développement de leur pays.

Des initiatives spécifiques, comme le « *projet de formation de Rahel* » en Ethiopie[124] soutenu par des initiatives caritatives allemandes et conjointement par la grande Ecole Théologique et Philosophique de l'évêché d'Adigrat, encouragent de manière active l'enseignement dispensé aux jeunes femmes dans des pays en développement.

Il s'avère également que les comportements ou les conduites économiques dispendieuses et ostentatoires, incompatibles avec le développement d'une couche supérieure riche, d'une caste ou d'une ethnie particulière d'un pays, tout comme la non-mobilité géographique, ainsi que la faible mobilité sociale, peuvent constituer des critères socioculturels de blocage ou de difficultés des processus de développement.

Certains pays ne respectent pas, dans les faits, les règles imposées par les clients étrangers, acquéreurs potentiels de leurs produits, concernant le travail des enfants. Des usines de produits textiles de pays asiatiques ou des mines de diamants *(blood diamonds)* ou d'autres produits dans certains pays d'Afrique font régulièrement l'objet d'études, de constatations, de dénonciations de la part d'organismes prônant le respect des règles humanitaires élémentaires (UNICEF et Organisation Internationale du Travail). Des reportages médiatiques témoignent régulièrement de la pénibilité imposée à certains très jeunes enfants non scolarisés, pour exiger d'eux des activités qui relèvent de la violation des Droits de l'Homme et conduisent les clients à se détourner de leurs fournisseurs.

V- LA VALORISATION DES DOTATIONS FACTORIELLES

Les éléments concernant l'insuffisance en disponibilité factorielle (capital, travail, terre), le plus souvent ramenée au *« manque de capitaux »,* apparaissent généralement parmi les principales difficultés qui bloquent l'essor des processus de développement.

Nous avons précédemment confirmé que nous ne prétendrons pas, quant à nous, dans le cas des pays nouvellement industrialisés ou des pays émergents, que les variations de la richesse nationale sont uniquement liées à celle du capital, c'est-à-dire, de manière exagérément réductrice, que $Y = f(K)$. Le PIB (que nous représenterons par Y) est en réalité toujours le résultat d'une combinaison judicieuse entre les trois facteurs :

[124] Le projet de formation "*Rahel*" soutient, dans le cadre d'un programme de bourses, les jeunes désavantagés - les femmes particulièrement - à Adigrat au nord de l'Ethiopie et les accompagne par des enseignements pendant leurs études dans une grande école du pays.

travail (L), capital (K) et terre (T), même si, dans certaines circonstances, l'on peut estimer que l'achat de parcelles de terre, tout comme leur aménagement ou leur organisation, peuvent être rigoureusement corrélées avec des dépenses en capital, qui font que le facteur terre est artificiellement regroupé avec le facteur K.

$$PIB = Y = f(K, L, T).$$

L'une des causes incontournables de l'insuffisance en dotation factorielle des pays en développement est le *géo-déterminisme* : certaines terres agricoles sont riches et fertiles (le delta du Mékong), d'autres sont arides (au nord du fleuve Niger), les conditions de climat sont parfois défavorables (la Patagonie), la surface de terre peut être insuffisante ou manquante (Iles Marshall, Malte, Singapour, Sao Tomé & Principe), les moyens de communication peuvent se révéler insuffisants ou inexistants (Etats insulaires), les richesses du sol comme du sous-sol peuvent manquer, etc.

En réalité, ces caractéristiques peuvent aussi concerner, à des degrés divers, toutes les catégories de pays très peuplés, comme l'Inde et la Chine, ou qui ont une très grande superficie (comme la Russie), etc. Mais les déséquilibres des dotations factorielles peuvent également se manifester partiellement dans les pays industrialisés abondamment dotés en facteur capital.

Il va de soi, cependant, qu'un pays riche dans lequel un ou plusieurs facteurs sont défaillants (Suisse et Luxembourg, de très faible superficie et de population fort modeste) ou un pays qui bénéficie d'une abondante dotation en facteurs travail et/ou terre (Chine, Inde, Russie), pourront échanger ou acheter les facteurs qui leur manquent, par exemple en fournissant du facteur capital contre des ressources minières ou en embauchant des travailleurs étrangers (généralement moins chers que leurs propres travailleurs en Occident).

Au demeurant, la présence de données naturelles favorables, comme par exemple le climat, les terres, et les sous-sols, et l'abondance des matières premières, ne conduit pas automatiquement à un processus systématique de développement. D'autres actions, économiques, politiques ou sociales, doivent être impérativement mises en œuvre sur la base d'une gouvernance avisée et perspicace.

En outre, le processus de développement peut dépendre, dans de nombreux cas, du traitement efficace ou de la transformation des matières premières qui seront mis en œuvre de manière à maximiser leur valorisation, ou d'une politique habile qui sera capable de déplacer ou de vendre la richesse en matières premières afin d'en promouvoir une dynamique nationale de développement en établissant des liens *« locomoteurs »* d'entraînement avec les autres secteurs économiques du processus de croissance, parfois avec l'aide ou sous l'égide d'investisseurs étrangers.

Le manque de capitaux est également caractéristique des difficultés de la plupart des pays en développement, comme il l'a été dans le passé pour ceux qui sont aujourd'hui émergents. Mais la présence du facteur capital ne suffit pas, à elle seule, à mettre en œuvre une dynamique effective d'industrialisation et de développement économique.

Certaines pratiques d'équipes dirigeantes, insuffisamment préparées, peuvent également empêcher que le capital disponible d'un pays engendre un mouvement de dynamique effective de développement économique, en particulier le gaspillage de certaines classes possédantes, qui veulent montrer leur réussite de manière ostentatoire en affichant les produits de luxe qu'elles ont acquis, alors qu'elles vivent dans des pays où sévit par ailleurs une réelle pauvreté attisée socialement par une très forte inégalité des classes et des revenus, d'où les procès très médiatisés en Occident des *« biens mal acquis »*.

Mais les différences concernant la rentabilité du capital —honnêtement acquis, comme relevant d'opérations informelles, de la corruption ou des banques de l'ombre— entre le pays concerné et les pays occidentaux ou asiatiques conduisent parfois à une évasion des capitaux qui vont très fortement manquer aux processus nationaux de mise en valeur de l'économie locale. Ces émigrations de capitaux viennent d'ailleurs s'ajouter aux transferts de bénéfices tout à fait légaux des investisseurs étrangers, certains d'entre eux les réinvestissant régulièrement dans les entreprises qu'ils ont montées dans le pays en développement.

Dans beaucoup de ces pays, l'on peut bien entendu regretter que les structures administratives restent inefficaces, parfois corrompues ou trop coûteuses : rien qu'en Afrique, il y a dans les 57 pays recensés plus de 2 700 politiciens, ministres, secrétaires d'Etat, hauts dignitaires en tous genres, dont chacun se fait une idée différente de l'orientation politique, économique et sociale qui serait favorable au développement de sa nation comme de son continent.

Ceci est vrai également pour l'Asie du Sud-Est et pour l'Amérique Latine. Tout investisseur qui souhaiterait développer des activités, par exemple au Cambodge, au Vietnam ou en Birmanie, mais aussi au Mexique, au

Chili ou au Nicaragua, doit impérativement s'informer et se faire aider par des chambres de commerce ou par des services diplomatiques spécialisés, avant de s'expatrier, puis ensuite par des consultants, compatriotes et nationaux, installés depuis longtemps sur place, afin de comprendre les tenants et aboutissants des règlementations administratives, fiscales, législatives, parfois complexes et obscures.

Les perspectives concernant l'émergence doivent cependant rester optimistes. De nouvelles dynamiques évolutives sont incontestablement en cours, même si elles concernent des pays moins peuplés, plus exigus et moins riches que les traditionnels BRICS, considérés pour l'instant comme les seuls pays émergents. Comme nous l'avons déjà souligné, aucune liste précise de critères ne permet de définir avec exactitude si un pays est déjà ou non véritablement engagé dans un processus effectif d'émergence.

VI- DES PERSPECTIVES D'EMERGENCES NOUVELLES

Prenons l'exemple d'un pays africain qui semble en plein essor, le Gabon. Ce pays nous parait profiter d'atouts très positifs, dus en grande partie à l'industrialisation avancée des ressources de son sol, de son sous-sol et en particulier de son bois, qui lui permet de proposer sur les marchés mondiaux des exportations de produits déjà parfois valorisés.

Bien sûr, sa superficie modeste (267 000 km^2) et sa faible population (1,7 million d'habitants en 2016) rendent ce pays tributaire d'un *« effet-masse »* qui le caractérise à l'égard de ses principaux clients et fournisseurs, des pays occidentaux comme des autres pays émergents. Nous avons précédemment signalé que, pour 1 Gabonais il y a plus de 800 Chinois, que la superficie du Gabon est 36 fois inférieure à celle de la Chine et que son PIB est 650 fois moindre.

Pourtant, une semblable comparaison de données brutes peut s'avérer relativement ambiguë et trompeuse, car pour ce qui concerne l'économie du Gabon, des anticipations favorables peuvent se révéler prometteuses et laisser augurer d'une réelle émergence dans les proches années à venir. Thierry HOMMEL, cité précédemment, évoquait déjà, en janvier 2014, l'éventualité d'un *« Gabon pays émergent en 2025*[125] *»*.

---

125 HOMMEL Thierry, *Emergences africaines programmées*, Revue Futuribles, 23 avril 2015.

Son sol et son sous-sol sont particulièrement riches, ayant permis des exportations de l'ordre de 6 milliards de dollars en 2016 et une balance commerciale positive de 4 milliards. On y trouve, entre autres, le pétrole de Port-Gentil, le manganèse de Mouanda, l'uranium de Mounana, le fer de Belinga —dont le centre minier est en grande partie développé par les industriels chinois—, le bois partout, surtout dans la forêt des Abeilles, etc. La production de bois était en forte progression (+13,2% au premier semestre 2016.

Au demeurant, il s'avère, selon les statistiques du Bureau économique de l'Ambassade de Chine au Gabon[126], que le volume des échanges commerciaux entre le Gabon et la Chine a augmenté considérablement (plus de 34%) au premier semestre 2016. La Chine est ainsi devenue le 1er client et le 3ème fournisseur du Gabon.

Le thème de *« pays locomotives »* et de *« pays suiveurs »,* cher à AKAMATSU *(voir Chapitre III)* semble s'appliquer de manière pertinente aux rapports économiques qui s'établissent désormais entre le Gabon et la Chine, comme il s'est longtemps appliqué dans le passé entre le Gabon et la France.

Le Gabon possède donc un certain nombre d'atouts qui pourront lui permettre, selon nous, de s'acheminer rapidement sur la voie de l'émergence. Ces mêmes atouts gabonais sont également perçus comme attractifs par d'autres pays émergents potentiellement partenaires, y compris par l'Afrique du Sud, qui oriente vers la province gabonaise de l'Estuaire, à Ntoum (petite ville de 18.000 habitants), de nouveaux investisseurs pour assurer la modernisation de la ville. Est également prévue la construction d'une usine de transformation de produits locaux, mais aussi la formation et un transfert de compétences au profit des travailleurs gabonais.

* * *

Pour la majorité des pays africains qui activent leurs processus de développement, mais aussi pour l'Afrique du Sud, seul pays officiellement reconnu émergent du continent, les synergies mises en œuvre concernent des rapprochements et des accords qui se multiplient désormais dans tous

---

[126] Direct Info Gabon, < https://directinfosgabon.com> , 05 décembre 2016.

les domaines économiques, commerciaux, monétaires, financiers, sociaux, mais également politiques, tant au niveau régional que mondial.

	Chine	Inde	Brésil	Russie	Afr du Sud
superficie 1000 km^2	9.597	3.287	8.515	17.098	1.219
population mns h	1.364	1.295	206	148	54
PIB 1000 mds $	11.385	2.183	1.800	1.236	317
dette (% PIB)	43,2	65,26	69,9	20,4	48,4
dép. pub. éducation (% PIB)	1,9	3,87	6,35	4,1	6,0
espérance de vie à la naissance (ans)	75	68	74	71	57
balance des P (mds$)	+347,77	-30,38	-72,80	+61,85	-13,10
chômage (%)	4,09	8,8	6,6	5,96	25,82

Tableau 17- Données économiques et sociales des pays émergents

	Côte d'Ivoire	Rép. Dém. Congo	Gabon	Algérie	Maroc
superficie 1000 km^2	322,46	2,345	267	2.382	446,6
population mns h	22,16	74,9	1.688	38,9	33,9
PIB 1000 mds $	31,27	39,06	14	175	3.077
dette (% PIB)	34,66	20,45	38,68	10,19	63,85
dép. pub. éducation (% PIB)	4,45	1,53	3,83	4,34	6,25
espérance de vie à la naissance (ans)	51	58	64	75	74
balance des P (mds$)	-0,31	-2,98	-0,97	-30,96	-2,42
chômage (%)	9,4	> 50 ?[127]	20,3	11,58	9,78

Tableau 18- Données économiques et sociales de pays du continent africain aspirant à l'émergence

[127] D'après Oasis Kodila Tedika, il y aurait 80% de chômage en RDC, *RDC : Comment vaincre le fléau du chômage ?*, <www.UnMondeLibre.org>, Libre Afrique, 17 décembre 2016.

	Vietnam	Malaisie	Indonésie	Corée du Sud	Mexique
superficie 1000 km^2	331,2	329,9	1.905	99,7	1.964
population mns h	90,73	29,9	254,46	50,4	125,4
PIB 1000 mds $	198,8	313,5	872,6	27.513	1.161
dette (% PIB)	61,22	55,56	26,55	38,24	51,92
dép. pub. éducation (% PIB)	6,30	5,93	3,57	4,62	5,15
espérance de vie à la naissance (ans)	76	75	69	81	77
balance des P (mds$)	+1,34	6,94	-19,56	98,4	-27,90
chômage (%)	2,45	3,0	5,80	3,70	4,25

Tableau 19- Données économiques et sociales de pays asiatiques aspirant à l'émergence (comparaison avec le Mexique)[128]

Ces coopérations et ces synergies de plus en plus multifonctionnelles s'établissent entre tous les continents, voire entre tous les Etats qui souhaitent élargir leurs marchés et s'insérer toujours davantage dans le monde très évolutif dont chacun de nos jours devient un acteur.

Un pays riche prêtera à un pays pauvre dont il achètera les matières premières, voire les produits énergétiques; le pays pauvre achètera les produits finis élaborés dans les pays riches et leur offrira une main-d'œuvre pas chère pour fabriquer leurs produits dans des filiales qui seront montées sur place.

[128] Les données statistiques concernant ces trois tableaux peuvent être retrouvées sur <http://fr.actualitix.com>.

VII- LE COIN DES ETUDIANTS

1- Vocabulaire

La connaissance des concepts suivants est nécessaire à la bonne mise en œuvre, voire à la maîtrise, des processus de développement, d'industrialisation et d'émergence. Nous conseillons aux étudiants de bien en connaître la signification et l'importance, en particulier aux jeunes Africains, qui prendront bientôt en charge la dynamisation de ces processus dans leur propre pays.

La finance	*Alors que la monnaie est une marchandise particulière qui, en raison de ses caractéristiques, déterminées et garanties par l'Etat, sert d'intermédiaire dans les échanges, la finance désigne les méthodes et les institutions qui permettent d'obtenir les capitaux nécessaires dont on ne dispose pas et de placer ceux dont on a la disposition, sans emploi immédiat, ou que l'on souhaite utiliser plus tard.* *Les acteurs de la finance sont tous les agents économiques qui recherchent des capitaux ou qui souhaitent les placer.*
Le financement extérieur	*Le financement extérieur est un financement pouvant avoir pour origine des flux de capitaux provenant des diasporas installées en Occident ou des flux d'investissements directs réalisés par des étrangers désirant créer une entreprise avec des partenaires locaux, sous forme de filiales ou de succursales, d'entreprises jointes (en anglais Joint Venture) ou d'entreprises à capitaux totalement étrangers, selon la législation du pays d'accueil (en Chine : le WFOE)*[129].
La crise financière	*Le terme crise financière s'emploie pour désigner notamment les crises du change, les crises bancaires et les crises boursières. Ce terme est également utilisé pour dé-*

[129] WFOE : Wholly Foreign Owned Entreprise = Société à capitaux totalement étrangers.

	signer les crises de la dette publique ou des crises qui affectent un marché à terme[130]. *Si une crise financière ne concerne, dans un premier temps, que les marchés financiers, son aggravation conduira à des effets néfastes sur le reste de l'économie, entraînant une crise économique, voire une récession (un resserrement du crédit, donc une baisse de l'investissement).*
Le niveau général des prix	*D'une manière générale, le NGP est le prix moyen des produits (biens et services) dans un pays. En réalité, des indices de prix sont établis (prix de détail ou prix à la consommation), qui regroupent les prix d'un panier de produits représentatifs des dépenses habituelles des ménages.*
La parité de pouvoir d'achat	*La parité de pouvoir d'achat (PPA) est un taux de conversion monétaire qui permet d'exprimer dans une unité commune les pouvoirs d'achat des différentes monnaies. Ce taux exprime le rapport entre la quantité d'unités monétaires nécessaire dans des pays différents pour se procurer le même panier de biens et de services.*
La vitesse de circulation de la monnaie	*La vitesse de circulation de la monnaie est le nombre de fois qu'une même unité de monnaie permet de régler des transactions pendant une période considérée.*
L'équilibre monétaire et financier	*C'est une évolution maîtrisée des marchés financiers où se réalisent les transactions qui portent sur les actifs financiers et sur leurs produits dérivés. Ces transactions concernent, partout dans le monde, les marchés des taux d'intérêt et de la dette, les marchés monétaires de la dette à court terme, les marchés obligataires (pour la dette de moyen et de long terme), les marchés des changes, les marchés portant sur les titres de propriété des parts d'entreprises, les marchés des produits de base et les marchés de l'or et de l'argent.*
Le monétarisme	*C'est une doctrine économique qui affirme que c'est essentiellement la quantité de monnaie en circulation qui fixe le niveau général des prix et non l'Etat.*

[130] ZISSWILLER Richard, *Théorie de la Finance*, Collection Gestion Finances, Editions Dalloz, Paris 1990.

Le crédit	*C'est l'octroi de moyens financiers non disponibles, au prix d'un taux d'intérêt.*
La dette	*Une dette est un contrat (écrit ou tacite) entre deux entités (personnes, groupes, entreprises, Etats) portant sur un échange s'étalant dans le temps.*
La dette publique	*La dette publique est la dette des administrations publiques ; c'est l'ensemble des engagements financiers, sous forme d'emprunts, pris par l'État, les collectivités territoriales et les organismes publics (entreprises publiques, organismes de sécurité sociale, etc.).*
La dette souveraine	*Une dette souveraine est une dette émise ou garantie par un Etat souverain ou par une banque centrale. Elle peut être une dette domestique ou une dette extérieure selon que les créanciers sont des nationaux ou des étrangers ; elle peut se composer de crédits bancaires, de prêts d'autres États ou de titres d'emprunts émis par le Trésor public.*
La crise de la dette	*C'est l'impossibilité pour un Etat de rembourser correctement sa dette.*
Le service et la charge de la dette	*Le service de la dette est la somme que l'emprunteur doit payer chaque année pour honorer sa dette. La charge de la dette recouvre le poids des intérêts seuls. On calcule les intérêts du capital restant dû et le principal ou annuité, c'est-à-dire le montant du capital emprunté qui est remboursé chaque année.*
La dévaluation	*C'est la diminution officiellement déclarée de valeur de la monnaie nationale par rapport à la monnaie ou aux monnaies de référence (≠ réévaluation).*
la crise financière asiatique de 1997	*La crise financière asiatique de 1997 est une grave crise économique qui a éclaté en Thaïlande, puis s'est étendue à toute l'Asie du Sud-Est, en Russie et en Amérique latine (Brésil et Argentine).* *La Chine a été épargnée par les effets de la crise et n'a pas été contrainte à une dévaluation drastique de sa monnaie, comme ont dû le faire la plupart des autres pays de la région.* *La cause de cette crise a été la politique économique très maladroite de la Thaïlande, qui a toléré un surinvestis-*

	sement démesuré dans le secteur immobilier. *Les banques ont octroyé des crédits trop massifs et accumulé des créances douteuses (sans garantie de solvabilité à terme de leurs débiteurs).* *La dette extérieure thaïlandaise, comme dans les autres pays de la région, était beaucoup trop forte par rapport aux PIB régionaux (en dehors de celui de la Chine).* *La crise monétaire s'est subitement aggravée en Thaïlande et a conduit à l'effondrement du baht (en juillet 1997) que les autorités monétaires ont laissé fluctuer en fonction des cours des marchés.* *Les monnaies des autres pays ont suivi le mouvement et vécu l'effondrement de leur devise au cours de l'année 1997.* *Il faudra de nombreuses années aux Asiatiques pour se rétablir des conséquences économiques de cette grave crise monétaire.*

2- Exercice à trous

Relancer la croissance en Afrique subsaharienne[131]

D'après les projections de ce rapport, le ………… moyen devrait tomber à 1.4 % en 2016, niveau inférieur à la moitié de celui de l'année précédente et très loin des 5 % enregistrés sur la ………… 2010–14.

Toujours selon le rapport, le PIB par habitant devrait aussi se ………… pour la première fois depuis 22 ans.

Le Directeur du ………… Afrique du FMI, Abebe A. Selassie, a expliqué que ce ralentissement spectaculaire était dû à deux ………… principaux :

- *Premièrement, l'environnement extérieur s'est détérioré pour beaucoup de pays de la région,*
- *notamment parce que les ………… des produits de base sont à leur plus bas niveau depuis plusieurs années et que les conditions financières se sont ………… durcies.*

[131] Texte présenté à partir de l'article de Direct Info, *L'actualité économique du Gabon*, 30 octobre 2016.

- Deuxièmement, dans un grand nombre des pays les plus touchés par ces chocs, les …………ont réagi avec beaucoup de retard et de façon parcellaire, ce qui a eu pour effet de …………l'investissement privé et d'empêcher de nouvelles sources de croissance de se développer.»

Cela dit, le rapport montre que l'Afrique subsaharienne connaît en fait une croissance à plusieurs …………, les chiffres globaux masquant une diversité considérable des ………… économiques des pays de la région. Les pays peu tributaires des exportations de …………, de base, qui représentent environ la moitié des pays de la région, continuent d'………… de bons résultats et ………… des taux de croissance d'au moins 4 %. Ces pays bénéficient de la diminution de leur facture …………, de l'amélioration du climat des affaires et du niveau élevé des investissements d'…………

1	*affichent*	5	*décourager*	9	*taux de croissance*	13	*facture*
2	*autorités*	6	*département*	10	*infrastructure*	14	*trajectoires*
3	*contracter*	7	*enregistrer*	11	*période*	15	*sensiblement*
4	*cours*	8	*facteurs*	12	*produits*	16	*vitesses*

3- Compréhension du thème

1- L'augmentation des cours du pétrole serait-elle un atout suffisant pour la relance des économies en voie de développement ?

2- Les données culturelles permettent-elles des remises en cause efficaces des débordements démographiques dans les pays africains les moins avancés ?

3- Les instabilités politiques, souvent décriées dans les pays en développement, mais aussi dans les pays émergents peuvent-elles être réellement jugulées par l'adoption de modèles politiques liés aux démocraties occidentales ?

4- En quoi les marchés financiers chinois sont-ils sous tension ?

5- Les difficultés réelles du Brésil sont-elles davantage liées à des facteurs politiques ou à des causes économiques ?

4- Approche théorique : la recherche d'équilibres globaux

L'intense mondialisation qui caractérise incontestablement, sur les plans économiques et financiers, notre monde en perpétuelle mutation impose à chaque économie qui aspire à entretenir une croissance régulière, à s'industrialiser, voire à s'acheminer sur la voie de l'émergence, de combiner les évolutions de sa production intérieure et de celle de sa monnaie avec les orientations prises par ses concurrents et partenaires concernant les mêmes secteurs de leurs propres économies.

Il convient donc d'aménager judicieusement les variables économiques fondamentales d'une économie nationale, afin qu'elles permettent le meilleur équilibre possible —même si celui-ci est rarement parfait— de:

- son secteur intérieur (par le rapprochement de son épargne et de ses investissements),

- son secteur monétaire interne (égalité entre la demande et l'offre de monnaie afin d'éviter les poussées tant inflationnistes que déflationnistes),

- son secteur extérieur, mesuré par sa *« balance de base »* (qui correspond à la balance des opérations courantes à laquelle sont ajoutés les mouvements de capitaux à long terme, c'est-à-dire compte des entrées et sorties de devises en monnaies étrangères, à l'exclusion des capitaux à court terme).

Les courbes IS – LM – BB

La quantité de monnaie qu'un gouvernement injecte dans l'économie et le niveau du taux d'intérêt monétaire qu'il impose aux acteurs économiques par l'intermédiaire de sa banque centrale (ou de son système bancaire autonome, selon les pays concernés) sont les deux instruments majeurs, d'un accès immédiat et efficace, de la politique économique des autorités au niveau national.

La quantité de monnaie injectée (Offre de Monnaie = O_M) va permettre les transactions sur les marchés des produits et des services. Encore ne doit-elle pas être trop volumineuse pour éviter les pressions inflationnistes et la perte de valeur de la devise nationale.

Par le maniement du taux d'intérêt, les autorités vont directement agir sur la distribution des crédits octroyés aux agents économiques, en particulier :

- aux entreprises désireuses d'augmenter leurs équipements par la réalisation d'investissements nouveaux, facilités par des taux d'intérêts bas,

- mais aussi aux ménages souhaitant augmenter leur niveau de consommation (crédits à la consommation) ou accéder à la propriété immobilière.

1- La courbe IS (investissement-épargne)

L'équilibre réel interne de l'économie sera possible si l'ensemble des épargnes réalisées couvrent les besoins en investissements des entreprises et des ménages : **I = S**

- l'épargne (S) est la partie du revenu (Y) non consommée :
S = Y – C ; mais le niveau de consommation (C) est lié au revenu
C = f(Y) ; donc **S = Y – f (Y)**
- l'investissement est lié au niveau des taux d'intérêt (i). Si celui-ci est élevé, l'investissement sera faible car trop coûteux (et inversement) :

$$\mathbf{I = g(i)}$$

- l'égalité entre l'épargne et l'investissement (I = S) devient donc :

$$g(i) = Y - f(Y)$$

Une relation fonctionnelle s'établit donc entre (i) et (Y) qui aboutira à une ***« courbe IS »***, dont tous les points correspondent à une égalité entre l'épargne et l'investissement au niveau national.

2- La courbe LM (liquidité-monnaie)

La demande de monnaie (M_D) est exprimée par les agents économiques en fonction de deux objectifs :
pour des motifs de transaction en fonction de leur désir de consommation, $M_T = m(Y)$, et donc des revenus des agents,
ainsi que pour des motifs de spéculation (M_S), en fonction de l'attrait que présentent les taux d'intérêt sur les spéculateurs : $M_S = \mathbf{k(i)}$
La demande de monnaie s'exprime donc ainsi : $M_D = M_T + M_S$

A l'équilibre, il est clair que l'offre de monnaie (M_O) (masse monétaire nationale dont l'émission est décidée souverainement par les autorités nationales) doit être égale à la demande de monnaie :

$$M_O = M_D = M_T + M_S = m(Y) + k(i)$$

Une nouvelle fonction s'établit donc entre (i) et (Y) qui aboutira à une ***« courbe LM »***, dont tous les points correspondent à une égalité entre l'offre et la demande de monnaie au niveau national.

Lorsque l'on superpose les courbes IS et LM, on obtient, par intersection des deux courbes, un point d'équilibre $P(i, Y)$ qui assure l'équilibre à la fois du secteur réel (I = S) et du secteur monétaire ($M_O = M_D$). Dans le cas d'un équilibre extérieur strict, on pourra parler d'équilibre économique national global.

3- La courbe BB (balance de base)

Les économies contemporaines sont pratiquement toutes désormais des économies ouvertes qui exportent les produits et services que la dotation factorielle de chacun des pays (en hommes, en capitaux ou en ressources naturelles) leur donne vocation à fabriquer, et qui importent les produits et services qui leur font défaut.

Le déficit (ou l'excédent) de la balance des biens et des services auquel aboutissent ces échanges donne lieu à une contrepartie sous forme d'entrée (ou de sortie) de moyens financiers sous diverses formes (or et devises).

L'équilibre extérieur est obtenu lorsque la somme des composantes de *la balance de base* (partie de la balance des paiements qui regroupe les transactions courantes et les mouvements de capitaux à long terme) est nulle.

Si ***(X)*** représente la valeur des exportations d'un pays, ***(M)*** la valeur de ses importations, ***(X – M)*** représente le solde commercial :

- qu'il s'agira de financer s'il est déficitaire *(M > X)*,

- ou qui se traduira par une entrée financière dans le cas contraire *(X > M)*.

Les flux de capitaux entrent dans un pays ou en sortent en fonction du niveau des taux d'intérêt nationaux et extérieurs. En réalité, un agent économique cherchant à spéculer comparera constamment le taux d'intérêt national ***(i)*** à la moyenne des taux d'intérêt extérieurs ***(i*)***.

Les mouvements et flux de capitaux seront donc indiqués par la fonction $K = d\,(i - i^*)$. Par extension — mais aussi par approximation —, on pourra dire que les *Investissements Directs Etrangers* (IDE) s'apparentent à une variation du stock national de capital :

$$I = \Delta K = \Delta d\,(i - i^*)$$

La valeur des exportations ***(X)*** est, quant à elle, indépendante des taux d'intérêt comme des activités nationales. Elle est une donnée exogène qui est uniquement liée à la demande du reste du monde sur laquelle les autorités économiques nationales n'ont aucun pouvoir décisionnel $(X = X_0)$.

La valeur des importations ***(M)*** est directement liée aux activités productives nationales, soit parce que les entrepreneurs ont besoin d'obtenir des produits de base ou semi-finis indispensables qui entrent dans la composition des produits nationaux qu'ils fabriquent, soit parce qu'il est impératif d'acquérir des matières premières, des ressources énergétiques, des machines ou des brevets qui n'existent pas en quantité suffisante dans le pays : $\boldsymbol{M = m\,Y + M_O}$ ($\boldsymbol{M_O}$ étant la quantité incompressible d'importation nécessaire au pays, indépendamment des résultats de ses activités nationales). Le solde du commerce extérieur (balance commerciale ***(X - M)*** sera donc de :

$$N = X_O - (m\,.\,Y + M_O)$$

Dans la mesure où, en situation d'équilibre extérieur, les flux de capitaux doivent équilibrer les flux commerciaux (au sens large), cet équilibre s'écrira : $\boldsymbol{(K + N = 0)}$, soit $d\,(i - i^*) + X_O - (m\,.\,Y + M_O) = 0$, ou encore,

$$Y = w(i) = (d/m)\,i + (X_O - M_O - d\,i^*)\,/\,m$$

En d'autres termes, $\boldsymbol{Y = w\ \ i}$ représente la ***« courbe BB »***, c'est-à-dire l'ensemble des couples *(i ;Y)* qui assurent l'équilibre extérieur (de la balance de base, soit des opérations courantes et des capitaux à long terme).

4- L'équilibre macroéconomique global

Dans un même graphique, les trois courbes ***IS*** (Investissement-Epargne), ***LM*** (Liquidité-Monnaie) et ***BB*** (Balance de Base) peuvent être regroupées. Si ces trois courbes parviennent à une intersection unique ***(P)*** — *situation purement théorique, car très difficile à obtenir—*, on pourra effectivement parler d'un véritable équilibre global simultané des secteurs réel, monétaire et extérieur.

LES COURBES IS LM BB

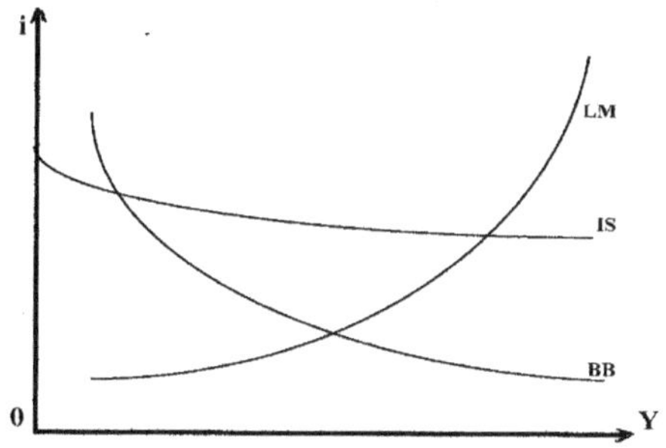

D'une manière plus vraisemblable, les trois courbes IS, LM, BB se couperont en trois points et formeront un triangle que la politique économique du gouvernement s'attachera à réduire le plus possible, généralement en utilisant d'autres outils que le seul maniement du taux d'intérêt et de l'offre de monnaie.

IV- Exercice Pratique[132]

Soit une économie caractérisée

- *par une fonction de consommation* $C = 0,6\ Y + 20$,
- *par une fonction d'investissement* $I = -2i + 30$,
- *par des dépenses gouvernementales* $G_O = 78$,
- *une masse monétaire de* $MM = 45$,
- *une demande de monnaie pour motif de transaction estimée à* $M_T = k\ .\ P\ .\ Y = 0,25\ .\ 2\ .\ Y$,
- *une demande de monnaie pour motif de spéculation* $M_S = -\ 5\ i$,
- *une demande d'importation* $IMP = 0,2\ Y + 34$,
- *une exportation estimée à* $X_O = 42$,
- *un flux de capital* $K = 10\ (\ i - i^*)$ *pour un taux d'intérêt étranger moyen de* $i^* = 7,2$.

1- Précisez les équations des courbes IS, LM et BB.

2- Quel est le taux d'intérêt (i) qui permet l'équilibre global ? 3- A quel produit national correspondra cet état d'équilibre global ?

Corrigé de l'exercice -

a) Equilibre réel

$Y = C + I + G + (X - M)$

$Y = 0,6\ Y + 20 - 2\ .\ i + 30 + 78 + 42 - 0,2\ Y - 34$

$(1 - 0,6 + 0,2\ )\ Y = -\ 2\ .\ i + 136$

---

[132] Nous avons proposé cet exercice dans notre enseignement aux étudiants chinois de Chengdu 2014 (Sichuan) de la School of Economics, Southwest University for Nationalities, dans notre cours polycopié *International Economic Relations, Growth and Emerging Processes*.

$\boxed{i = -0,3\ Y + 68}$ *(courbe IS)*

b) Equilibre monétaire

$M_O = M_T + M_S$

$45 = 0,5\ Y - 5\ i$

$\boxed{i = 0,1\ Y - 9}$ *(courbe LM)*

c) Equilibre externe

$K + X - M = 0$

$d\,(i - i^*) + X_O - M = 0$

$10\ .\ i - 10\ .\ 7,2 + 42 - 0,2\ Y - 34 = 0$

$10.i - 64 = 0,2\ Y$

$\boxed{i = 0,02\ Y + 6,4}$ *(courbe BB)*

d) intersection courbes IS et LM

$i = -0,3\ Y + 68 = 0,1\ Y - 9$

$Y = 192,5\ ;\ i = 10,25$

$\boxed{P\ (\ 192,5\ ;\ 10,25\ )}$

Dans la courbe BB, i = 0,02 . 192,5 + 6,4 = 10,25, l'équilibre global réel, monétaire et externe, est donc bien réalisé au point P.

Conclusion

Dans ce monde en perpétuelle mutation qui constitue la trame de notre réflexion, l'ensemble des Etats se présente comme une véritable mosaïque réellement hétérogène sous tous ses aspects.

Les données concernant tant les superficies des pays, que leur économie, leurs richesses, leurs populations ou leurs coutumes, sont très différentes, mais les efforts des gouvernements pour mettre en œuvre un réel processus de croissance, de développement, d'industrialisation ou d'émergence orientent désormais les synergies progressivement dans la même direction : celle d'une croissance économique forte, d'un environnement social et humain augmentant l'espérance de vie à la naissance, encadrant les taux de fécondité et de natalité, tout en réduisant ceux de la mortalité (surtout infantile), augmentant l'alphabétisation, améliorant la scolarisation et la formation professionnelle et diminuant la proportion de chômeurs dans l'économie —le tout, bien entendu, sous l'éclairage d'une gouvernance dont chaque Etat promet qu'elle sera irréprochable.

Cette direction universelle prise par presque tous les Etats pour accéder au progrès est bien entendu le résultat de l'ouverture des structures nationales au commerce international, permettant une meilleure connaissance des autres, de leurs pratiques et de leurs techniques. Mais elle est aussi la direction de la libéralisation, parfois contestée, des économies, voire d'une certaine forme de globalisation, qui suggère, sans toutefois les imposer, des normes communes d'humanisme, d'hygiène, de sécurité, sans faire perdre à chacun ses spécificités culturelles et nationales.

Au niveau des processus de dynamisation des économies en développement, les dimensions des pays ainsi que leurs populations et leurs PNB peuvent être très différents, ainsi que nous l'avons signalé précédemment en évoquant *« les stratégies sur fond de différences profondes »,* conduisant en particulier à des *« effets-masses »* qui caractérisent les synergies internationales.

Certains analystes rappellent qu'après les époques pessimistes de *hopeless Africa*[133], de nouvelles orientations politico-économiques et des gestions plus réalistes sont parvenues à réduire les déficits structurels, souvent répétitifs, de la croissance économique de nombreux pays du conti-

---

[133] Déjà déplorées par *The Economist* en mai 2000.

nent africain. De nombreuses équipes dirigeantes y sont arrivées en maîtrisant peu ou prou leurs secteurs informels et les économies souterraines —mais aussi la corruption—, ainsi qu'en luttant plus efficacement contre l'utilisation sous-optimale de leurs ressources et en limitant les dépenses ostentatoires. Certains pays ont également réussi à améliorer considérablement —ce qui ne faisait pas partie des réformes les plus simples— leurs modes de gouvernances étatiques.

Ces changements éminemment encourageants, même s'ils n'ont hélas pas concerné la totalité des Etats du continent, se sont généralement révélés bénéfiques au niveau économique, mais également à celui des populations et ont permis aux Africains d'évoluer vers un *hopefull continent*[134].

Sans mettre en doute ce renouveau d'optimisme, nous pensons cependant qu'outre les efforts incontestables souvent observés, malheureusement très inégaux d'un pays à un autre, il importe de promouvoir et d'amplifier les nécessaires progrès qui restent à promouvoir dans la lutte contre certaines gestions qui restent empreintes de maladresses et de corruption.

Les remarques concernant l'Afrique s'appliquent également, toutes proportions gardées, aux autres continents, asiatique et latino-américain.

Sur tous les continents et dans tous les pays aspirant à l'émergence, des efforts considérables doivent encore être fournis et durablement soutenus dans la productivité des activités agricoles, mais aussi dans la transformation avancée des produits trop souvent exportés à l'état brut, laissant aux entreprises étrangères le bénéfice des plus-values importantes liées à cette transformation.

En tout état de cause, une *« bonne gouvernance foncière »* est impérative dans la plupart des nombreux Etats africains, d'Amérique Latine et du Sud-Est asiatique aspirant désormais à leur industrialisation et pour certains d'entre eux à leur émergence. Exporter vers les scieries des pays occidentaux ou des pays déjà émergents des grumes de bois, dès que les arbres sont coupés, sans la moindre transformation sur place est un non-sens.

De nombreux pays africains ont déjà —officiellement au moins— interdit ce type d'exportation de grumes brutes non transformées (comme c'est le cas au Gabon depuis le 15 mai 2010). Dans le même esprit, il est beaucoup plus rentable pour un pays en voie de développement de transformer

---

[134] HOMMEL Thierry, précédemment cité, *Emergences africaines programmées*, Revue Futuribles, 23 avril 2015.

sur place le minerai en concentré d'uranium *(yellow cake),* produit beaucoup plus valorisé et plus aisé, car plus léger, à exporter, etc.

Les pays africains et latino-américains, dont l'économie était trop fortement dépendante de leurs exportations de matières premières et de produits énergétiques, et qui avaient souvent négligé le développement d'activités nationales pourtant essentielles (comme l'agriculture de base) non tournées vers l'exportation, mais cependant indispensables à un approvisionnement minimum et au bien-être, voire à la survie de leurs populations, encourant par là même un haut risque de *Dutch Disease*, ont été le plus souvent très fortement handicapés par les évolutions erratiques récentes des cours des produits qu'ils exportaient.

Ces pays ont récemment vu leurs taux de croissance économique diminuer (Angola : 3%, Nigeria : 2,2%, Afrique du Sud : 3,3% ou République Démocratique du Congo, qui a connu un ralentissement de 9 à 6,5% entre 2014 et 2016 etc.), alors que certains pays moins dépendants de leurs exportations, profitant au demeurant de la baisse de leurs factures énergétiques, sont parvenus à maintenir leurs taux à un niveau correct, généralement autour de 5% (Sénégal : 6%, Tanzanie : 7,2%, Ethiopie : 10%, Côte d'Ivoire : 9,8%, etc.).

Quel que soit leur état de développement, d'industrialisation ou d'émergence, des pays de faible superficie et de population modeste peuvent malgré tout connaître d'excellents résultats en termes de croissance économique s'ils parviennent, grâce à une bonne gouvernance et à de judicieuses décisions d'industrialisation, à valoriser leurs propres ressources.

Mais il est clair qu'entre une Russie de plus de 17 millions de kilomètres carrés, une Chine, des Etats-Unis et un Canada de plus de 9 millions km^2 et les petits Etats africains de moins de 300.000 km^2, (Gabon 267.000, Bénin 112.000, Togo 56.000), entre des populations qui comptent plus d'un milliard d'habitants (Chine, Inde), entre des Etats-Unis et une Chine qui génèrent chaque année un PIB supérieur à 10.000 milliards de dollars et des petits Etats qui en atteignent à peine 12 (Mali 11; Niger 8), la mondialisation et les synergies qui s'y greffent relèvent en réalité souvent de la *« lutte entre des pots de terre et des pots de fer »...*

L'endettement du pays ne doit pas être systématiquement considéré comme un élément négatif de la dynamique économique, dans la mesure où les dépenses et les investissements qu'il permet de réaliser sont de nature à développer ses infrastructures et son industrialisation s'ils sont bien affectés et correctement gérés.

En dehors du niveau du PIB, celui de l'endettement, si souvent décrié, peut malgré tout laisser espérer le développement de nouveaux investissements sur le territoire. Un endettement judicieusement orienté pourra certainement être remboursé, dans la mesure où il sera susceptible de fournir des retombées généralement positives et parfois même rapides en termes d'emploi et de progrès, à la fois humains et économiques.

Les choix opérés par les équipes dirigeantes peuvent être différents selon les pays, et porter davantage sur les efforts économiques que sur les efforts sociaux, l'essentiel étant que ces choix soient interactifs et surtout procèdent d'une irréprochable gouvernance.

Le repli vers une forme de protectionnisme ne saurait être de bon augure pour les Etats en développement, malgré les différences considérables des caractéristiques évoquées précédemment concernant leurs populations, leurs superficies, leurs PIB. Se placer en marge de la mondialisation en refusant l'internationalisation, même sous le prétexte de la sauvegarde provisoire des intérêts nationaux, serait une grave erreur de gestion des intérêts de la nation, qu'heureusement peu d'équipes dirigeantes, même des pays les plus pauvres, commettent aujourd'hui.

Quant aux dépenses publiques relatives au domaine de l'éducation et de la formation, elles peuvent être parfois modérées, surtout lorsqu'elles ont été réalisées auparavant de manière régulière pendant de nombreuses années et qu'elles ont incontestablement porté leurs fruits (Chine : 1,9% ; Malaisie : 5,93% du PIB), mais elles doivent être impérativement renouvelées.

L'espérance de vie, pour des raisons économiques (revenus par habitant supérieurs), mais aussi en partie pour des raisons culturelles, s'avère relativement plus élevée dans les pays asiatiques (relaxation, yoga, etc. : E_v supérieure à 70 ans en moyenne en Asie, à 80 ans en Corée du Sud) que dans les pays africains (Côte d'Ivoire et République Démocratique du Congo, Afrique du Sud : E_v inférieure à 60 ans).

La mondialisation s'est effectuée sur la base de l'ouverture des frontières et de la libéralisation des échanges. Elle est malgré tout parvenue à éviter les dérapages d'une globalisation trop poussée qui se serait traduite par la perte des spécificités nationales, voire culturelles, chaque Nation ayant pu, tout en s'engageant dans ce processus de mondialisation, conserver les valeurs qui lui sont propres.

De nombreux observateurs contemporains annoncent une nouvelle forme de mondialisation, sur fond de robotisation et de hautes technologies, dont certains s'inquiètent déjà qu'elle puisse devenir très contraignante[135].

Après plusieurs vagues de mondialisation qui ont porté sur les échanges de produits, puis sur les échanges des idées, viendrait une forme nouvelle : celle de l'échange des hommes qui se combinerait intimement à l'évolution rapide des technologies qui nous concerne déjà. La robotisation à venir, combinée aux récents et spectaculaires progrès de la télétransmission des idées, de la téléphonie, de l'informatique, de l'immédiateté des actions productives à l'international, permettront à un ingénieur américain de guider et de gérer, tout en restant dans son bureau de New York, les activités de travailleurs africains ou asiatiques, mais aussi européens, restés chez eux, et nettement moins exigeants sur le plan de leurs salaires que le seraient les compatriotes dudit ingénieur américain.

Rien ne dit, ni ne démontre pour l'instant, que les « robots » remplaceront totalement les hommes, l'intelligence artificielle qui leur est donnée n'étant pas (encore) en mesure de concurrencer l'intelligence humaine. Mais il est vrai que, sur le plan des actes répétitifs, la robotisation peut être, à terme, un élément inquiétant de sous-emploi des êtres humains.

Ceci concerne également la Chine, dont les spectaculaires progrès économiques mais aussi techniques des dernières décennies ont conduit à une réelle augmentation des salaires, les salaires des Chinois devenant nettement supérieurs à ceux de leurs voisins du Sud-Est asiatique, en particulier du Cambodge, du Laos, du Vietnam, etc.

Les analystes en déduisent que cette nouvelle forme de mondialisation présente un risque plus élevé de chômage dans les pays industrialisés, en même temps que la stagnation des bas salaires dans les pays en développement.

Quoi qu'il en soit, que ce soit par le biais de leur ouverture au commerce international, par l'adaptation des structures économiques, commerciales ou financières aux exigences de la mondialisation, par l'accélération de la transmission des connaissances grâce aux déplacements devenus faciles ou par l'immédiateté des communications, les nouvelles équipes, créatrices d'idées et de richesses, dans tous les pays et sur tous les continents,

---

[135] Richard BALDWIN, *The Great Convergence: Information Technology and the New Globalization,* repris par Jean-Marc SIROËN dans Atlantico, 22 Décembre 2016, <http://www.atlantico.fr/decryptage>

se formeront ou s'adapteront aux exigences d'un monde nouveau, en constante transformation, en perpétuelle mutation.

La récente arrivée de Donald TRUMP à la présidence du pays le plus riche du monde peut également constituer un élément actif, voire accélérateur, de cette perpétuelle mutation et conduire à une redéfinition des rapports de forces mondiaux, particulièrement entre les Etats-Unis, l'Europe, la Russie, la Chine et les autres pays d'Asie et bouleverser les synergies internationales au niveau de l'emploi, de la circulation des travailleurs étrangers, des investissements, des accords de défense, mais également des priorités environnementales.

C'est sur ces bases nouvelles, actuelles mais aussi futures, que se prennent désormais les décisions essentielles de chaque Etat, que doivent s'orienter les nouvelles formations, pour qu'elles soient toujours mieux conformes à un univers de plus en plus interactif auquel chaque pays, mais aussi chaque région et chaque citoyen, doit se préparer.

Que nous soyons asiatiques, américains, européens ou africains, nous sommes tous embarqués sur une même pirogue et les eaux ne sont pas toujours calmes…

* * *

Bibliographie

Agence Internationale de l'Energie, dont le siège est à Paris, Edition annuelle «*World Energy Outlook*».

AKAMATSU Kaname, *Un modèle historique de croissance économique des pays en développement,* Journal d'Economie du développement, Mars-Août 1962 et *Théorie de la croissance non équilibrée de l'économie mondiale*, Ozawa, 2005.

AL-NAGAH Hakim *Globalisierung und Transnationale Kompetenzentwicklung*, (La globalisation et le développement transnational des compétences), Editions Peter Lang, Europäische Hochschulschriften, Frankfurt am Main, 2002.

ALILAT Farid, *Qui sont les Chinois en Algérie?,* Jeune Afrique, 2 juin 2015.

Alternatives Economiques, Indicateurs Planète, *Les Chiffres 2016*, Hors Série n°106.

ARNAUD Pascal, *La dette du tiers monde*, Repères, Ed. La Découverte, avr. 1988.

Atlas Socio-Economique des pays du monde, Larousse, 2017.

AUTY Richard, *Resource-Based Industrialization: Sowing the Oil in Eight Developing Countries*, Clarendon Press, Oxford, 1990).

BECKER Gary, *Human Capital, A Theoretical and Empirical Analysis*, Columbia University Press, New York, 1964.

BIYOYA Makutu Kahandja Philippe Chinafrique, *Les Limites de la Solidarité,* Jeune Afrique, 1er septembre 2010.

BOSSARD Yves, *La nouvelle stratégie chinoise de croissance basée sur la consommation des ménages a échoué*, Libération, août 2015.

BOSSHARD, Peter, Director International Rivers Network, China and the West in Africa: Shared Interests ?, Centre for Chinese Studies, June 2007.

BOUDHINE Mustapha *Chinois-Algériens : le grand malaise.* http:// www.afrik.com/article8335. html,

BROADMAN, Harry G., *Africa's Silk Road: China and India's New Economic Frontier* (Washington: World Bank), 2007.

CARFANTAN Jean-Yves *Le défi chinois : Les nouvelles stratégies d'un géant*, Editions du Seuil, mars 2014.

CEPII, base de données Chelem-PIB; <www.geopopulation.com> ; <http://fr.actualitix.com>.

CHAMBISHI Serge Michel - *Zambie, l'amitié entre les peuples, sauce aigre-douce.* Le Monde.fr , 24.10.2008.

CHANDA Tirthankar, *Inde-Afrique : Un partenariat renouvelé*, RFI Afrique, 30 octobre 2015.

CHEYVIALLE Anne, *La dette chinoise progresse avec une rapidité inquiétante*, Le Figaro Economie, juillet 2014.

CLAVIER Nadège, *The Chinese Presence in the Caribbean*, au Centre d'Etudes Diplomatiques et Stratégiques, CEDS, avril 2010.

COSTA PINTO L.A., *Le système politique de l'Amérique latine,* Paris, PUF, 1987.

DHOMPS Pierre, *RÉUSSIR EN CHINE ? L'expérience d'une "longue marche" de 30 ans*, Ed. L'Harmattan, 2014.

DIALLO Aïssatou *L'Inde en Afrique : un autre émergent à la conquête du continent africain,* Passerelles, volume 12 - number 3).

Direct Info Gabon, 4 décembre 2016.

ECOWAS-SWAC/OECD, 2006, *Africa and China*, Economic Series of the Atlas on Regional Integration in West Africa.

EKOUE AMAIZO Yves, *Régionalisation et Gouvernance*, CERIUM, Université de Montréal, décembre 2005.

ELLIS, Linden J., 2007, *China Exim Bank in Africa, China Environmental Forum*, March 22, 2007, Woodrow Wilson Center for Scholars, http://www. wilsoncenter. org.

FALK Richard, *Human Governance: Toward a New Global Politics*, Ed : Lavoisier, 304 p., mai 1995.

FMI, *World Economic Outlook* Data base 2016.

GAYE Adama, *Chine-Afrique : Le dragon et l'autruche* ; L'Harmattan, 2006.

GOLDSTEIN Andrea & LEMOINE Françoise, *L'économie des BRIC*, Collection Repères, Editions La Découverte, Paris 2013.

GOYARD-FABRE Simone, *L'État au XXe siècle, regards sur la pensée juridique et politique du monde occidental,* Paris PUF, 2004.

GUITTON Henri, *Fluctuations et Croissance Economiques*, Précis Dalloz, Paris 1966.

Handelsblatt, *SCHWELLENLÄNDER : Währungen unter Druck* (Pays émergents : des monnaies sous pression), 25.12.2014.

HIRN Wolfgang, *Herausforderung China (le défi chinois)*, Fischerverlag, 2005.

HOMMEL Thierry, *Emergences africaines* programmes, Revue Futuribles, 23 avril 2015.

INSEE, <www.insee.fr>

JAFFRELOT C., *L'enjeu mondial - Les pays émergents*, Paris, Presses de Science Po, 2008.

JENKINS, Rhys and CHRIS Edwards, *The Economic Impacts of China and India on sub-Saharan Africa: Trends and Prospects*, Journal of Asian Economics, vol.17, pp.207–225., 2007.

Jeune Afrique 28 nov. 2010, Congo-Brazzaville, *Razzia chinoise.*

LA CROIX, *Inde: New Delhi continue de tousser dans la pollution*, 7 décembre 2016.

LAMBERT Jacques, *Le Brésil, structures sociales et institutions politiques*, Paris, Armand Colin, 1953 ; Problèmes démographiques contemporains, Rio de Janeiro, 1944.

Le FIGARO' <lefigaro.fr> , AFP, AP, Reuters Agences, 09/11/2016.

Le Monde Diplomatique, *La Chine à l'assaut du marché africain*, mai 2005.

LE POINT *Chine-Afrique : un nouveau type de partenariat plus égalitaire*, 16 janvier 2006.

LECAILLON Jacques, *La Croissance Economique*, Editions Cujas, Paris 1972.

LESCHKE Martin, *Ökonomik der Entwicklung: Eine Einführung aus institutionenökonomischer Sicht* (L'économie du développement : Une introduction dans l'optique des institutions économiques). Bayreuth, 2. Auflage 2015.

MARSHALL MC LUHAN, *The Medium is the Message*, 1967.

MASHELE Prince, et Garth LE PERE, chercheurs à l'Institut des Etudes de Sécurité (ISSA) de Pretoria, *La Chine : Prédateur au partenaire ? ; Les Chinois sur tous les fronts*.

MAYS MOUISSI, *Analyse des échanges commerciaux entre l'Afrique et l'Inde*, 2015, <www.mays-mouissi.com>.

MENZEL Ulrich, *Die Ordnung der Welt* (en fr. L'ordre du Monde), Editions Suhrkamp, mai 2015.

MICHEL Serge, BEURET Michel, WOODS Paolo, *La Chinafrique: Pékin à la conquête du continent noir*, Grasset & Fasquelle, 2008.

PLATE Reinhold, *Coopérations Economiques et Commerciales Chine–Cameroun: Etats des lieux, depuis 2005*, Friedrich Ebert Stiftung, Bureau de Youndé, Cameroun.

ROSTOW Walt Whitman, *The Stages of Economic Growth: A non-communist manifesto*, Cambridge University Press 1962.

SCHULDERS Guy, *S'UNIR : le défi des Etats d'Afrique Centrale*, Editions L'Harmattan, Paris 1990.

SCHULDERS Guy, *Communication Economique pour les Chinois francophones*, Ed. L'Harmattan, juin 2008.

SCHULDERS Guy, *Die Besonderheiten der asiatischen Transformationsprozesse* (en fr. Les spécificités des transitions asiatiques), Frankfurter Institut für Transformationsländer de l'Université Viadrina Frankfurt/Oder en 1998, <https://www.eu-ropa-uni.de/de/>.

SCHULDERS Guy, *La présence chinoise en Afrique*, in Enjeux Diplomatiques et Stratégiques 2007, Economica, janvier 2007.

SCHULDERS Guy, *Turbulences Chinoises*, Editions L'Harmattan, Paris 1989 .

SCHULTZ Theodore W., *Investment in man : an Economist's view*, Social Service Review, 1959.

SERVAN-SCHREIBER Jean-Jacques, *Le Défi américain*, Paris, Éditions Denoël, 1968.

SUKUP Viktor, *Les Caraïbes face à l'avenir*, dans Futuribles, fév. 2010.

TAMIM Mohammed, *La théorie du développement pour le Millénaire*, GreenSahara, Laâyoune, 2009.

TERRA Cristina, *La crise made in Brazil*, dans L'économie Mondiale 2017, CEPII, Ed. La Découverte, septembre 2016.

TURNER Jonathan Adair Between *Debt and the Devil : Money, Credit, and Fixing Global Finance,* Princeton University Press, 2015.

TURNER Jonathan Adair, *La Chine doit rééquilibrer son économie*, repris par AlterEcoPlus, Alternatives Economiques, 10 novembre 2014.

WANG Jian Ye, *What Drives China's Growing Role in Africa?,* IMF Working Paper, African Department, Août 2007.

WILSON E., *China's influence in Africa, implications for US policy, Testimony* US House of Representatives, July 2005.

YANG, Lihua, *Sino-Africa Economic Cooperation: An Analysis of Trends and Developments* (Beijing: Institute of West Asia and Africa, Chinese Academy of Social Science), <http://iwaas.cass.cn>, 2004.

ZHANG Hongming, *La politique africaine de la Chine*, Chinese Academy of Social Science, Institute of Western Asian and African Countries, août 2006.

ZISSWILLER Richard, *Théorie de la Finance*, Collection Gestion Finances, Editions Dalloz, Paris 1990.

<http://afriqueinside.com>.

<http://fr.actualitix.com> et <www.geopopulation.com>.

<http://fr.global-rates.com/statistiques-economiques/inflation >.

<http://www.20minutes.fr/monde>.

<http://www.afrik.com/article8335.html>, Les Chinois à Alger, avril 2005.

<http://www.afrikipresse.fr/international/indice-mo-ibrahim-2015>.

<http://www.atlantico.fr>.

<http://www.lemonde.fr/afrique>.

<http://www.lemonde.fr/planete>.

<http://www.statistiques-mondiales.com/taux_de_fecondite.htm>.

<http://www.Zonebourse.com, mai 2015>.

<https:// directinfosgabon.com/ >.

<https://fr.wikipedia.org/wiki/Liste_des_pays_par_taux_de_fécondité>.

<https://www.mediapart.fr>, 28 mai 2013.

<mali.actu.net>, 16 février 2015>, “Mali : exonération sur l'importation du riz”.

<www.donnees.banquemondiale.org >.

<www.geopopulation.com>.

<http://fr.actualitix.com> World Development Indicators de la Banque Mondiale ; CEPII, base de données Chelem-PIB.

Environnement, Écologie et Développement aux éditions L'Harmattan

Dernières parutions

LE NOUVEAU MANUEL DE GESTION
des associations et ONG de développement (CD inclus)
Vincent Fernand
Ce manuel est un outil de travail et de gestion pour les dirigeants d'ONG/OP des pays du Sud. Il est composé d'un manuel de 320 pages et d'un CD permettant d'accéder à 200 outils de gestion et d'organisation d'ONG/OP ainsi qu'aux textes complets des cinq premiers manuels de gestion de l'auteur. Une mine d'exemples qui vous permettront d'améliorer la gestion, le développement et l'autonomie financière de votre organisation.
(35.00 euros, 316 p., Broché, Illustré en noir et blanc) ISBN : 978-2-343-05489-6, ISBN EBOOK : 978-2-336-37297-6

THÉORIE DU STOCK FROID
Développer rapidement les pays pauvres
Ducrocq François
Les pertes colossales en récoltes, parfois jusqu'à la moitié de ce qu'un paysan peut retirer de la terre, constituent le frein économique majeur pour les pays en développement. Cet ouvrage propose une approche nouvelle du stockage de produits alimentaires frais dans la théorie microéconomique, laquelle perçoit traditionnellement le stock comme un résidu. Tout au contraire, le stock a un impact déterminant dans l'accumulation primitive du capital des pays les plus pauvres.
(Coll. Rue des écoles, série Essais, 26.00 euros, 250 p.) ISBN : 978-2-343-04660-0, ISBN EBOOK : 978-2-336-37278-5

COMMENT ENTREPRENDRE EN AFRIQUE ?
Balises du porteur de projet de création d'entreprise
Lam Ibrahima Théo
Préface de Dr. Alain Capo Chichi – Postface de Cheikh Ahmed Tidiane Ba
Ce précis, basé sur une étude de cas d'entreprise durable et inclusive, donne le ton pour la valorisation des ressources locales, la promotion de l'entrepeneuriat chez les jeunes, l'*empowerment* surtout des femmes pour leur autonomisation continue, des solutions adaptées aux réalités africaines et surtout une création de valeur collective sûre. Sur tout le continent, des jeunes courageux, des femmes infatigables s'organisent, représentant une force économique indéniable.
(14.50 euros, 142 p.) ISBN : 978-2-343-05783-5, ISBN EBOOK : 978-2-336-37293-8

PAYS (LES) ACP DANS LE COMMERCE MONDIAL
Foé Aristide
Depuis les années 2000, l'Union européenne négocie avec les pays ACP des Accords de Partenariat Économique (APE) en substitution aux anciens accords de Lomé et de Cotonou. Dans ce cadre, les pays du Sud concernés seraient amenés à ouvrir leurs marchés à la plupart des produits en provenance de l'Union européenne. Selon l'auteur, les pays africains n'ont rien à craindre des accords de partenariat économique. Il implore les gouvernements et autres autorités compétentes d'informer et sensibiliser leurs populations de la nécessité d'une relation nouvelle, gagnant/ gagnant, avec les partenaires occidentaux.
(24.00 euros, 238 p.)
ISBN : 978-2-343-04638-9, ISBN EBOOK : 978-2-336-36097-3

UN EXEMPLE DE COOPÉRATION NORD-SUD
Margny-lès-Compiègne et Méhanna (France-Niger)
Hellal Dany - Préface de Jacques Arrignon
Par ce témoignage, l'auteur a souhaité évoquer les jalons d'un échange Nord-Sud, qui pourrait être l'histoire de n'importe quelle commune autre que Margny ou Méhanna, afin de donner à de nouvelles générations l'envie d'entreprendre des échanges et des projets à taille humaine, dans un monde où tout semble difficile. La coopération décentralisée permet de s'enrichir les uns les autres par les différents savoir-faire et fait ici découvrir un continent ou «solidarité» et «sens du bonheur» ont toute leur authenticité.
(10.50 euros, 70 p.)
ISBN : 978-2-343-03967-1, ISBN EBOOK : 978-2-336-36065-2

GUIDE DE L'ACCOMPAGNEMENT DES PORTEURS DE PROJETS D'AUTO-EMPLOI
Rosanvallon André
En Afrique, la crise de l'emploi constitue un défi majeur pour les politiques de développement. Il faut créer massivement des emplois dans le secteur moderne (privé, public ou semi-public) et dans le secteur informel (à condition qu'il s'agisse d'emplois décents). Ces opportunités sont limitées. Il reste alors la création d'emploi par l'auto-emploi au sein d'activités génératrices de revenus. Il convient aujourd'hui de renforcer les dispositifs, d'accompagner les porteurs de projets et de renforcer les compétences de leurs agents.
(Coll. La Librairie des Humanités, 18.00 euros, 174 p.)
ISBN : 978-2-343-00319-1, ISBN EBOOK : 978-2-296-53114-7

TERRES RARES : ENJEU GÉOPOLITIQUE DU XXIe SIÈCLE
Chine, Etats-Unis, Europe, Japon, Groenland
Degeorges Damien - Préface de Per Stig Moller, ancien ministre danois des Affaires étrangères (2001-2010) ; postface de Palle Christiansen, ministre groenlandais de l'Éducation, de la Recherche et de la Coopération nordique
Groupe de métaux aux caractéristiques indispensables pour de nombreuses applications civiles et militaires, les terres rares se retrouvent dans les technologies vertes ainsi que dans les technologies au coeur de notre société (téléphones portables, écrans plats). Elles revêtent une dimension géopolitique majeure depuis que la Chine, qui contrôle 97% de la production mondiale, a réduit ses exportations. États-Unis, Europe et économies de l'Asie-Pacifique se tournent désormais vers un des principaux eldorados en la matière : le Groenland.
(Coll. Un autre regard / Paris School of Business, 10.50 euros, 78 p.)
ISBN : 978-2-336-00222-4, ISBN EBOOK : 978-2-296-50837-8

DES EXTRÊMES DANS LE MONDE, DE DHAKA À DOHA
Le Quément Joël
Cet essai interpelle sur des réalités économiques et sociales fortement inégales dans le monde, en particulier en Asie et dans le golfe Persique. Le XXIe siècle se caractérise par une forte croissance de la population dans certaines régions du monde et par des flux migratoires puissants. Que dire des tensions nées de ces déséquilibres ? Comment répondre à l'explosion des besoins en alimentation, énergies, infrastructures ? Y a-t-il des formes nouvelles de partage des richesses possibles ?
(14.00 euros, 126 p.)
ISBN : 978-2-336-00313-9, ISBN EBOOK : 978-2-296-50933-7

DIMENSION (LA) SACRIFICIELLE DE LA GUERRE
Essai sur la martyrologie politique
Mashimango Abou-Bar Abelard
Préface de Pascal Hintermeyer
Voici une analyse polémologique fondée sur une approche multidisciplinaire et une culture de la sociologie politique dont les suggestions - comme la ritualisation de la guerre, la martyrologie, les mythes, la question de l'honneur et du prestige, et la dimension sacrificielle des stratégies

- conduisent, à la fois, à l'examen exploratoire de la dynamique guerrière et à une réflexion approfondie des conflits armés contemporains.
(Coll. Questions contemporaines, 22.50 euros, 226 p.)
ISBN : 978-2-336-00363-4, ISBN EBOOK : 978-2-296-50824-8

DIMENSIONS OF WAR
Understanding War as a Complex Adaptive System
Solvit Samuel
With today mutable identities and various kinds of warfare, how do we further our understanding of war? Reviewing influential war theories from Machiavelli to the present, this book analyses how they reduce war in terms of time, space, interaction, purpose, aim, and/or evolution. Considering war as a complex adaptive system allows us to increase our overall comprehension of contemporary wars.
(Coll. Diplomacy and Strategy, 15.50 euros, 152 p.)
ISBN : 978-2-296-99721-9, ISBN EBOOK : 978-2-296-50839-2

UN MONDE DE FEU
Réchauffement environnemental et surchauffe sociale
Berger Corinne, Roques Jean-Luc
Les phénomènes de surchauffe environnementaux et sociaux observés de nos jours semblent difficilement maîtrisables. Le monde est plus que jamais en feu. N'existe-t-il pas un certain parallélisme entre réchauffement environnemental et embrasement social ? Pour se protéger, on assiste à un retour au foyer que l'on retrouve dans des dynamiques de ségrégations territoriales. Ces comportements n'attisent-ils pas le feu ? Existe-t-il des solutions ?
(Coll. Sociologies et Environnement, 20.00 euros, 202 p.)
ISBN : 978-2-336-00453-2, ISBN EBOOK : 978-2-296-50940-5

SOLIDARITÉS (LES) À L'ÉPREUVE DES CRISES
Sous la direction de Béatrice Muller, Jean-Claude Barbier, Maryse Bresson
Notre système de protection sociale n'a pas échappé aux réformes engagées en Europe dans le contexte de crise. Il est perçu à la fois comme un rempart à la crise et comme un obstacle à une reprise économique. Les auteurs tentent donc de comprendre comment ces différentes idées pénètrent les réalités des solidarités publiques et privées.
(Coll. Institut de la Ville et du Développement, 25.00 euros, 246 p.)
ISBN : 978-2-336-00322-1, ISBN EBOOK : 978-2-296-50987-0

ÉVALUATION (L') DES POLITIQUES PUBLIQUES
Défi d'une société en tension
Sous la direction de Gaëlle Baron et Nicolas Matyjasik
L'évaluation des politiques publiques constitue un instrument à disposition des pouvoirs publics pour engager les mutations nécessaires de leur action. Elle doit accompagner et si possible précéder ces évolutions. L'implication des citoyens et la diffusion grand public sont par exemple des réponses aux attentes de participation à la décision publique. L'évaluation doit aussi adapter ses méthodologies et identifier les priorités d'intervention.
(Coll. La Librairie des Humanités, 29.00 euros, 282 p.)
ISBN : 978-2-336-00445-7, ISBN EBOOK : 978-2-296-50864-4

ÉDUQUER À LA BIODIVERSITÉ POUR UN DÉVELOPPEMENT DURABLE
Réflexions et expérimentations
Matagne Patrick
Il était utile d'aborder d'une autre façon ce champ où biodiversité et développement s'entrecroisent dans une perspective pédagogique et expérimentale. Ce livre croise les scènes de la nature avec les scènes de l'homme et de la société. Voici un manuel utile aux étudiants, enseignants, formateurs, chercheurs et éducateurs en environnement et développement durable.
(Coll. Biologie, écologie, agronomie, 13.00 euros, 112 p.)
ISBN : 978-2-296-99354-9, ISBN EBOOK : 978-2-296-50914-6

TERRE (LA), QUESTION VITALE AU XXIe SIÈCLE
Sous la direction de Belkacem Belmekki, Madhu Benoit, Michel Naumann, Joëlle Weeks
Comment l'Inde et l'Afrique ont-elles construit le rapport de l'homme à la terre ? C'est la quête d'une unité perdue et celle d'une possible reconquête de la terre que restitue cette étude. Elle se décline en trois mouvements : mythologies et religions offrent à la réflexion contemporaine un cadre intellectuel, spirituel et écologique. Le récit se clôture sur le thème d'une reconquête vitale qui allie spiritualité et développement durable, économie et écologie, richesse linguistique et patrimoniale.
(Coll. Discours identitaires dans la mondialisation, 23.00 euros, 230 p.)
ISBN : 978-2-336-00120-3, ISBN EBOOK : 978-2-296-50991-7

GENRE, CHANGEMENTS AGRAIRES ET ALIMENTATION
Sous la direction de Christine Verschuur
Cet ouvrage propose de donner matière à réfléchir sur les processus d'appauvrissement des paysannes et paysans. Près d'un milliard de personnes ont faim dans le monde et paradoxalement 70 % d'entre elles font partie de familles paysannes. Les ressources naturelles et techniques sont pourtant suffisantes pour assurer une alimentation correcte de l'humanité. Cet éclairage nouveau prétend contribuer à expliquer les inégalités d'accès à l'alimentation dans le développement rural.
(Coll. Cahier du genre et développement, 47.00 euros, 480 p.)
ISBN : 978-2-296-99303-7, ISBN EBOOK : 978-2-296-50608-4

ÉCOLOGIE ET ÉVOLUTION DU MONDE VIVANT (Volume 1)
Le vie est une transmission d'information
Godron Michel
Comment résoudre les problèmes écologiques mondiaux qui se posent aujourd'hui ? Quels changements de nos mentalités et quelles innovations techniques seront nécessaires ? Ce volume répond à la question «Qu'est-ce que la vie ?» Depuis qu'elle est apparue sur terre, l'évolution des êtres vivants a suivi un «modèle» écologique et cybernétique très général, qui a conduit à la biodiversité actuelle, qui dépend elle-même des climats et des sols.
(Coll. Biologie, écologie, agronomie, 54.50 euros, 612 p.)
ISBN : 978-2-296-55870-0

ÉCOLOGIE ET ÉVOLUTION DU MONDE VIVANT (Volume 2)
L'échelle crée le phénomène
Godron Michel
Comment résoudre les problèmes écologiques mondiaux qui se posent aujourd'hui ? Quels changements de nos mentalités et quelles innovations techniques seront nécessaires ? Ce volume présente l'étude statistique de la répartition écologique des plantes et des animaux à l'échelle biogéographique des continents et des étages de végétation ainsi qu'à l'échelle des communautés végétales et animales et des paysages.
(Coll. Biologie, écologie, agronomie, 38.00 euros, 388 p.)
ISBN : 978-2-296-55871-7

ÉCOLOGIE ET ÉVOLUTION DU MONDE VIVANT (Volume 3)
Les problèmes écologiques actuels
Godron Michel
Comment résoudre les problèmes écologiques mondiaux ? Quels changements de nos mentalités et quelles innovations techniques seront nécessaires ? Ce volume retrace l'arrivée discrète de l'Homme dans la biosphère, amorcée depuis deux millions d'années, et son emprise écologique du Paléolithique à nos jours. Il se termine par l'analyse des problèmes écologiques actuels, qui sont surtout le fruit délétère de notre société de surconsommation.
(Coll. Biologie, écologie, agronomie, 61.00 euros, 750 p.)
ISBN : 978-2-296-55872-4

L'HARMATTAN ITALIA
Via Degli Artisti 15; 10124 Torino
harmattan.italia@gmail.com

L'HARMATTAN HONGRIE
Könyvesbolt ; Kossuth L. u. 14-16
1053 Budapest

L'HARMATTAN KINSHASA
185, avenue Nyangwe
Commune de Lingwala
Kinshasa, R.D. Congo
(00243) 998697603 ou (00243) 999229662

L'HARMATTAN CONGO
67, av. E. P. Lumumba
Bât. – Congo Pharmacie (Bib. Nat.)
BP2874 Brazzaville
harmattan.congo@yahoo.fr

L'HARMATTAN GUINÉE
Almamya Rue KA 028, en face
du restaurant Le Cèdre
OKB agency BP 3470 Conakry
(00224) 657 20 85 08 / 664 28 91 96
harmattanguinee@yahoo.fr

L'HARMATTAN MALI
Rue 73, Porte 536, Niamakoro,
Cité Unicef, Bamako
Tél. 00 (223) 20205724 / +(223) 76378082
poudiougopaul@yahoo.fr
pp.harmattan@gmail.com

L'HARMATTAN CAMEROUN
TSINGA/FECAFOOT
BP 11486 Yaoundé
699198028/675441949
harmattancam@yahoo.com

L'HARMATTAN CÔTE D'IVOIRE
Résidence Karl / cité des arts
Abidjan-Cocody 03 BP 1588 Abidjan 03
(00225) 05 77 87 31
etien_nda@yahoo.fr

L'HARMATTAN BURKINA
Penou Achille Some
Ouagadougou
(+226) 70 26 88 27

L'HARMATTAN SÉNÉGAL
10 VDN en face Mermoz, après le pont de Fann
BP 45034 Dakar Fann
33 825 98 58 / 33 860 9858
senharmattan@gmail.com / senlibraire@gmail.com
www.harmattansenegal.com

Achevé d'imprimer par Corlet Numérique - 14110 Condé-sur-Noireau
N° d'Imprimeur : 136464 - Dépôt légal : mars 2017 - *Imprimé en France*